United Colors of Crime

DU MÊME AUTEUR

Mouton, Carnets Nord, 2010
Cheval, Denoël, 2009
Miracles et légendes de mon pays en guerre, Denoël, 2009
Vertig, Denoël, 2005 (Prix Wepler)
Mondial cafard, Joëlle Losfeld, 2005
Full of love, Denoël, 2004
Ce que Dieu et les anges, Pauvert, 2002
Mon petit garçon, Joëlle Losfeld, 2002
La demoiselle aux crottes de nez, Joëlle Losfeld, 2001
Deux mille capotes à l'heure, Pauvert, 2001
Ma vie folle, Pauvert, 2000 (Mention du Prix Wepler)
Ton corps, Pauvert, 2000
Bébé-Jo, Joëlle Losfeld, 2000
Tout un oiseau, Pauvert, 2000
Legarçon, Calmann-Lévy, 1997
Mon beau Jacky, Calmann-Lévy, 1996
Sex Vox Dominam, Calmann-Lévy, 1995
Cueille le jour, Robert Laffont, 1994
Andrée, Robert Laffont, 1993
Fausto, Seghers, 1990 ; Robert Laffont, 1993 (Prix Point de mire, prix Joseph Delteil)
Un petit homme de dos, Joëlle Losfeld, 1995 (Prix du salon du livre d'histoire de la ville de Courbevoie)
Des femmes et des boulons, Ramsay, 1987
Gare indienne de la paix, Engrenage, 1984
Sympathies pour le diable, Sanguine & Albin Michel, 1983
Chrysler 66, Sanguine & Albin Michel, 1982
Branqu'à part, Sanguine, 1981
Allez les verts, Sanguine, 1980

Richard Morgiève

United Colors of Crime

carnets**nord**

À mon oncle Ryszard Morgiewicz

12, villa Cœur-de-Vey, 75014 Paris
www.carnetsnord.fr
ISBN : 978-2-35536-053-4

« I know that my redeemer liveth

Why Susie, please stay –
A centripetal bird
That's threading the maze
In the chowdown space

May prop up your stool
Of slitted sticks
Or her black parted beak
Turn your red rash pink. »

Harry Mathews

« Dans une petite automobile cahotante qui grignote son chemin à travers la nuit, je vois une jeune épouse pelotonnée dans son manteau noir. Elle apprend à croire que l'amour lui tiendra lieu de tout. »

Marie Chaix,
Les silences ou la vie d'une femme

« C'est par amour pour eux, c'est simple comme la foi. »

Alice Massat, *Le Code civil*

Une bête s'arrête, effarée par cette chose de lumière qui la cloue sur la route en terre. Chaim ne connaît pas le nom des bêtes en anglais mais celui du fric et de la mort oui. Il ralentit, éteint les phares. Les rallume, la bête s'enfuit dans le ciel bleu qui tombe de partout sur la poussière.

Chaim est fatigué. Il a quitté New York lundi, aux premières heures de l'aube, dans la Fleetwood de Bobby. Il l'a abandonnée à Youngstown. Il a marché, pris un taxi et puis un car pour Colombus, un autre pour Indianapolis, Saint Louis, Jefferson. Là, mercredi après-midi, il a acheté six chemises blanches, un rasoir, une brosse à dents, un sac de sport en cuir et toile marron, une Buick Roadmaster 48, noire. Springfield, Oklahoma City, Vernon, Lubbock, Amarillo, Roswell, Hobbs, Eunice, Jal. Pas la ligne droite, c'est la trajectoire de la balle dans le dos. Des zigzags pour brouiller sa trace, mettre mat les échos radar. Quelques arrêts pour les pleins, manger, remplir le thermos de café. Ça lui plaît de conduire, il se sent libre. Il aime l'odeur des moteurs, des habitacles, le tableau de bord, les aiguilles des compteurs, les boutons. Les voitures vivent et meurent comme les hommes.

Toute une journée accablante et maintenant que le soleil baisse sa bannière, il abandonne sur la scène une torpeur hostile, sans promesse d'humidité, sans aucune promesse d'ailleurs. Pas la bonne latitude pour les missionnaires. Le Nouveau-Mexique laissé en arrière, la radio se met à grésiller. Elle ne veut plus capter les signes de la civilisation. Comme lui, Chaim. Il va vers le Mexique, par le cul du Texas pour éviter la foule. Après Monahans, il croise un Indien en costume à carreaux qui court, menotté à la portière d'une Ford rouillée. Le ciel est rouge, écrasant. Chaim a conscience de s'enfoncer dans le corps d'une histoire crépusculaire, un monde dont il ne soupçonnait pas l'existence.

Depuis le Pécos, il roule sur une piste, ça fait une demi-heure. Parfois un cahot vient apporter de la réalité au cheminement de la voiture, ou c'est un chevalet de pompage, un *pumpjack* (le pétrole partout à flots). Chaim a le sentiment de rouler sur le pont d'un gigantesque porte-avions échoué sur les fonds d'une mer asséchée, engloutie. La lune se débarrasse de son masque de nuages, elle plane au-dessus de la citadelle de pierre qui domine l'horizon et le flanc gauche du plateau.

Sur le mur d'une ruine qui surgit, on a peint : « LA BOMBE SUR TOUS LES RATS ROUGES. » Chaim ne pensait pas que la guerre froide viendrait jusqu'ici. Mais ils ont inventé un nouveau type de conflit. Les nazis sont passés à côté, trop *romantiques*. Ils ne pouvaient pas imaginer un quelconque équilibre, en rien, et surtout pas dans la terreur. Il consulte la jauge d'essence, freine, recule. Pour s'arrêter à côté de quelque chose, se soustraire au vide. Une étoile filante s'éteint à l'ouest, sans drame, sans discours. La beauté du monde est à la portée de tous. Chaim stoppe. Autrefois quelqu'un s'était accroché là, dans ce désert, sans se demander si c'était absurde.

Chaim coupe le contact, sort de la Buick, laisse la portière ouverte. Il s'en veut d'être parfumé, ça lui rappelle qu'il n'est qu'un garçon de mauvaise vie. Il relève le col de son veston gris. Tout le temps l'homme va empiéter avec son histoire dans celle d'un autre, et dès qu'il y a un mur il vient pisser dessus… Ce qu'il fait. Le moteur refroidit en craquant. Chaim ouvre la malle arrière. Il va vider les deux jerrycans dans le réservoir, ça lui suffira pour atteindre Fort Stockton. Il se douchera, une chemise blanche, un repas chaud, des cigarettes. Il essayera de trouver une édition nationale pour savoir où tout *ça* en est, à quelle page. Il remontera en voiture, la frontière, et salut.

Chaim s'empare d'un des jerrycans et commence à verser l'essence dans le réservoir, il se souvient d'une putain qui faisait semblant de jouir avec le même glouglou. C'était il y a bien longtemps, avant la guerre, à Brême. En Europe la guerre a été perdue par tant de dizaines de millions d'êtres que les souvenirs ne rencontrent que des cimetières. Pas dans ce pays, ici le souvenir n'a pas encore coûté trop cher, ça viendra peut-être. Quelques bombes, une invasion, un siècle de servitude. Mais l'humanité a besoin d'un Eldorado, d'une façon de vivre, d'un idéal simple, même à crédit. Et c'est ici, dans ce pays, que l'homme peut encore rêver, marcher tout droit et un jour poser son sac, construire sa maison. Chaim, lui, ne cesse pas de s'en aller, il n'a pas de lieu, pas de patrie à la semelle de ses chaussures. Il ne veut plus se faire avoir. Par l'idée de famille d'abord, de clan. De patrie. De devoir, sans parler de l'amour.

Chaim pense qu'il est arrivé au bout, à trente et un ans il ne peut plus continuer, sous quelle identité ? Il est déjà mort, à Monte Cassino. Il ne s'appelait pas Chaim Chlebek mais Ryszard Morgiewicz. Chaim Chlebek gisait décapité dans un trou d'obus. Il lui a pris sa vie, son futur, son nom. En échange il lui a laissé le sien pour toujours, et pour toujours il est enterré là-bas, avec les morts du 2e corps polonais. Un nom contre un autre, c'est simple. Un peu simple, un peu facile. Chaim a vécu de facilités dans une époque violente où il était admissible de ne faire que vivre et survivre et de s'y employer sans autre préoccupation. Il lui vient aux lèvres quelques paroles d'une chanson qu'il croyait avoir oubliée, *Czerwone maki na Monte Cassino* :

« Passeront des siècles et des années,
Laissant des traces des anciens jours
Et seulement les coquelicots de Mont Cassin
Seront plus rouges car ils pousseront du sang polonais... »

Chaim referme la malle arrière. Il est saisi par la fatigue et un certain dégoût de lui-même. Il s'installe au volant, met le contact. Le moteur démarre avec ce bruit particulier des V8, rassurant, tranquille (fait pour essaimer « le rêve américain » partout où l'automobile peut venir réclamer ses droits, *dixit* un journaliste rencontré au Pete's Bar à l'heure où tout le monde dit n'importe quoi). Au lieu de braquer pour revenir sur la piste, Chaim recule, gare la Buick derrière la ruine. Il va dormir. Il oubliera sa fatigue et le reste. Il se tourne distraitement vers le journal posé sur la banquette à sa droite et regarde la photo d'un homme qui sourit en levant les bras en signe de victoire : « BONFIGLIO BIAGI, DIT BOBBY 5 AS, ABATTU AVEC SES DEUX GARDES DU CORPS. »

Chaim se laisse aller en arrière, il connaît par cœur le début de l'article : « Alors qu'il sortait par une porte dérobée du Downbeat, un club de jazz de la 52e rue, Bonfiglio Biagi, qui avait la mainmise sur le racket dans le Bronx et dans une partie de Manhattan, a été abattu, comme ses gardes du corps. Le tueur a pris la fuite dans la Cadillac du caïd. » L'article est en page trois. Le journaliste ne dit pas que le tueur est ambidextre, qu'il a tiré avec deux Walther P38. Le journaliste ne dit pas non plus pourquoi Bobby s'est fait tuer. Il émet l'hypothèse que c'est un épisode de plus de la guerre des gangs. Quelle guerre des gangs ? Tout le monde s'entend bien dans le milieu, chacun a sa place, sa part, son rang. Celui qui a tué Bobby 5 As est désormais recherché par le FBI mais surtout par la mafia. La mafia est assise à l'extrême droite de l'Oncle Sam. La mafia n'aime pas les rouges, la mafia donne du fric à McCarthy, à toutes ses associations en carton-pâte, *La croisade pour la liberté*, *Le comité pour une Europe libre*, et cetera. La mafia sait tout, voit tout. La mafia connaît celui qui a tué Bobby, pas le FBI.

Chaim ouvre son porte-cigarettes en vulgaire métal brossé, mais doublé d'or, lit ce qui est gravé à l'intérieur en anglais :

« À Chaim Chlebek qui m'a sauvé la vie, Lucky. »

On veut vivre par désespoir de mourir, c'est peut-être la réponse. Même si on choisit de s'offrir la mort, c'est par une sorte de besoin de vie affreux et dévoyé. Chaim ne juge pas les hommes qui se tuent, ni ceux qui tuent. Il saisit une Philip Morris comme on répond à une question à la place d'une autre et referme le porte-cigarettes en se disant qu'il devrait s'en séparer ; il le rattache à une histoire qu'il fuit. Chez les *mafiosi*, le porte-cigarettes est célèbre, c'est son blason, les lettres de noblesse de Chaim. Il a sauvé Lucky Luciano, le patron du syndicat du crime. Il a tué ceux qui voulaient tuer le *capo di tutti capi*, le chef de tous les chefs. Il était intouchable mais maintenant qu'il a abattu Bobby 5 As, c'est autre chose. Interdit de séjour aux USA, Lucky Luciano vit à Naples, c'est loin. Frank Costello [1], le protecteur de Chaim par intérim, a des ennuis. Estes Kefauver, sénateur du Tennessee, a décidé d'enquêter sur le rôle du crime organisé aux États-Unis. Grosse pression. Costello a des crises de panique. Il va chez un psychiatre, ça fait jaser. Vito Genovese, le numéro deux à New York, sera trop content de demander la peau de Chaim, juste pour s'opposer au clan Luciano, défier Costello en mauvaise posture et préparer son ascension sur le trône.

Chaim s'en veut de rabâcher ses ennuis. Il n'avait qu'à réfléchir, mais au fond il se sent libéré, presque neuf, la mafia jour et nuit depuis… cinq ans ! Au début, en Italie, c'était une sorte de prolongation de la guerre. Un camp de vacances pour psychopathes. Des meurtres oui, mais au soleil. Dès son arrivée à New York, il avait compris que c'était fini. Dorénavant, il faisait partie du syndicat du crime. C'était une fonction, un travail, l'âge adulte.

Derrière le pare-brise, le désert semble le guetter. Chaim pense que la nature n'est pas forcément indifférente, et si elle l'attirait à elle, le ramenait à un état qu'il n'a pas connu, un état premier ? Il ne s'est jamais senti autant civilisé qu'ici à cette heure. Il se rappelle ce professeur rencontré une nuit au San Remo, il parlait français comme Chaim. L'homme lui avait confié que, plus jeune, il voulait écrire. Il s'était persuadé qu'il devait

---

1. Surnommé « le premier ministre de la pègre ».

connaître le nom de tous les arbres, de toutes les fleurs, de toutes les choses… Il n'était pas devenu romancier.

Ce qui est valable pour un poète l'est pour tout homme, pense Chaim. L'homme qui veut vivre dans un pays doit savoir le nom de l'arbre qui le protège de son ombre.

Le professeur rencontré au San Remo lui avait demandé pourquoi il parlait aussi bien français. Chaim lui avait répondu que c'était la langue de la Déclaration des droits de l'homme. Trop éméché pour se taire, il avait ajouté que *celui dont il portait le nom* travaillait en France avant la guerre, qu'il avait combattu avec le 2e corps polonais pour vaincre les nazis et libérer la France, qui était sa patrie, là où il espérait fonder une famille. Chaim s'était tu, le professeur l'avait regardé comme s'il avait compris son secret, alors Chaim avait dit : « Je parle français à sa place. »

Chaim se retourne pour contempler le sac de sport sur la banquette, un modèle pour tout le monde, pratique et anodin. Il suffit de l'ouvrir pour changer de point de vue. Comprendre que personne n'assurerait Chaim sur la vie, pas même pour traverser la rue. On ne peut pas tuer un *capo* et partir avec le fric de la famille. La mafia ne peut pas se permettre ce genre de publicité. Il n'y aura pas de procès, Chaim ne pourra pas s'expliquer, dire qu'il ne savait pas que Bobby sortirait du Downbeat avec deux cent quinze mille dollars. Chaim ne pourra pas expliquer qu'il l'a tué parce que Bobby avait lancé un contrat sur lui et que trois heures auparavant il avait réchappé au costume en bois… Il sortait de « Chez Vincenzo », les meilleurs *antipasti* de Little Italy. Il marchait tranquillement, sans arme sur lui. C'était son quartier et pour lui la Bowery était aussi sûre que Park Avenue pour d'autres. Il traversait le carrefour de Arthur avenue et de la 188e rue, lorsqu'il a vu démarrer la Plymouth. Il a reconnu le style de la Murder Inc, après tout c'est Lucky qui l'a inventé : il y avait forcément un tireur à l'arrière avec sa Tommy gun [1], sa

1. Mitraillette Thompson.

Chicago Typewriter réglementaire et un chargeur de trente balles. Un bel enterrement en perspective.

Chaim s'est élancé. Il a crié à Damiano, l'aveugle à l'accordéon, de se coucher au sol. Il a sauté par-dessus une palissade. Des pare-brise ont volé en éclats, Damiano s'est écroulé. Ses mains ont joué leurs dernières notes avec nostalgie. C'était un homme gentil qui donnait à manger aux moineaux.

Arrivé chez lui, Belmont avenue, la peur est venue réclamer son dû. Chaim s'est mis à trembler. Il a pissé, bu un verre d'eau. Il a mis la radio, s'est assis dans la cuisine, les bras sur la table, inerte. Ici il n'avait jamais mangé, tout était neuf et inutile. C'était absurde. Il se disait : « Je vis une nouvelle fois, je vis encore. Ça n'en finira jamais ? » La colère a balayé ce sentiment d'apitoiement.

Loretta l'avait laissé pour Bobby, Bobby voulait faire le ménage. Il était gros, il était bête, il était vulgaire, il serait bientôt mort.

Chaim a quitté la cuisine, changé de costume, empoché les sept mille dollars qu'il cachait sous une lame de parquet. Il s'est contemplé dans la glace de l'entrée. Il a dédié tous ses échecs passés et à venir à sa beauté, en souriant à son reflet. Tous deux étaient taillés pour le néant, dans la même pièce de vie. Dans la même beauté malade, gavée d'elle-même. Chaim a pris ses deux Walther P38, l'un dans sa ceinture, l'autre dans la poche de son veston. L'existence, il faut la boire comme on vous la sert, amère dans un bol ou douce et suave dans la bouche des femmes faciles.

Pas le temps de voler une voiture, Chaim avait trop besoin de se livrer à sa rage. Il est monté dans sa Nash-Healey verte, toute neuve, pour rester jeune et européen. Slalomer entre les voitures, les cheveux au vent, la cigarette aux lèvres. Surtout pas ressembler aux autres, avec leurs limousines. En démarrant, il a vu un gosse qui rôdait, sûrement chassé de la chambre par ses parents en rut. Il l'a appelé en tendant un billet de dix. Le gosse l'a regardé avec méfiance. Chaim lui a dit en italien d'aller mettre un cierge pour lui à Saint-Patrick. Un peu plus loin, ça l'a fait rire. La probabilité que le gosse aille faire brûler un cierge était quasiment nulle.

Quand Bobby et ses gardes du corps sont apparus en haut de l'escalier, blafards, comme déjà morts, découpant leurs ombres sur le mur de briques, Chaim a tiré des deux mains : deux canons, deux détentes, la mort à gogo au prix de l'aller simple. Ils sont tombés presque en même temps. Bobby a dégringolé les marches jusqu'en bas, c'était le plus lourd. Sa main molle et sans force s'est séparée de la poignée de sa serviette en crocodile, qui a laissé échapper une liasse de billets verts… Tout argent est bon à prendre, disait Stefan, son frère. Chaim a ramassé les dollars, la serviette ouverte. Il y avait de quoi fuir loin, très loin. Un camion s'était garé sur la chaussée et l'empêchait de monter dans sa Nash qui démarrait pourtant si bien, si sec. Le chauffeur terrifié levait les bras, reculait, et s'est enfui. Alors Chaim s'est embarqué dans la Cadillac de Bobby, avec l'argent et les flingues.

Ils sont là, à portée de main. Prêts à l'emploi. L'un dans sa poche, l'autre sous la boîte à gants. Pas le temps de s'arrêter chez un armurier pour acheter des munitions. Quant à sa Nash, elle est déjà volée, c'est un autre que lui qui la pilote, *l'air détendu*.

Chaim ramène ses cheveux en arrière, les femmes aiment ça. Pour lui il y a toujours une femme, même là, dans la Buick. Il veut se regarder dans le rétroviseur. Un rapace gris vient se poser sur le capot et le dévisage avec acuité, comme une sorte de reflet en colère, défiguré. Chaim baisse les yeux. Lorsqu'il les relève, l'oiseau s'envole, furtif, bas et lourd, comme s'il voulait se mêler à la poussière, devenir cendres de son vivant. Chaim a l'impression qu'il vole à la place de l'oiseau, s'élève dans le ciel, débarrassé enfin de son état d'homme. C'est ainsi qu'il s'endort, sombre, sur la banquette.

Les rats viennent souvent dans les rêves de Chaim, innombrables, comme pour lui interdire de boire aux sources. Ils le contemplent comme des gargouilles vivantes, lui parlent. Il ne sait pas ce qu'ils disent, il sait qu'ils sont là pour le juger. Ils lui reprochent d'avoir pris le nom d'un mort, d'avoir volé et tué tout au long de son existence, et ceux qu'il a tués viennent à leur tour le dévisager. Chaim sait où sont les portes de l'enfer.

Là, dans la Buick, il ne rêve pas des rats. Pour la millième fois, il voit les papillons brodés frémir sur le velours bleu. Des deux mains comme toujours, il tire dans le rideau qui se met à saigner. Un homme puis un autre arrachent le rideau, s'écroulent dans le salon de coiffure de la via Firenze, lâchent leurs Schmeisser qui vident leurs chargeurs au plafond. Lucky se redresse calmement, comme s'il ne venait pas d'échapper aux tueurs envoyés par Don Calo. Il époussette son costume saupoudré de plâtre, regarde Chaim et lui dit : « Pourquoi tu as tué ce con de Bobby ? Si t'avais pas bougé, c'est lui qui ramassait. » Dans son sommeil, couché sur la banquette avant, Chaim entend un bruit étrange, un cheval qui hennit ? Il fronce les sourcils et remonte sa mèche. Des bruits de pas, des types qui viennent ? Attention mon petit vieux faut revenir sur terre, sortir du sommeil.

Les portières s'ouvrent, déclenchant le plafonnier. Sale réveil ! Il veut se redresser, un canon de fusil s'appuie contre sa tempe gauche. En mauvais anglais, on lui dit : « Hello, muchacho, moi c'est Pepe, Pepe-le-beau-gosse, *Guapo, Chico Guapo*… Et lui, c'est Ramone, Ramone-le-baiseur ! Tu veux mourir, gringo ? Dis, tu veux mourir ? Si tu bouges, boum, c'est fait. »

Merde, il va se la fermer ! Il ne va quand même pas se faire baiser par des ploucs qu'il ne voit même pas et qui se prennent pour des caïds. Pas se faire coincer comme ça, lui ! Chaim regarde le Walther P38, sous la boîte à gants et retenu par de l'adhésif, comment l'atteindre ? Quant à l'autre, il est dans la poche gauche de son veston, il le sent sous son avant-bras. L'affaire est mal engagée. À force de mourir, se dit-il, je vais finir par y arriver. Il entend, à l'arrière, le glissement du sac de sport sur la banquette, Ramone-le-baiseur est en train de le soulever. Il va l'ouvrir et sous les chemises blanches, il va trouver le fric. Qu'est-ce qu'il va faire ? Partager ou pas ? Chaim se tient prêt, il imagine les types, leurs gestes, pour pouvoir anticiper. Il lui faut trois secondes d'inattention. Trois secondes pour vivre…

Pepe-le-beau-gosse est maigre. Le visage rouge attaqué par le psoriasis, les yeux trop blancs. Un tic lui fait cligner les paupières.

– T'as trouvé quelque chose, Ramone ? demande-t-il.

Ramone marmonne « de pas faire chier ». Il fouille dans le sac de l'Américain, écarte les chemises, découvre les dollars. Des dizaines et des dizaines de liasses. La Vierge lui tend la main pour changer de vie, porter de la soie et sentir bon.

– Tu dors, Ramone, dit Pepe en remontant son béret sur son crâne pelé. Y a quoi dans ce sac, de l'or ?
– Un sacré paquet de fric, dit Chaim, et il le veut pour lui.

Pepe tressaille. Ramone s'empare de son Colt 38 Super Auto, posé sur la banquette. Pepe sent venir le danger. Il lève le canon de son Remington 870. Chaim plonge sa main gauche dans la poche de sa veste, empoigne la crosse de son Walther.

Ramone-le-baiseur tire deux fois sur son *compañero*, à bout portant. Mortellement blessé, Pepe culbute à la renverse et presse par réflexe la détente de son fusil. La cartouche de 12 éclate au niveau du réservoir de la Buick qui prend feu.

Chaim appuie à répétition sur la détente de son arme, balance la sauce à travers la banquette. Ramone encaisse dans la cuisse et le ventre. Surpris, il soupire tristement. Lâche son arme, culbute en arrière. Chaim tourne sur lui-même, s'empare de son Walther fixé sous la planche de bord, se jette hors de l'habitacle.

La Buick s'embrase. Pepe-le-beau-gosse flambe comme une cocotte en papier. Ramone-le-baiseur se relève, tente de s'échapper avec le sac plein de destin. Chaim contourne le capot de la voiture, tend le bras gauche, appuie sur la détente. Le percuteur claque à vide. Ramone se retourne et distingue la silhouette de la mort. Il pivote et tente de s'en sortir, implore la Vierge. De la main droite, Chaim vise, tire avec son autre Walther. Touché dans le dos, Ramone est projeté en avant. Face dans la poussière, il se confond à son ombre, la mère des derniers souffles des gueux. Chaim s'approche, se baisse. Le type ne veut pas lâcher la poignée du sac, tous ses espoirs. Chaim lui casse les doigts, se relève. Un cheval, affolé par la lueur des flammes, se dresse sur ses sabots arrière en hennissant.

Chaim n'a monté que quelques fois dans sa vie et repousse l'idée d'essayer là. Il réfléchit, mais réfléchir à quoi ? Il faut qu'il rejoigne Fort Stockton, à pied. C'est possible, et c'est la seule solution. Il entend un bruit lointain… Des chevaux, les deux pauvres idiots n'étaient pas seuls. Les autres rappliquent. Chaim est perdu pendant quelques secondes. Découragé. Et puis la colère vient et le pousse à agir. Il n'est pas mort. Il va traverser cette sorte de plaine et dès les premiers contreforts, il sera à l'abri. Il attendra le jour.

Les flammes montent haut, la Buick semble fondre. Ça pue le caoutchouc et la viande grillée. Chaim avise la bouche d'un four extérieur, à moitié écroulé. Il y glisse le sac de sport, fait basculer des pierres, masquant l'orifice. Ça suffira. Pas besoin d'une pyramide, il ne veut pas défier le temps mais la mort. Il a besoin d'avoir les mains libres pour vivre. Il se met à courir. Sur lui, il a plus de cinq mille dollars. De quoi se racheter une Nash-Healey et quelques costumes anglais. Il reviendra chercher le fric. Pour l'heure il faut sauver sa peau. Il s'élance. Le ciel est immense, plus haut que partout ailleurs. Plus haut, plus vaste.

Plus ciel qu'aucun ciel. Sur un promontoire rocheux, un coyote ou peut-être un loup semble vouloir se dessiner sur la voûte sans fin, apporter sa trace, son dessin pour la légende. Chaim court, il sait qu'il n'y aura pas de quartier. La pitié n'a pas cours dans le monde de Chaim où tout se paye, le baiser comme la trahison. Comme disait Stefan : « Tu tires d'abord, tu réfléchis ensuite. »

Les chevaux se rapprochent. Ils sont trois. Chaim consulte sa Breitling Chronomat en or rose. Il l'avait ôtée au poignet d'un pilote de la Luftwaffe, tombé des nuages à Monte Cassino. À son tour de la perdre. La guerre continue, se dit-il, je n'en verrai pas la fin. Une heure quinze, ce vingt-cinq août 1951. Cela fait six ans que la bombe a explosé dans le désert de Jornada del Muerto, à quelques dizaines de miles d'ici (« Maintenant, je suis devenu un compagnon de la mort, le destructeur des mondes[1] »). Chaim ne s'en soucie pas. Il a traversé le monde pour mourir là. Sous ce ciel aveuglé par la fission des noyaux atomiques, il va broder en sténo ses regrets éternels.

Chaim s'arrête, se recoiffe machinalement. Il attend la première ombre, son Walther dans sa main droite. C'est fini. Bientôt il ne pourra plus fumer, il n'existera plus. Il va tirer deux fois, la troisième balle sera pour lui. Chaim est grave. Il attend conscient de tout, enfin. Enfin *réel*. Il est là, tout à fait lui-même sur toutes les faces.

Un cavalier apparaît en plein centre, trop loin. Un deuxième surgit, beaucoup plus près, à gauche. Il galope droit sur Chaim. De plus en plus proche. Chaim respire profondément, bloque son souffle et tire, deux fois. Pour assurer. Pour ne pas partir seul. La deuxième balle frappe le cavalier sous la pomme d'Adam, ça le stupéfie, le sang gicle. Il meurt en essayant

1. Robert Oppenheimer citant le Mahabharata.

d'appeler au secours, bascule. Retenu par un étrier, il s'en va sans volonté aucune, tiré par son cheval qui rue, zigzague, énervé par la mort qu'il traîne et qui ne veut pas le lâcher.

Chaim enfonce le canon de son arme dans sa bouche. Mais la balle le frappe sous le thorax, de côté. L'horizon se fendille comme un miroir brisé et Chaim pense qu'il ne se reverra plus, il tombe.

L'homme descend de cheval, il est maigre, sombre, grand et blême. Il fait peur comme une image. Du pied, il écrase la main de Chaim qui voulait s'emparer de son Walther. Il se baisse, parle en espagnol, saisit le pouce de Chaim, le casse. Chaim gémit. En anglais, l'homme lui dit : « Je vais t'apprendre à casser les doigts d'un mort… C'était mon frère. Il s'appelait Ramone. »

L'homme lui brise l'index, il a une bague à tête d'ours, en argent, turquoise et corail. Chaim s'évanouit. Stefan lui sourit et dit : « J'ai un fils de un an, je l'ai appelé comme toi, Richard. Puisque tu es mort il vit à ta place. »

– Mais je ne suis pas mort, proteste Chaim.

Chaim se réveille, giflé par l'homme qui le soulève par le col de sa chemise. Il voudrait emporter un autre souvenir, mais on ne choisit pas. L'homme cogne le bas-ventre de Chaim à coups de botte. Puis lève son fusil, écrase de toute sa force la crosse sur son visage.

Chaim doit être dans l'avion, à l'oreille il reconnaît un Dakota. Il rêve sûrement, se voit immobile, en noir et blanc, comme filmé. Il prie pour mourir vite. Il sent le trou dans son côté, les os brisés, et peut-être qu'il n'a plus de couilles. Plus de… Au fond à quoi ça lui servait ?

Tout est opaque, il crie. Il ne savait pas que la souffrance pouvait atteindre ce paroxysme. Il ne voit plus. Plus de bite, plus d'yeux et puis quoi !

– Je vais crever, murmure-t-il, tu vas voir. Tu vas voir.

Il essaye de bouger, sans résultat. Il le faut, pour ramper. On ne peut pas ramper couché sur le flanc. Il va mourir en rampant. Ça sera ses adieux et sa façon de voler sa mort à l'autre qui pense l'avoir tué.

Il compte jusqu'à cinq et s'appuie sur le bras gauche, gémit, persiste, bascule. L'herbe est grise, rare et sèche. Un tatou gît mort, les pattes en l'air. Des fourmis le vident de sa substance. Des immortelles attendent le printemps en exhibant leurs collerettes roses et suaves. À force de rien, on entend une cloche qui bat très loin, là-bas derrière Fort Stockton. Chaim reprend ses forces. Il va ramper et crever. Si Stefan était là, il le soulèverait et le porterait. Chaim mourrait dans ses bras.

Pour oublier la douleur, il se souvient de livres qui l'ont marqué, se raconte leurs histoires, mètre après mètre.

Il divague à mi-voix en français. Il est devenu Chaim Chlebek. Il pense en français, compte en français. Mais ce n'est pas sa langue, sa langue il ne la connaîtra pas. Elle l'attend là où il aurait pu bâtir quelque chose.

Une vie inutile et vaine, une vie pour rien. Pour mourir là, c'est absurde. Même pas cruel, idiot.

Il a mal à la tête. Son champ de vision est limité, flou. Il est très faible. Par moments il grelotte. Des femmes qu'il a baisées passent à côté de lui, les femmes et la fièvre, ça va ensemble. Il a baisé parce qu'un homme doit baiser, mais il n'a pas éprouvé la moindre ivresse. Il a éjaculé comme on se mouche, aucune femme ne lui a apporté autant de satisfaction qu'une branlette. Une dernière course, pense-t-il, la tête dans un sac noir, et le sang qui s'échappe. Pas pour des heures. Il suffit que je rampe et que je meure en rampant, ça fera l'affaire. En rampant sur cette terre, se dit-il, je la fais mienne, ma terre promise, mais je m'en sépare juste au moment où je la découvre. Il chante tout bas *Douce France* de Charles Trenet :

« J'ai connu des paysages
Et des soleils merveilleux…
Mais combien je leur préfère
Mon ciel bleu mon horizon… »

Ces mots lui ont toujours paru extraordinaires, et là, dans la poussière, sans croix sur sa dalle, il les reçoit amplifiés, ils résonnent dans son cœur, sur la terre comme au ciel. Ces mots ont accompagné la guerre, combien de types les ont chantonnés en mourant ? Chaim se dit que la guerre n'a pas cessé, qu'il succombe à ses effets. Il a soif, il a froid. Il en a assez. Mais il vit. Alors comme il vit, il rampe. La mort le nargue, l'attend en pleine soif. Chaim va vers elle, de tout son cœur. Il a raté sa vie, il ne ratera pas sa mort, ira vaillant jusqu'au bout. Il se souvient d'un enfant mort, tout petit, sur ce chemin vers la bataille. Ça l'avait désolé, la solitude de ce corps fragile.

Chaim pense que s'il n'y avait pas la mort, il n'y aurait rien. Dieu est la mort.

Ce doigt qui humecte ses lèvres est doux, légèrement parfumé. Odeur de *propre*, de plantes. Un peu d'eau coule dans sa bouche. On parle en anglais, Chaim ne comprend pas. Il pense en français mêlé de polonais, il est né en 1920, en Pologne. Sa mère est morte violée, son père s'est suicidé, il est parti avec son frère, Stefan. Ils ont volé et tué. Ils ont trahi. Lui a continué sa route seul, il a vécu du crime. Il a même été décoré. Il a tué, il a encore tué.

La montagne est secouée par les explosions. Il entend encore les 75 mm allemands anti-chars, les 150 et 105 mm. Il voit la terre monter, soulevée par les obus. Les avions qui passent si bas, leurs mitrailleuses. La clameur de la guerre, l'odeur du sang. Un choc. Quelqu'un a crié. C'est lui. Il vient d'encaisser deux balles. Il s'assoit, stupide, la plaque militaire de Chaim Chlebek dans la main.

Il ne retournera pas en Pologne, il dit adieu à sa langue maternelle. Il fait chaud, on le soulève. Ils sont deux, on le porte. Il ne se souvient pas de la voix de sa mère. Il se souvient du rire de son père. Il se souvient des mains de son frère, il ne le reverra pas. Il a trente et un ans. Il est sous le ciel vaste de ce pays qu'il ne connaissait pas.

Il est couché, le moteur gronde. Il doit être sur le plateau d'un pick-up. Les cahots le font souffrir terriblement. Ils sont sur une piste défoncée. Ça sent le cheval, parfois les gaz d'échappement. Il a une couverture sur lui, mais il a de plus en plus froid.

L'homme doit conduire, la femme est là, près de lui. Elle fume. Dans un film, elle lui mettrait la cigarette entre les lèvres. Avant la fin du siècle, se dit-il, on regardera les films pour savoir quelles solutions trouver à nos problèmes.

Il ne fait que s'évanouir et s'éveiller. La seule volonté qui tienne, se dit-il, c'est la volonté cardiaque. Son cœur bat. C'est simple comme un tableau. Le pick-up fait un bond, atterrit en tanguant.

Il a dû fermer les yeux, ils ont dû s'ouvrir car dans le ciel, il la voit, son visage penché sur lui, flou, déformé. La femme psalmodie une étrange mélopée, et il rêve, il voit un plateau enneigé, des arbres là-bas, plus loin une ligne de montagnes. C'est le jour. Dans ces bandes d'herbe si verte qu'elle en est presque noire, Chaim devine le printemps qui vient souffler la bougie de l'hiver. C'est calme, froid. Pourquoi est-ce passionnant, Chaim ne le sait pas. Mais il contemple la scène avec une ferveur aiguë. Et la nuit versée de partout coule sans drame. Un loup s'en détache et se met à tourner en rond, Chaim a le sentiment qu'il tourne autour de lui. Le museau blanc et roux, les oreilles rousses et dressées, les yeux pâles, le corps gris-brun taché de blanc, voilà ce loup singulier. Le loup marche vite. De son pas de loup, il encercle

Chaim, se rapprochant de lui. Chaim est émerveillé par le manège. Le loup lui parle. Sans bruit, Chaim ne comprend pas. Il s'en veut, un loup qui parle c'est rare. Et puis il ne s'en veut plus. Le loup lui a parlé, c'est ça qui compte. Chaim sourit, il trouve que c'est un dernier bon souvenir ce petit coup de Grimm, un joli toast porté à son départ.

Le moteur s'est tu, pas le cœur de Chaim. Il bat, il continue. L'homme parle. On le soulève, ça fait très mal. Trois avions à réaction passent haut dans le ciel, laissant derrière eux leurs sillages diaphanes de pardon sans rémission. Ce qu'il y a d'ennuyeux avec le monde moderne, c'est qu'il est partout présent, on ne peut pas lui échapper. Chaim rêve un instant d'un monde plus rustique, plus simple où il vivrait libre et utile. On pose Chaim sur une surface dure.

L'homme a un accent étranger, allemand peut-être, une voix posée, des inflexions de bourgeois. Chaim est trop fatigué pour comprendre ce qu'il lui demande. La femme parle, une langue inconnue. Elle se tait. On déshabille Chaim, il crie, les vêtements collent aux blessures. On l'attache à la table, il a peur. Quelque chose de brûlant s'enfonce dans son flanc, fouille sa chair, et c'est insupportable. Il ne fait que crier, se réveiller. Ses ligaments, ses os vont tous craquer. Finalement ça sort de lui et lui aussi sort de lui. D'un coup de souffrance, il devient le loup.

Petit Richard, voyant sa mère dans la rivière, échouée nue et bleue, a voulu s'enfuir du monde, se transformer en loup et ne plus quitter les forêts. Petit Richard voulait certains jours être loup, ou chasseur de loups, trappeur, chercheur d'or. Il souhaitait bivouaquer sous le ciel splendide, s'endormait avec ses chiens de traîneau, son cheval. Les bûches crépitaient et le gardaient des terreurs ancestrales, quand l'homme était nu et seul sous les étoiles.

Mais tout ça est rangé sur les étagères, il est le loup et court, court dans la neige, l'herbe, dans la forêt. Le long du torrent, dans une plaque de glace, il voit le reflet de son visage d'homme, l'efface avec sa langue et file dans la nuit brutale.

Des troncs, à peine équarris, soutiennent le plafond de plâtre. Il est couché, des pansements aux mains, sur le visage. Il voit un mur en adobe, un autre en parpaings, un poêle en fonte brute, une commode moderne en hêtre plaqué et piètement en ferraille noire, le sol en grosses planches, un dessus-de-lit molletonné aux motifs colorés et géométriques. Tout semble neuf ici, pas fini. Chaim a envie de se gratter, il ne peut pas. Il a envie de soulever les draps pour se rendre compte des dégâts, il ne peut pas. Sans l'usage de ses mains, l'homme est encore plus seul, plus isolé. Mais son cœur a tenu, à lui de continuer.

Il se souvient de la bague de l'homme, l'ours en argent, il a peur comme un enfant, essaye de se protéger le visage. Voilà une femme, à sa gauche, une Indienne. Jeune. Avec des tresses, une chemise hawaïenne verte à motifs de sirènes dorées, un short kaki, des colliers et des Converse All Star aux pieds. Elle sent le cuir, le cheval. Elle soulève l'édredon, les draps, prend la queue de Chaim, l'enfonce dans un *pistolet* en verre en regardant ailleurs, montrant son profil à Chaim, atterré. En Italie, en 44, ça lui est arrivé. Là, il a honte. C'est pénible. Il pisse, elle doit sentir la chaleur de l'urine. Elle pivote, sort sa queue, l'essuie avec du papier hygiénique. Elle s'en va. Il se détend lentement. Elle l'a tué en moins d'un acte. Shakespeare ne sait pas faire ça.

Lorsqu'il s'éveille, l'Indienne sans nom est là. Il souffre. La lumière a changé, il fait plus sombre. Elle le scrute, qu'est-ce qu'elle lui veut ? Son scalp. Elle l'aide à relever sa tête. Sa chemise bâille, son sein l'effleure, plein. Chaim frissonne. Elle lui fait boire un liquide amer, dégueulasse, qui pue. Il la regarde, assise à côté de lui, un monde les sépare. Il voudrait une glace pour savoir dans quel état il est. S'il est infirme, il se tirera une balle, à condition d'avoir un flingue. Tourné vers la fenêtre voilée d'une tenture ivoire brodée d'animaux, il abandonne sa tête sur l'oreiller. Il n'a que la force de se noyer, s'il y avait de l'eau ça serait facile.

Il entend une portière claquer dehors. On parle, ça sent la cigarette. Un homme entre, grand, maigre, les cheveux blancs et longs, un pantalon en toile usé, une chemise kaki, des sandales. Il s'empare d'une chaise paillée, s'assoit, dit avec son accent allemand : « Des lames de rasoir, des cigarettes, des journaux pour les nouvelles… Information/consommation, voilà les nouveaux paramètres ajoutés à l'équation humaine. »

L'Indienne surgit sans bruit, saisit la cigarette et s'en va.

– Elle doit penser que le tabac vous nuit, commente l'homme, amusé.

Il s'adosse à la chaise, poursuit : « On m'appelle Dirk. Volker Dirk Dinkelbauer. Vous êtes là depuis quinze jours, dit-il. Répondez-moi comme vous pouvez. Vous avez de la famille, quelqu'un à prévenir ? »

D'un mouvement de la tête, Chaim fait non. Il craint d'avoir parlé pendant son long sommeil…

« On vous a vu par un pur hasard. On ne passe jamais par là et vous non plus je suppose. Ils vous ont charitablement laissé vos papiers. Alors vous venez de Pologne, Chaim ? » Il pose le portefeuille de Chaim sur la table de nuit. Chaim se dit qu'il n'a pas eu d'enfance, c'est moche. Il a fait deux tours de manège, pas plus. Ça lui manque maintenant. Un gosse émerveillé a le loisir de devenir un adulte bon et charitable. Dirk se lève, va à la fenêtre en boitant imperceptiblement, écarte la tenture. Chaim aperçoit une ligne de montagnes bleues au soir, et le ciel bleu. De dos, Dirk dit : « Si vous voulez aller à l'hôpital c'est possible. Mais il faut attendre. Là vous ne supporteriez pas le transport, c'est loin. Vous êtes solide mais il ne faut pas exagérer. »

Chaim se souvient des images de la nuit funeste, le long cavalier noir et son fusil. Il ne veut pas aller à l'hôpital. Les blessures par balles, ça provoque des questions. Aller à l'hôpital c'est se rapprocher de la civilisation et la civilisation, c'est la mafia. Dirk ferme la fenêtre, en disant : « Il va faire frais. » Il pivote, s'approche de Chaim, lui montre une balle enfoncée : « Elle a été déviée, sinon… » Chaim la contemple. Du 30-06. Elle a dû percuter le porte-cigarettes, au tour de Lucky de lui sauver la vie.

– Vous alliez mourir. Ici c'était plus près et chaque minute comptait.

Il abandonne la balle dans la main de Chaim qui a l'impression un instant de tenir la mort. De la circonscrire. Dirk s'assoit, observe Chaim comme un prêtre contemple le péché derrière la grille du confessionnal.

– Une balle sous le cœur, dit-il, des côtes cassées, la mâchoire, une cuisse, les doigts, des contusions de partout, une hémorragie dans l'abdomen, et le choc à la tête… Pas de médecin, pas de pénicilline, rien qu'une *medecine woman*, une chamane si vous préférez, ses potions, ses remèdes et la chance.

Il ajoute en se levant : « Le *Standard-Times* de San Angelo a fait une brève sur une voiture brûlée, c'est tout. Personne ne sait que vous êtes là. »

Chaim a envie de café, d'une cigarette, de rouler dans sa jolie Nash-Healey, décapotée, comme un fils de famille qui reviendrait d'Europe. Il courtiserait une blonde et… Il va rester ici. Le temps qu'il faut. Il les dédommagera. Il lui reste quand même deux cent quinze mille dollars. Il reprendra la route. Tout recommencera. Une blonde, une rousse. Du champagne, et un jour lointain, quatre planches. Ciao !

Il essaye de remonter sa mèche, en vain. La coquetterie, c'est pour après.

La douleur revient et la fièvre s'en mêle. Chaim est en miettes. Si en plus il ne peut plus bander, il se fera sauter le couvercle. Penser ça l'irrite. Il ne va pas se suicider après avoir supporté tout cette *fantasia*… C'est idiot. Il vivra sans baiser. On peut cesser de baiser mais c'est insupportable de ne plus bander, bander c'est respirer, c'est regarder. Apprécier, mesurer. La queue c'est le seul mètre étalon qui vaille. Si je ne bande plus, je boirai beaucoup, je roulerai vite et je trouverai un mur.

Je n'ai cru en rien, se dit Chaim. Il n'a jamais levé la tête pour espérer les lumières du manège. Depuis toujours, il ne fait que s'en sortir, il avance sans but sinon celui de s'en tirer, d'avoir du fric et puis voilà. Si tu ouvres un livre, disait Stefan, fais bien attention de ne pas y prendre goût. Tout dans sa valise, disait Stefan. Un coffre en Suisse, pas de souvenirs, une poule dans chaque gare, chaque port…

Un cheval hennit, on dirait qu'il pose une question mais à qui ? À cet autre cheval qui lui répond ? Une éolienne tourne, grince sur un rythme lancinant, ça berce Chaim d'une langueur acide, il s'abandonne à la complainte.

L'Indienne pose une lampe à pétrole sur la commode. Elle porte une robe ample en tissu brun brodée de fils orange, des colliers, des boucles d'oreilles en turquoise. Elle allume de l'herbe sèche dans une soucoupe, ça fume, l'odeur que Chaim a sentie dans le pick-up. Elle se met à parler, en indien suppose Chaim, lentement, lentement. Chaim revisite toute l'étendue de sa misère passée, tous ses faux pas, ses saloperies, faiblesses et trahisons. L'Indienne sans nom chante tout bas, Chaim a envie de lui casser la figure. C'est elle qui le met dans cet état de malheur, d'impuissance.

Il ne sait plus où il est, nulle part sur terre. On touche l'os de sa cuisse, à l'intérieur de lui-même, il hurle mais qui entend ?

Dans la veine violette de la nuit, dans la maison inconnue, Chaim gît sans aucune conscience de quoi que ce soit. Le rapace vole bas, aux aguets. Il voit la femme roulée dans une couverture et allongée sur le plancher de la véranda. L'oiseau perçoit des bribes de musique, voit la silhouette de l'homme derrière une vitre jaunie par la lumière. L'oiseau voit les chevaux, le loup rouge qui file sans bruit. Au loin le ciel est le même qu'il y a dix mille ans mais l'oiseau ne le sait pas et fond sur sa proie, dans une heure ou deux il fera jour.

C'est l'aube pour ceux qui marchent et fument. Pour Chaim qui veut chier, c'est la honte. C'est plus facile de tuer un type que de demander le bassin, plus facile de mourir. Il regarde la clochette suspendue à sa gauche, au bout d'une ficelle décorée de plumes. Bon sang, il est dans une putain d'histoire de Peaux-Rouges et il ne peut pas tourner la page. Des fois un simple geste, c'est plus long qu'un sale hiver.

Elle s'approche, d'un regard comprend et glisse le bassin froid. Chaim est désespéré, plus humilié que jamais. Il préférerait reprendre un coup de crosse au travers de la gueule, il serait au moins inconscient.

C'est fait il est libéré, mais… Elle le torche, fait brûler une sorte d'encens dans la soucoupe. Chaim s'endort, il se sent protégé, il sait que ça va être pénible, mais un jour il pourra pisser tout seul. Voilà un but, se dit-il. Avant je n'avais pas de but. Il sourit sous ses bandages, se demande quel lien unit Dirk et l'Indienne. Elle n'a pas vingt-cinq ans et lui plus de soixante. Pourquoi ne parle-t-elle pas ? Parce qu'il n'est qu'un visage pâle, mais Dirk est plus que pâle, il est allemand. Aryen. Je saurai, se dit Chaim, ça m'occupera. Comblera le vide. Je ne fais que ça, remplir le vide. Par quelle sorte de miracle se maintient-on dans notre forme humaine, comment fait-on pour ne pas être simplement une flaque ? On a inventé le temps juste pour ça, pour retourner les sabliers, tromper l'ennui.

Si j'étais une mouche, tout serait plus simple. Ou si j'étais mort… Est-ce qu'il est heureux de vivre ? Il ne sait pas répondre. La vie a choisi. Il n'est pas la vie. La vie a ses raisons et lui ses limites.

Un oiseau le scrute comme s'il était une chose, il s'envole, Dirk prend sa place. Il allume une cigarette et la propose à Chaim.

– Elle n'est pas là, dit-il, profitons-en. Un peu de déviance blanche, un peu de masochisme, un peu de n'importe quoi, voilà ce que je vous prescris. Vous comprenez, Chaim, s'il n'y a pas de feu rouge, à quoi bon le brûler ?

Il met la cigarette allumée entre les lèvres de Chaim qui aspire doucement le poison en songeant que les hommes ont inventé l'humour pour ne pas prendre toutes leurs responsabilités, l'humour est une mise en scène de la lâcheté. Un cheval hennit, dans sa gorge soyeuse les mots impossibles résonnent tristes. Dirk s'assoit sur le lit, allume une cigarette, lui dit qu'elle est allée demander conseil pour sa guérison, enfin quelque chose comme ça. Chaim songe que lorsqu'il pourra parler il essayera de ne pas dire trop de conneries, quand il pourra marcher, il essayera de se souvenir des jours où il ne pouvait pas.

– Je suis parti en 1933, dit Dirk, je n'étais pas juif mais pacifiste même si ça peut paraître comique. J'enseignais la physique à Munich avec Sommerfeld et je savais que bientôt on se tournerait vers nous. Vers l'atome. D'où mon départ. Je n'avais pas de famille, je pouvais me le permettre. J'ai enseigné à Princeton et à l'université du Michigan. J'ai eu la nationalité américaine, j'étais de la matière grise à haute valeur ajoutée. On pouvait spéculer dessus. Lorsque la guerre a éclaté, Szilœrd m'a contacté pour être partie prenante du projet Manhattan. À cette époque on pensait que les nazis risquaient d'avoir la bombe et j'étais un de ceux qui pouvaient contribuer à gagner la course. Je me suis impliqué jusqu'à la fin 1941 et puis j'ai tout laissé tomber…

Il se tait un instant et Chaim a l'impression que Dirk voudrait bien dire pourquoi… Mais il poursuit : « Je suis arrivé ici à l'été 1942 sans savoir que la bombe serait construite à Los Alamos, à deux cents miles d'ici et que je la verrais exploser… »

On ne comprend jamais l'histoire d'un autre, songe Chaim, on écoute en vain pour parler à son tour et n'être pas plus entendu. La vie est un conte mais qui vit l'oublie, seuls les morts se *remémorent* les pages les plus captivantes des fables qu'ils ont illustrées.

– Je vais vous laver, annonce Dirk en se levant, je sais que c'est pénible.

Chaim fixe le plafond, Dirk le découvre : « Je vais vous enlever vos pansements, les refaire. Si vous avez mal… » Chaim s'adjure de tenir, il a deux cent quinze mille dollars dans le tiroir-caisse, de quoi oublier, mener la belle vie.

– J'étais pédé, enfin un peu pédé et honteux de l'être, j'oubliais les garçons avec des femmes, des étudiantes, des rencontres de bar, une putain par trimestre…

Dirk lui enlève les pansements qu'il a au visage et Chaim, s'il n'avait pas la mâchoire cassée, se mordrait la langue. Le cri s'étrangle en lui, l'étouffe. Dirk l'aide à redresser le torse. Ils sont tout près l'un de l'autre et dans les yeux de Dirk, Chaim voit de la pitié.

Plus tard, Dirk met un peu d'eau de toilette sur le front de Chaim et dit : « C'est moi qui la distille. Je fais de la bière aussi mais je n'ai pas mangé une choucroute depuis 1932. » Il rit. Chaim est content de sentir bon, des fois c'est minuscule le bonheur. On ne peut même pas le partager tellement c'est petit et banal, voire idiot. Dirk le regarde et Chaim devine qu'il a envie de parler, dévoiler ses secrets. Il s'en empêche. S'en va avec la bassine d'eau sale, la serviette. Revient, demande à Chaim s'il peut fumer une cigarette avec lui. S'assoit et fume. Chaim se sent bien. Sa solitude d'homme blessé, immense, tient dans son seul corps, autant qu'il la partage.

Un vieil Indien au visage ridé et aux longs cheveux gris fume, éclairé par la lampe à pétrole. Il est assis sur la chaise près du lit de Chaim. Le vieux a un bandeau rouge dans les cheveux, Chaim se sent mal. La fièvre est revenue, plus forte encore. Le vieux est peut-être juste un personnage d'un délire. Chaim souffre du ventre, le vieux chantonne. Trois grands oiseaux blancs apparaissent comme à un mariage, illustrant un poème un peu bancal. L'Indienne sans nom soulève son édredon et son drap. Chaim découvre son ventre gonflé, violacé. Pourri. Les trois oiseaux dansent, pour Chaim ce sont des hérons croisés avec des paons, mais il n'aura pas le temps de faire une communication au congrès de zoologie, il sera enterré avant. Un premier oiseau bat des ailes et vient se poser sur son ventre, s'y couche.

Il semble à Chaim que l'oiseau blanc couché sur lui change de couleur, se pare d'ombres bleues. Le vieux allume une pipe. L'Indienne secoue la tête, ses tresses se dissolvent dans un nuage de cheveux noirs, un demi-soleil qui retombe sur ses épaules. L'Indienne se baisse et parle à un des oiseaux blancs. Il agite ses ailes, se soulève du sol, et le voilà sur la poitrine de Chaim, il s'y couche. Sur ses cuisses, Chaim sent le troisième oiseau blanc qui vient le couver. L'Indienne chante, le vieux fume, Chaim, lui, échange du poison et de la mort contre une somnolence qui lui fait penser à celle que procure l'opium.

Chaim voit les grands oiseaux blancs, tout gorgés de bleu maintenant, quitter la pièce, chacun à son tour remercié par l'Indienne qui leur met au cou un fil rouge. Walt Disney en pâlirait, se dit Chaim. Le vieux fume en dévisageant Chaim. Chaim regarde son ventre, il a dégonflé. C'est tout à fait normal, songe Chaim, il suffit de se faire couver par des grands oiseaux blancs. Le vieux finit par se lever, s'approche. Il se penche au-dessus de Chaim, lui souffle de la fumée dans le nez et dit : « Toi gros con. Toi changer sinon toi gros con mort. » Il rit puissamment, l'Indienne aussi. Toute proche. Elle rote, ça sent la bière. Elle rit de plus belle. Et Chaim comprend pourquoi son regard est bizarre. Elle a un œil en verre, l'œil du cœur

Il lui manque un flingue sous l'oreiller, il s'y fait. Chaim compte les jours. Sa barbe pousse, c'est sa seule activité physique, son sport. Il remonte sa mèche pour ne pas perdre l'habitude. Un jour il marchera dans la foule et il remontera sa mèche, les filles aiment tellement. Il joue avec la balle qui ne l'a pas tué, ouvre de temps en temps son portefeuille, comme on ouvre et referme une porte en restant sur le seuil de la pièce dans laquelle on veut rentrer. Lui il ne peut pas entrer dans son passé. Les *bandidos* lui ont tout pris, sauf ses papiers. Il ne reste rien, si, l'odeur du cuir. Il regarde son visage sur la photographie du permis de conduire, se dit : « C'est moi. Je suis lui. » Quelque part, il n'en est pas convaincu, ce Chaim Chlebek *importateur* lui paraît très lointain, pas un fantôme, plutôt une figure quasiment oubliée d'un quartier duquel on a déménagé il y a un bail…

Importateur !

Il a lu et relu la brève que le *Standard-Times* lui a consacrée. Quelques lignes… qui ne disent rien, ne parlent pas d'un règlement de comptes, d'une fusillade, de cadavres non plus. Les *bandidos* ont enterré leurs morts. Personne ne peut savoir qu'il est là, incapable de se défendre, désarmé. Une cible facile, mais Chaim est tranquille : pour que les tueurs de la Murder Inc agissent, il leur faut un nom, un lieu. Ils ont le nom, pas le lieu. Et tant qu'il reste ici, il ne risque rien. Il ne prendra pas une longue rafale de 11.43. À la place, il avale de la bouillie, de la bouillie, de la compote, du lait, de la bouillie. À la cuiller, comme un bébé.

Nourri par une femme dont il ne connaît pas le prénom, ça lui manque. La femme, il pourrait la dessiner, même nue. Il le fera quand il le pourra, ça le soulagera. Par moments, il lui en veut. Tout le temps dépendant d'elle dans ce qu'il y a de plus intime de sa vie. Et sans l'aide de la parole qui peut faire *passer* les choses.

L'Indienne est un bloc opaque. On ne peut rien savoir d'elle. Chaim voudrait lui pincer un sein, une fesse, pour qu'elle réagisse. Des fois il a envie de lui crier : « Merde ! Tu me fais chier ! »

Il est troublé par son œil de verre et ne sait pas comment la regarder. Il pense qu'elle le sait, qu'elle en profite, en rajoute. L'œil de verre a des éclats bleus comme si les grands oiseaux blancs l'avaient colorié. C'est troublant cette chose morte qui reflète mais ne voit pas. Chaim connaît le corps de l'Indienne, ses membres, son odeur, mais pas sa voix. Il lui manque quelque chose d'elle. Il rêve d'elle, elle est la seule femme qu'il n'a pas eue. Toutes les femmes qu'il désirait, il les a eues. Elle, il ne la veut pas, mais il ne l'a pas pour autant. Chaim ne sait pas si avec ses deux mains, ses deux pieds et sa bite en prime, il aurait l'Indienne. C'est qui cette femme ? Pas la plus laide, pas la plus belle, loin de là. À part. Unique. Comment il ferait pour la déshabiller ?

Est-ce qu'elle crie fort dans l'amour ?

Elle n'a pas de montre, ne se maquille pas. Pas de rouge à lèvres, rien. C'est impensable pour une Blanche un peu *à la coule*. Il pense souvent à elle. Sans doute pour tromper l'ennui, une sorte de pénicilline naturelle. Comme souvent, pris par une sorte de fièvre de voyeur, il regarde la cicatrice qu'il a sous le cœur, cousue comme on coud le cul d'un poulet.

Dirk entre, il a un pantalon de costume gris, une chemise blanche. Il allume une cigarette, la propose à Chaim qui acquiesce et profite avec délice de la première bouffée. Il parvient maintenant à tenir les cigarettes entre ses doigts malgré les attelles. Dirk s'assoit sur la chaise, allume une Marlboro pour lui. Chaim a l'impression qu'ils se fréquentent depuis des années, il connaît l'écartement de ses dents, certaines lueurs de ses yeux. Chaim arrive à balbutier un « merci », son premier mot depuis qu'il est ici. Dirk hoche la tête : « Bien content de vous entendre. » Il prend le mégot de Chaim, l'écrase avec sa cigarette dans le cendrier, se lève, va vers la fenêtre : « J'aime ce pays mais ce pays n'aime personne. » Il se tourne vers Chaim : « Ici il faut des gens comme vous. »

– Des infirmes, murmure Chaim.
– Des durs… Je vais m'absenter pour quelque temps, une affaire à régler.

Il l'aide à se redresser, prend congé. Bientôt, Chaim entend un moteur. Une voiture démarre, c'est Dirk qui s'en va. Chaim ne s'avoue pas tout de suite que ça lui fait plaisir d'être seul avec l'Indienne. Un peu après il se dit que c'est idiot, il va faire quoi avec elle ? Jouer au mikado ?

Il se rend compte que Dirk a caché un paquet de Marlboro sous son oreiller, et un Zippo. Il pourra fumer la nuit. Il imagine l'Indienne vêtue d'une robe moulante, une robe du soir, des escarpins… Mais ça ne lui va pas. Chaim se repose de toute pensée en écoutant l'éolienne, sa chanson triste lui donne envie d'être heureux, de faire quelque chose de vrai.

Plusieurs fois par jour, Chaim introduit un doigt dans sa bouche, il a encore des dents. Il voudrait un petit bout de glace pour se souvenir de lui, sans son reflet, un homme est seul. L'Indienne surgit, silencieuse. On lui a dit que les Indiens *sentaient*, mais non. Elle sent le cuir, le cheval et l'essence. La fleur, un peu. Et la liberté, c'est sûr. Elle ne connaît pas les parfums de Paris et si ça se trouve elle ne sait même pas que Paris existe. Un autre lui a juré que les Indiennes baisaient bien et qu'elles se rasaient la vulve. Et puis qu'elles mentaient, volaient. Qu'on ne pouvait pas dormir avec elles, sinon on se réveillait à poil ou la gorge tranchée, voire les bourses. En tout cas, elle ne lui a toujours pas dit un mot et elle a plutôt un gros cul. Peut-être que toutes les filles nées d'un père Navajo et d'une mère Apache sont livrées comme ça ? C'est Dirk qui lui a lâché ce bout de généalogie. Pas plus, rien sur leur lien. Aujourd'hui, elle a les ongles noirs de cambouis comme souvent, un chignon, une chemise de bowling blanche à col rouge, son short kaki, et une protection en cuir noir sur son œil crevé. Chaim l'admire, il faut être gonflé pour s'exposer comme elle le fait.

Chaim se demande pourquoi elle a ôté son œil de verre, ça l'hypnotise ce trou qu'il ne voit pas. On ne peut coucher avec une femme comme elle, c'est… L'Indienne lui enlève ses attelles une à une, les bandages. Chaim tente de fermer ses mains, moches, écaillées, déformées. Elle l'encourage d'un hochement de tête. C'est douloureux, mais il pourra manger seul. Un jour, il pourra conduire. Il partira.

Elle s'empare de la clochette. Laisse les plumes fixées à la ficelle, Chaim se lance : « J'aimerais bien connaître votre nom. » Elle le toise impavide et sort. « Tu te prends pour qui avec ton cul et ton œil ? » Elle revient avec de vieilles béquilles, du linge qu'elle pose sur le lit, une espadrille. Il passe le T-shirt avec difficulté, le short kaki c'est pire. Il sue. Elle lui tend les béquilles. Il se lève en glissant les traverses recouvertes de cuir craquelé sous ses aisselles. D'un geste elle lui indique la porte. Marche ou crève, songe Chaim. L'Indienne à ses côtés, il quitte la chambre. Un homme debout voit autrement une femme debout. L'Indienne n'est pas si grande que ça et son cul… Il ne faut pas exagérer. C'est même un beau cul. Pour monter à cru, il faut s'adapter.

Chaim avance dans un couloir aux murs en parpaings. Des planches grossières au sol. Il passe à côté de patères où sont suspendus chapeaux et vêtements qui tombent sur des bottes, des godasses empilées sur un porte-chaussures. En face : un râtelier en bois tourné et ouvragé où sont rangés une carabine Winchester 94 à crosse pistolet et un fusil Browning B25 à canons superposés. Et double détente. La Winchester semble vraiment dater du siècle dernier. Les deux armes ont l'air en parfait état, soigneusement entretenues, et dans les tiroirs il doit y avoir les munitions. Chaim pense que c'est l'Indienne qui s'occupe des armes, elle est le genre à faire mouche à deux cents pas.

Au bout du couloir : une pièce spacieuse avec une cheminée énorme, en pierres, les murs en briques et adobe, une table en arborite rouge aux pieds en chrome, quatre chaises assorties, un fauteuil en peluche rose, une banquette grise et verte, un fauteuil en forme de coquille, en plastique jaune, un vaisselier en marqueterie et bronze, un gros fourneau blanc, un évier en acier inoxydable, une pompe à eau, un bahut de cuisine en bois peint en bleu ciel… Un meuble téléviseur/radio/tourne-disques, en acajou, de la taille d'une Fiat 500 et garé sur un tapis à damiers, blancs et noirs.

Tout ça *à la mode et dernier cri*, comme sorti des cartons, sauf la pompe à eau en fonte. Tout ça parfaitement incohérent, et jeté là à la va-comme-je-te-pousse. Pour le fonctionnement du téléviseur, Chaim a des doutes, sans électricité et sans réémetteur à moins de cent cinquante miles… Ou plus.

C'est l'Indienne qui a acheté tout ça, en s'en fichant. Chaim en est convaincu. Là, personne n'a embrassé personne, c'est sûr. Derrière les vitres et par la porte ouverte, il découvre le paysage, les montagnes au loin, la prairie sans aucune ponctuation, et le ciel partout, enfoncé de force. De quoi se taper la tête contre les murs. Chaim sort sur la véranda. Reste dans l'ombre pour reprendre des forces, descend les trois marches, ferme les yeux, aveuglé. Les rouvre, fait quelques pas, respire à fond et ne peut pas s'empêcher d'être emporté par une émotion, comparable à celle ressentie aux premières neiges lorsqu'il était enfant. Il dit merci à l'Indienne qui marmonne quelque chose, sûrement en navajo. Il l'a entendue ! C'est presque comme s'il avait vu sa chatte. Elle, terre à terre comme toutes les femmes, hausse les épaules. Il marche. Il aime bien ce coin. Même si c'est vrai qu'au bout de tant de jours passés au lit, il trouverait n'importe quel trou à rats aussi bien que Megève ou Saint-Moritz.

Des yeux, il fait l'inventaire : l'éolienne qu'il entend tourner depuis sa chambre et qui alimente un abreuvoir, un bac en zinc où du lierre vient boire. Sur la droite une grange, une écurie. En planches goudronnées toutes les deux, avec chacune sa tête de longhorn mangée aux mythes du western. Plus près, le garage, ouvert sur un côté, en parpaings et adobe, planches et tôles. Dessous un van qui en a un peu trop vu, une jeep Willys des stocks US avec l'étoile blanche peinte au pochoir sur le capot et une Indian Big Chief rouge et crème. Pas si vieille que ça, en cours de réparation, sa boîte de vitesses déposée et ouverte sur un vieux drap blanc, d'où le cambouis sous les ongles de l'Indienne se dit Chaim qui sourit de l'association Indienne/Indian. Il imagine la borgne cramponnée au guidon de la bécane qui doit peser à sec ses trois cents kilos. Les Indiens sont dingues c'est sûr mais le Texas doit rendre dingue même un banquier suisse. À force de voir le ciel de partout et l'horizon reculer toujours plus loin, on attrape forcément le vertige, on picole de la bière et on se tue en bagnole, en motocyclette. Ou variante, on s'endort dans une Buick, c'est pareil.

Sur la gauche de l'esplanade qui s'ouvre devant le ranch et où la piste s'arrête, se confond avec la poussière, un hêtre vieux de deux cents ans, des chevaux au loin, plus près un corral, des grumes, énormes et blanchies par les années passées aux quatre saisons, attendent amers la main de l'homme. Barrant le passage au vide et au vent, un fil tendu entre deux hauts piquets. Dessus, mordu par des épingles, un soutien-gorge qui gonfle sa voile blanche au vent, trois culottes. Chaim est gêné par ce spectacle, comme si elle lui montrait… Il pivote avec difficulté et fait face au ranch, long d'une trentaine de mètres, d'un seul niveau, bordé sur un côté par la véranda. Toit en tuiles, murs en adobe, parpaings et planches (l'adobe devant être des restes d'une ancienne bâtisse). La simplicité peut rendre les choses belles, se dit Chaim, étonné de penser ça. Il y a peu encore il portait des chaussures anglaises pour se distinguer du commun.

Un fauteuil à bascule, deux fûts métalliques sous les gouttières, un balai, du bois soigneusement empilé, la poussière. Pourquoi veut-on construire ? Pourquoi toutes ces choses disparates qu'on agrège dedans et autour, comme des lettres dont on n'aurait pas pu faire des mots ?

Au-dessus de la porte principale, sous la véranda et au bout de chaînes rouillées, une épaisse planche datant du temps passé, du ranch incendié, grince, balancée par le vent. Dedans on a gravé jadis :

« Slashed P-J Ranch »

Chaim se dit qu'il est arrivé exactement là où il devait, c'est-à-dire au « Slashed P-J Ranch » avec un schleu et une Indienne borgne comme gardes-malades. Il est arrivé et il va repartir, il traînera pas là, le vent, le ciel, la terre. Trop de terre, de vent, de ciel. Alors la neige et le rodéo, il laisse ça aux touristes… Et à l'Indienne à côté de lui comme un chien d'aveugle. L'air mauvais, elle lui fait signe de bouger : « Sinon tu vas grossir, tu as déjà plus un muscle qui tienne… Allez. »

Sympa ! Même l'Indienne la plus reculée en est au même niveau qu'une *zazoue* de Saint-Germain-des-Prés, se dit Chaim : chiante, versatile, maigre et communiste. D'ailleurs Chaim trouve qu'elle ressemble à cette chanteuse au nez… Juliette Greco ! Chaim a mangé à côté d'elle, à Paris, en 49, avant son départ pour les USA. Il lui a même offert une cigarette. Elle s'est emparée du porte-cigarettes et a demandé en lisant la phrase de remerciement qui était ce Lucky. Et Lucky, en levant sa coupe de Bollinger, a dit : « C'est moi. » Elle a paru étonnée : « Il vous a vraiment sauvé la vie ? Comment ? »

Un cheval hennit. Il aime bien la voix des chevaux désormais. Il s'y est habitué. Quant à l'Indienne, elle n'est plus là, elle a rejoint les fantômes dont elle est le porte-parole. Chaim fait quelques pas. Pour finir ici, il faut avoir de sérieuses raisons. Il faut vouloir fuir, y être obligé. Même le pays fuit, se dit Chaim, le ciel, les êtres, tout va au bord du monde pour échapper aux lignes droites. Tout ici s'incurve pour se rebeller contre la loi des parallèles et des comparaisons. Ici on n'a pas inventé la tragédie, le vide n'est pas noué. Tout est presque possible. Chaim s'appuie contre un piquet du corral, allume une cigarette. Il se dit que la vie de *cow-boy* doit avoir du bon maintenant qu'ils ont des bagnoles et des frigos… Mais ça ne vaut pas une suite avec vue sur la mer, les cocotiers et les blondes. Très important les blondes. Une blonde ça sera toujours mieux qu'une brune. Il sourit, appuyé sur ses béquilles. Grand, les épaules larges… mais il a perdu plus de quinze kilos. Un bûcheron cyclothymique, rongé par un méchant cancer. Avec sa barbe, ses pansements sur le visage, sur la jambe, il fait mauvais genre.

Derrière le corps d'habitation, au-dessus d'une citerne qui doit recueillir l'eau de pluie, de la vigne est plantée dans une serre. Du raisin de table, certainement. Chaim n'en a pas vu depuis l'Italie et la France. Il est étonné d'en trouver ici. Ça lui fait penser au vin, il en a envie. Un Martini, des olives et une poule. Un bourgogne blanc, des rillettes, une poule. Une cigarette, une poule, un bain avec la mousse, de beaux immeubles patriciens vus à travers la baie d'une suite, une poule dans du vison, une poule, une autre, ainsi toute une vie mais personne ne dit « toute une mort » et pourtant il s'agit de ça, songe Chaim. La mort dure plus longtemps que la vie. Ce qu'il y a de sûr, c'est qu'on ne m'y reprendra plus. À vivre d'une mort lente en somme. On me reprendra plus au racket, à la cotisation à Murder Inc, aux poules. C'est fini. Les quartiers interlopes, fini. Les bars de nuit… Ça sera plus difficile. Essayer que toute cette souffrance me *serve*, se dit Chaim.

Ce moment de répit l'a épuisé. Il frissonne, écrase le mégot. Dans le vent d'est, l'automne chuchote que l'hiver existe même dans cette sorte de désert. Chaim ne pense pas aux saisons, il pense à son corps. Il marche et se réchauffe. Il va apprendre la maison, comme une leçon, il sera autonome. Après il pourra faire un peu de tourisme, et après : *bye bye* !

Un bruit de sabots, c'est l'Indienne qui sort de l'écurie avec un cheval noir, aux reflets quasiment rouges. Il est sellé, elle a passé des bottes texanes, sans aigle sans serpent sans étoile. Elle monte d'un seul mouvement gracieux sur le canasson. Chaim aime ses belles jambes un peu nues qui s'élèvent, se tendent, touchent les flancs du cheval, un étalon forcément. Au spectacle des jambes de l'Indienne, Chaim songe à tous les strip-teases qu'il a vus. Dans les boîtes, les humbles gagneuses de la chair mises à nu comme mises à mort, et sur le champ de bataille, les soldats, à terre, rhabillés par l'uniforme vêtement de la mort. Dans l'habit de la mort, les soldats morts étaient nus comme de pauvres putes. Les effeuilleuses et les soldats étaient livrés sans défense au regard des *bons vivants*.

La guerre déshabille tous les sexes, tous les genres. Mais sur scène, la honte est réservée aux femmes et j'en veux, moi le premier (chair et honte confondues et bues). Chaque morceau de peau d'une femme que je vois est la preuve de ma virilité. Elles n'ont rien entre les jambes. Plus nues que nues, elles sont juste bonnes à… L'Indienne a disparu sur la piste. Chaim se repose contre la rambarde de la véranda, écoute les pales de l'éolienne qui tournent avec une obstination dérangeante. Il se dit qu'il est venu dans ce coin du monde pour une raison qu'il ne connaît pas. Par exemple ne plus bander. Avant il bandait sans cesse, dès le réveil, là, même lorsqu'il matait les cuisses de l'Indienne, rien. Il reçoit des gouttes de sang sur les mains, il cherche et voit l'oiseau coincé dans les pales, haché. La guerre toujours.

Chaim ne veut plus régler de comptes, Vito Genovese se lassera de le chercher. Lui fera son Candide quelque part. Pour y arriver, il doit cesser de jouer au con comme lui a conseillé le vieux. Il doit se débarrasser de l'emprise de Stefan et Lucky. Pour vivre justement, il faut se séparer des souvenirs qui sont comme les paris clandestins. Perdant, on enrichit la mafia, gagnant on vit d'un mauvais calcul qui met le rêve à la place de la raison, la superstition à la place de l'espoir. Tôt ou tard on rejoue et on perd tout.

À la lumière d'une lampe-tempête qu'il tient dans sa main gauche, Chaim clopine dans un couloir et ses béquilles résonnent sur le plancher, font penser à de vieilles histoires de pirates ou de fantômes. Il ouvre une porte, découvre une salle de bains, carrelée de blanc et de lambris de bois. Par la fenêtre, un chariot de nuages passe sans bruit. Chaim manœuvre un robinet, rien. Comme dans la cuisine, il faut actionner la pompe en fonte. À côté de la cuvette des toilettes, un seau empli d'eau. Dans la baignoire, le bassin comme une bête morte… Au-dessus du lavabo on a enlevé la glace ? Il lève la lampe-tempête, cherche, en vain tandis que son ombre écartelée aux quatre coins danse, difforme.

Chaim poursuit son périple. La lune est au quart d'elle-même dans l'angle d'une fenêtre, on dirait une plante grasse sans chat pour la regarder. Il s'arrête devant une carte géographique datant du siècle dernier. Sous verre. Le ranch est entouré à l'encre noire, altitude quatre mille pieds. À une trentaine de miles derrière Fort Stockton. Il a enculé la mort dans un sacré désert de montagnes adossées au Rio Bravo del Norte, la frontière avec le Mexique. Plus proches que Fort Stockton, Alpine à l'ouest et Marathon à l'est sont les deux autres localités du triangle dans lequel le ranch se situe.

Il fait quelques pas et pénètre dans une vaste pièce, au haut plafond. Là Dirk a rassemblé une incroyable collection consacrée à la civilisation indienne à l'époque de la colonisation : dessins, aquarelles, gouaches, huiles, photographies, mais aussi des poteries, des scalps, tomahawks, lances, boucliers, et un totem. Terrifiant et splendide, complètement libre, barrant la route pour toujours à toute forme de conquête ou de vérité sur l'art, il parle sans rien dire. Chaim est saisi par tous ces démons et sortilèges, ce crépuscule violent, plein de fureur et de souffrance. Il en a perdu le souffle et s'en rend compte, étonné. Des yeux, il continue la visite : des centaines, des milliers de livres et de 78 tours rangés dans des bibliothèques, sur des étagères, en piles sur le plancher ou sur un bureau en ébène, nacre et bronze doré. Dans un tiroir, une liasse de billets, un Colt 45 et deux chargeurs pour le spleen ou le remake de Fort Alamo. Pas de poussière comme si Dirk ne voulait pas que le Texas entre ici. Des fleurs séchées. Un gramophone, une lunette astronomique, un lit une place pour se consoler tout seul, et dans une vitrine, deux Leica et leurs objectifs, dont un Telyt de 400 mm pour piéger ce qui est caché. Chaim acquiesce comme si on lui parlait. Il lève la lampe-tempête, s'intéresse à une peinture, représentant un groupe d'Indiens devant un totem qui semble être celui que Dirk a installé pour régner sur son monde. Chaim s'en approche, observe la toile, signée George Catlin. Il saisit le bord du cadre qui pivote, découvrant un coffre-fort Chubb. Un modèle solide fait pour résister aux maladroits et à la malchance.

Plus tard, dans le couloir, Chaim s'arrête devant les vêtements accrochés aux patères. Il passe difficilement une veste à carreaux doublée de mouton, s'approche du râtelier, décroche la Winchester 94, la manipule, l'épaule. La remet en place, ouvre les tiroirs du meuble, les munitions sont là en nombre. Il s'adosse au mur, ferme les yeux, allume une cigarette. Lorsqu'il sort de sa somnolence, il voit une éphéméride fixée à la base de la planche de bois qui reçoit les patères. L'éphéméride en est à la date du 26 août, quelqu'un a écrit : « Jour de l'homme qui ne voulait pas mourir. » C'est le jour où ils l'ont trouvé, lui Chaim qui voulait vivre. C'est elle qui a écrit, il en est persuadé et se trouve stupide. Pour lui l'Indienne faisait des fautes. Il arrache les pages une à une, jusqu'au 9 octobre 1951. Avec le crayon accroché à une ficelle, il écrit maladroitement : « Toujours vivant 6 semaines plus tard. »

Son ombre se déforme sur le plafond et les murs. À la lueur de la lampe-tempête, Chaim lit un acte de mariage, fait à Grandfalls (Texas), qui unit le 25 août 1951 Volker Dirk Dinkelbauer, né le 17 avril 1886 à Brême (West Germany), à Dallas Tsosie, née le 3 octobre 1930 entre Indian Wells et Wide Ruins (Arizona)… Il lit et relit le document. L'Indienne surgit, pieds nus, en train de croquer du raisin. Chaim détourne les yeux, gêné par cette simple volupté. Elle a une couverture militaire sur les épaules, elle est coiffée d'une casquette des *Diablos Rojos*. Elle sent le cuir, le cheval, et elle-même. Elle range le document officiel, replie une combinaison. Referme le tiroir, change de place une des petites pierres posées sur la commode, s'assoit sur son matelas, ramène un carton de bière rangé sous son lit, de la *Lucky Lager*. Elle décapsule une canette avec le bois du lit et la tend. Chaim s'en empare tandis qu'elle décapsule une autre bière, ouvre le tiroir de la table de nuit, en sort un paquet de cigarettes et en offre une à Chaim qui la remercie d'un signe de la tête. L'Indienne boit au goulot, met une cigarette entre ses lèvres. Chaim la lui allume avec le Zippo, s'occupe de la sienne. L'Indienne l'enferme dans son silence. Il lève sa Lucky Lager pour trinquer, ne sait pas s'il peut s'asseoir à côté d'elle, va s'adosser à la commode, recueille les cendres de sa cigarette dans la paume de sa main. Il va pour remonter sa mèche. Dans un coin, il y a un téléphone, ça lui ressemble. Un téléphone sans ligne… La lampe-tempête faiblit. L'Indienne s'allonge sur le lit, se tourne. Chaim s'en va. Dans le couloir, la lampe-tempête s'éteint.

Il boite jusqu'à la grande pièce, jette son mégot dans la cheminée. Pense à la façon dont elle s'est retournée en se couchant dans sa solitude. Pas un mot, juste un acte brutal, sans appel. La nuit campe derrière les vitres, muette mais pas sourde. Il la veille en finissant sa bière. C'est normal, se dit-il, que les Texans voient des ovnis de partout, à force de ne rien voir, ils sont prêts à voir n'importe quoi. Ils se font tellement chier que la bière ne suffit pas. Il n'a pas voulu venir ici, mais il y est. Drôle de coin, sans parler des habitants. Un Allemand, une Indienne, et lui maintenant. Qu'est-ce qu'ils font ensemble, l'ONU ? Pourquoi ils se sont mariés, ils font chambre à part. Chaim sait qu'il y a quelque chose qui lui échappe. Il faut qu'il se tire avant qu'il ne se fasse prendre au piège et pas besoin de savoir lequel.

Il lui semble entendre une détonation, un moteur. Il met ça sur le compte de l'état presque hypnotique dans lequel son errance dans le ranch l'a conduit, ou alors c'est l'Indienne. Elle est jolie. Jolie et hors d'atteinte, isolée dans sa nature comme tous les expatriés, se dit Chaim en pensant à son propre cas. Il va pisser dehors, songeant que c'est une liberté formidable que les hommes ont. À nouveau il entend un moteur, voit des phares au loin. Un cheval hennit. Chaim attend que les phares disparaissent. Il est sur ses gardes, la civilisation il ne faut pas la balayer d'un revers de la main. Même s'il est attentif, il profite de cet instant, se dit que grâce à sa mésaventure extrême il a découvert une sorte d'état nouveau. *De la substance*. Un espace en lui et en dehors de lui, on verra bien. Il rentre dormir. Dans le couloir, le Browning a été décroché et il y a de la lumière sous la porte de la chambre de l'Indienne.

En Italie on l'appelait *Signor Boom-Boom, L'Estrema Unzione, Il Scorpione* ou tout simplement Chaim, aux States on l'appelait *Gravedigger*, Le Fossoyeur. Et d'autres. Depuis Monte Cassino il ne s'appelait plus jamais par son nom. Il était sans appellation d'origine disait Lucky, un parti idéal pour l'aventure… Ou pour les bras de la mort. Chaim s'éveille dans la chambre bleue, son cœur fait trop de bruit, vivre est juste insupportable, trop bleu, trop simple, il ne fallait pas. Il ne fallait pas échouer ici, au « Slashed P-J Ranch ». Trop de vide, on devient dingue à force de rien. Alors on passe au calcul des probabilités : « Qu'est-ce qui nous a réunis là ? » Au Texas, la sénilité frappe plus sûrement que le 45 ACP ou la 30/30 et ça fait plus de dégâts. Beethoven serait devenu sourd avant d'avoir composé le moindre « Petit papa Noël », Nietzsche aurait été scalpé ou pendu.

Chaim ferme et referme ses mains, il a trouvé une chemise militaire, avec la veste doublée de mouton ça fait l'affaire. Il a froid aux pieds, rêve de chaussures, se lève en s'aidant de ses béquilles. Il se fait un café, le boit debout en regardant les montagnes. Dans la grange, il trouve une barre en fer, dix kilos. Ça ira pour commencer. Il s'en empare, s'adosse à un mur et s'en sert comme haltère. Il la plaque contre sa poitrine, la lève, l'abaisse. Vingt fois, un repos, vingt fois. Demain, il doublera. En sortant de la grange, il voit la vigne dans la serre, s'arrête devant l'entrée, regarde à travers les vitres. De belles grappes de raisin de Hambourg violettes comme de l'encre noire pendent aux sarments courbés sous le poids du sucre. Il fait chaud, ça sent bon, comme une femme qui sue. Il cueille une grappe, savoure les grains yeux fermés. Un peu de jus coule à la commissure de ses lèvres. Une impression d'Éden renforcée par le pommier caché dans les pieds de vigne, beaux fruits rouges et ronds comme des petits seins. Lorsqu'il pivote pour sortir, il surprend l'Indienne à la fenêtre de sa chambre, en soutien-gorge et pantalon Red Strap, elle se brosse les cheveux en chantant *Rocket 88* [1] que Chaim a entendu à plusieurs reprises à l'émission radio de Alan Freed, Moondog's Rock'n'Roll Party.

Elle chante juste et Chaim est étonné qu'elle connaisse la chanson. Ici ça paraît presque impossible. Rock'n'roll ça veut dire quand même baiser en argot. L'Amérique est dingue. Le KKK d'un côté, le jazz et le rhythm « n » blues de l'autre.

La chanteuse aperçoit Chaim et tire le rideau, fin de l'enregistrement en public. Chaim s'en va, une giclée de poules noires le conspue en caquetant. Ça lui donne envie d'œufs au plat avec du lard grillé et des patates. Plus tard lorsque sa mâchoire sera solidifiée. En attendant, il faut qu'il se refasse un corps, des muscles. Il pense au soutien-gorge de la *rock'n'rolleuse*. Beaucoup de dentelles pour pas beaucoup de seins. À son tour, il chantonne les paroles en tapotant sur ses béquilles :

« You women have heard of jalopies,
You heard the noise they make,
Let me introduce you to my Rocket 88.
Yes, it's great, just won't wait,
Everybody likes my Rocket 88 !
Baby we'll ride in style… »

Rien à voir avec les coquelicots rouges de Monte Cassino. L'histoire va vite, depuis que la guitare électrique a pris le relais des orgues de Staline. Après le ranch, la piste file en ligne droite et Chaim boite droit. Alentour le pays s'embrase, rouge, roux,

1. Interprété par Ike Turner & Jackie Brenston. Enregistré à Memphis par Sam Phillips, débutant à cette époque.

cuivre. Des chênes verts accrochés au sol comme des bossus sous une cathédrale se tordent dans toutes ces flammes. Il faudrait un peintre. Le soleil est rond et d'or mais le vent mordant. Chaim respire profondément, pour tout avaler de ce qu'il voit et sent. C'est son premier automne ailleurs qu'à la guerre ou en ville.

À gauche, sous un hêtre, un enclos encadré d'une barrière de fer forgé. Dedans trois tombes et leurs croix. Chaim pousse la porte. Sur deux des pierres tombales les noms sont en cours d'effacement, vont vers la poussière. Sur l'autre, récente, est gravé : Volker Dirk Dinkelbauer, né le 17 avril 1886/… Chaim est choqué. C'est macabre et indigne d'un gentleman. C'est une mise en scène vulgaire et indécente… Ou une façon de bander, de garder une jeune femme qu'on ne comble pas comme on le devrait ? Chaim s'en veut de cette pensée. Peut-être qu'en vieillissant, on a besoin des préparatifs de la mort, pour la regarder en face ? Et puis ce n'est pas ses oignons. Il ne mourra pas là, il mourra dans longtemps en vue d'une plage de sable clair et en serrant une femme à la poitrine généreuse pour le consoler d'aller téter les algues par la racine, alors adieu morts et projets funèbres.

Chaim arrive dans un virage sur la droite, ça fait une demi-heure qu'il s'use. Accrochée au tronc d'une sorte de noyer, une boîte aux lettres en métal. On a tiré dedans. La détonation qu'il a entendue cette nuit. Une ombre danse au-dessus. Chaim lève les yeux et découvre un épouvantail en paille, une serviette périodique en guise de cache-sexe, barbouillée de peinture rouge. Pendu haut et court à une branche de l'arbre. Une natte en cordelette noircie au goudron, un seul œil fait d'un culot de verre et un morceau de carton placardé sur sa pauvre poitrine. Là on a écrit : « Putain de squaw rentre chez toi. »

Ça énerve Chaim à un point qu'il n'aurait pas imaginé. Et ça l'énerve d'être énervé, merde c'est qu'une marionnette de bric et de broc, pas une femme violée et tuée. Il tente de penser à autre chose. Il y a du courrier dans la boîte aux lettres mais ça ne le regarde pas. Chaim marche encore un peu, pour échapper à la rage. La piste se divise en trois. Il a mémorisé la carte accrochée dans le couloir, le segment de piste qui file sur la gauche doit mener à Alpine, les deux autres à Fort Stockton et Marathon. En se retournant, Chaim rencontre l'œil de l'épouvantail. Il a la sensation d'être dans un vieux muet mais l'image n'est pas en noir et blanc et la peinture est rouge parce que le Texas voit rouge. Ne fait pas vraiment la différence entre les Rouges et les rouges, les Indiens et les communistes.

Chaim regarde le mannequin de paille. Il a fallu du temps pour faire ça. Il a fallu de la patience, de l'habileté et même une sorte d'amour dévoyé. C'est lâche de faire de la poésie comme ça. Les abrutis sont dangereux, deviennent facilement les pires des criminels. Chaim en a marre de la bêtise. Il a vu trop de pendus sur la route de la Waffen SS, ça suffit. Les pogroms ça suffit : les Juifs, les pédés, les Tsiganes, les Rouges et les Noirs, ça suffit. Fin de la terreur, il en a marre, depuis qu'il a dix ans, il la subit, la vit et la pratique. Cette chose inerte et stupide a réussi là où des dizaines de manifestations pour la paix ont échoué, Chaim est révolté. Il les met tous dans le même sac : les nazis, les *mafiosi*, les fascistes, les paras, les légionnaires, les soldats de fortune, les dénonciateurs collaborateurs inquisiteurs, tous les mêmes ! C'est l'ennemi ! Le seul, même s'il a des millions et des millions de sales gueules.

Il se souvient d'un Indien dans le hall de Grand Central Station, sous le drapeau glorieux. Avec sa coiffure de plumes, tout droit, impassible, maigre et sans âge, il tenait une pancarte sur laquelle était écrit : « FREEDOM ». Des flics ont surgi, l'ont jeté à terre et cogné. Oui, ça suffit. Et cet inconnu, barbu et corpulent, au Pete's Bar qui disait à voix basse (en yiddish et anglais, marqué d'un accent des Sudètes comique) à un petit homme inquiet : « Bien avant les Turcs et les Allemands, les Blancs américains ont inventé le génocide. Ils ont exterminé les Indiens, les ont dépossédés et ça ne les empêche pas de prêcher la démocratie au monde entier, de s'ériger en champions de la liberté. Vous êtes allé, dans le sud ? La ségrégation règne encore. On se moque de qui ? La Commission d'enquête sur les activités anti-américaines a plus de pouvoir que n'en a jamais eu la Gestapo… »

L'orateur enflammé a posé sa main sur le bras (comme un os de poulet) de son interlocuteur, de plus en plus apeuré et qui guettait l'apparition d'agents de la CIA ou du FBI et il a dit : « À cause du McCarran Act [1], n'importe qui peut se retrouver dans un camp de concentration. On a convaincu le Québec de nous imiter, là-bas il y a des camps aussi. Et puis n'oubliez pas le décret présidentiel 9835 : au moindre doute sur sa loyauté un fonctionnaire est limogé. Tout le monde peut être suspecté d'être rouge, y compris les Indiens eux-mêmes. Bientôt tout le continent sera enfermé. Le maccarthysme c'est le nazisme à la portée de tous. Le nazisme avec une bonne conscience, des idéaux généreux, la Bible et la bombe atomique. » Il a liquidé sa chope d'une seule gorgée et avec un sourire dans sa barbe de prophète, il a conclu : « Les Américains seront balayés par l'histoire, parce qu'ils sont cons, complètement cons. Cette superpuissance s'effondrera dès la fin du siècle. Et d'eux, on retiendra qu'ils ont inventé le rasoir électrique, pas plus. »

Chaim cette nuit-là avait bien compris que la terreur était voulue et désirée, qu'elle pouvait s'installer partout, et ici bien sûr aux USA.

Revenu au ranch, il boit la tête dans l'évier, en actionnant la pompe à eau. Il voudrait bien s'autoriser une bière, il y en a dans la cuisine, il n'ose pas. Il se repose face à la télé, dans le fauteuil en peluche rose, ça lui va bien, il doit faire vieille Anglaise ayant empoisonné son époux et ne le regrettant pas. Quand ça va mieux, il va décrocher le Browning B25 de retour sur le râtelier. Deux cartouches, un journal pour fiche le feu au maccarthysme. Il repart, le virage, la piste tout droit. Le fusil le handicape, brinquebale. Mais il en a fait des kilomètres avec le fusil et le paquetage et l'habitude reprend ses droits, surtout que c'est pour la

1. En 1950, le « McCarran Act » a autorisé la création de camps de concentration pour y enfermer les communistes et leurs sympathisants.

bonne cause, pour une fois… Il arrive sous l'arbre, charge le fusil, coince une béquille sous son sternum pour garder l'équilibre. Il épaule, appuie sur la première détente. La corde est sectionnée, l'épouvantail tombe. Chaim enflamme le journal, l'enfonce dans la paille. Le pendu brûle. Ça pue, la connerie pue toujours. L'Indienne ne la sentira pas. Elle mérite bien ça. Chaim attend. Il écrase les cendres avec son pied chaussé de l'espadrille. Il n'a pas trop perdu la main, il faudrait qu'il s'entraîne à tirer avec le .45 de Dirk, par exemple. Des deux mains, au cas où. Tout peut arriver. La preuve, cet épouvantail. Les types qui font ça peuvent vouloir aller plus loin. Même pas un habitant tous les trois miles carrés mais si les minables se regroupent, ça fait mal. Chaim soupire. Il n'est pas là pour rectifier des *cowboys*. Pas là pour s'occuper de politique. Il est là pour apprendre à marcher, à se servir de ses mains. Il est là, en transit. L'Indienne mène sa vie, lui la sienne.

Des chevaux paissent tranquilles dans la prairie si belle, si rouge. Un poney trotte et Chaim n'en revient pas de tant de grâce. Devant lui, sur la piste, il voit une peau d'orange, ça le trouble, qu'est-ce qu'elle vient faire là ? Il se baisse pour la ramasser et la humer. Il se souvient de sa première orange, à Noël, emballée dans du papier comme un bijou. La Pologne et la peau d'orange se mêlent à sa sueur et au souvenir de la bière bue avec l'Indienne. Tant qu'il est là, elle ne risque rien.

Dirk ne revient pas, un écueil sur sa route, une blonde avec deux yeux… Le passé qui repasse. Il fait bleu et froid, c'est le matin. Chaim contemple le mur comme si c'était une toile de ce Pollock, du dripping sans peinture, du dripping d'argile et de paille. Le présent ne convient pas aux types sans avenir mais l'avenir est la seule monnaie de ceux qui ne croient pas au présent. Il se lève à l'aide de ses béquilles. Va en boitant dans la cuisine, se fait un café. Il se dit qu'il faudra en acheter. C'est bien la première fois qu'il pense à une chose aussi banale. Bientôt j'aurai un tablier et un chignon, se dit-il en se grattant le visage. Il prend son bol de café, s'assoit devant la télévision inerte. Terne et morte, absolument éteinte. Il aime bien ce face-à-face avec le gros timbre-poste de verre et de bois qui donne la parole à tous ceux qui n'ont rien à dire. Les mines graves ou joyeuses des présentateurs, la peur de la guerre nucléaire, les communistes partout. Et la publicité qui roucoule, affirme, prescrit. Dehors la folle nature du pays ne fait qu'exagérer ce que Chaim ressent, sa solitude. Il se lève, voit la lettre, dépliée et posée sur le rebord de la fenêtre. Il ne peut pas s'empêcher de lire : « … que tout se passe bien. Je ne rentrerai que la première quinzaine de novembre. Si tu as besoin de… »

Des vautours se sont posés sur le toit du garage, une buse rouge tourne. Chaim va dans la salle de bains, trouve un rasoir Gillette, un blaireau, une savonnette parfumée à la rose. Pour la glace il va falloir se débrouiller. Il traverse l'esplanade, ce qu'il nomme *la cour* et qui n'est qu'un espace vide, une vingtaine d'arpents de rien. En Pologne on y aurait planté des patates, en France on y ferait au moins un piquet de grève. C'est pas facile de marcher vite avec des béquilles et un bol d'eau. Les vautours ne bougent pas une plume, on dirait des glaïeuls noirs. Le ciel, lui, a une tête à faire des siennes, à pisser fort. Chaim pénètre dans le garage, un cheval semble l'appeler. L'Indian est quasiment remontée. L'Indienne pourra s'amuser, attaquer la diligence. L'énorme bécane a des rétroviseurs mais Chaim ne veut pas se raser à quatre pattes comme un chien. Il s'assoit dans la jeep. Pose le bol à moitié vide sur le siège passager, manipule le rétroviseur et se voit, des pansements, de la barbe, les yeux encore bleus. Il fait peur. Il arrache le plâtre, le pansement qu'il a sur le côté gauche du visage. Son nez est cassé, grotesque, sa pommette gauche enfoncée. La blessure continue jusqu'à la bouche, large et violacée, disparaît en partie dans la barbe. Pire qu'un boxeur massacré. Il se souvient d'un film où le héros était défiguré. On le savait par le regard des gens, lui on ne le voyait pas. Sa laideur le rendait invisible.

Il a du mal à respirer. Là-bas, l'Indienne en chignon et vêtue d'une chemise d'homme élimée retire du linge du fil et se débarrasse des épingles en bois dans un petit sac en toile qu'elle porte sur le côté. C'est elle qui a fait disparaître les glaces pour le préserver de son reflet. Il donne un coup de poing dans le rétroviseur, saute de la jeep, trébuche, se redresse, s'empare d'une béquille et la casse sur le van rouillé. Puis, il remonte dans la jeep et actionne le démarreur. Le moteur finit par partir, Chaim embraye, passe une vitesse. La jeep renâcle, sursaute, se jette hors du garage. Frôle l'Indienne qu'il ne veut surtout pas regarder. Il accélère, les poules se jettent aux abris. La jeep saute, retombe, les nuages confondus à la poussière crèvent. Des tonnes de flotte à la seconde, il manque les dauphins et les poissons rouges. Chaim conduit automatiquement, c'est difficile de retourner une Willys lorsqu'elle est crabotée. Ce pays ne supporte pas l'eau, la boue coule de partout. Chaim maintient le cap, il a allumé les phares qui ne servent à rien, deux jets de pisse dans le pot au noir. Sa vie ne sert pas plus, mais elle éclaire encore moins. Il aurait dû prendre le .45 dans le tiroir de Dirk. Il se serait tiré comme on tire une pipe en terre, une tête de guignol. Chaim Chlebek est mort décapité dans les coquelicots rouges de Monte Cassino et lui Chaim *bis* a perdu la face dans les cactus du Texas, sans gloire, pour aucune patrie.

La pluie cesse et le ciel se lève au plus haut, de plus en plus clair, Chaim freine, stoppe. Il coupe le contact, frissonne. Des montagnes, un arroyo en crue, un maquis de chaparals visqueux, et lui. Voilà le tableau. Après avoir ôté son T-shirt et sa veste, il se drape d'une vieille couverture. Il ne veut pas mourir trempé, il veut mourir au sec, après réflexion. Il s'empare du marteau sur le plancher, casse son plâtre, ça suffit l'hôpital. Sa jambe apparaît, gonflée et moche. Tant pis il n'est pas de revue aux *Folies-Bergère*. Il fumerait bien mais les quelques Marlboro qu'il avait dans la poche ont disparu. Lorsqu'il se retourne, il est nez à nez avec un poulain noir à la crinière nacrée, sa mère est un peu plus loin, confiante. Le poulain a une tache blanche sur le front, des yeux doux. Chaim tend la main pour le toucher, il est chaud, vivant. Lui, ça fait longtemps qu'il est froid, que ses yeux bleus ne sourient qu'au fric et aux connes. Suprême con, il a gâché sa candeur de poulain. Il se souvient qu'enfant il mettait son visage dans ses mains ouvertes, pour se protéger et se rassurer. Son odeur, sa peau, c'est tout ce qu'il avait pour trouver refuge. Sûrement qu'il cherchait aussi les traces infimes de l'existence de sa mère. Les glaces, c'étaient les yeux de sa mère, elle lui disait qu'il était beau, que tout allait bien. Aujourd'hui, j'en ai terminé avec ma mère.

Il marche en se disant que ses pensées sont aussi de la chair et des os, que plus tard elles serviront à allumer un feu qui réchauffera peut-être un type de l'an trois mille. Il boite lourdement, on le verrait qu'on penserait à un berger sans troupeau. Le vent entonne une chanson grave, Chaim baisse la tête tant le ciel pèse. Il se rappelle avoir pensé que ce pays n'était pas noué. Pas sûr. De l'index, il dessine un nœud dans la terre qui garde un souvenir de la pluie. Chaim y voit le dessin d'un embryon. Un nœud vivant noué à la mère, et on appelle nœud la bite. Le nœud ne noue rien qui ne se dénoue pas, songe Chaim. Il éprouve un sentiment de liberté, de légèreté. Il marche, sa jambe à peine consolidée semble vouloir casser. Il ne s'en préoccupe pas. Il marche, laissant derrière lui des empreintes différenciées, l'une à peine marquée, l'autre enfoncée. Il a oublié l'embryon. Les nuages s'effilochent, le ciel ne fait que les jeter bas pour mesurer l'angle de sa tour de Pise, les nuages trop légers ne se fracassent pas, le ciel ne comprend rien à la physique, le vent plus froid que le mot froid, Chaim plus seul que le mot seul, il faut se tuer mais comment ? Il pense au poulain de cuir et de crin. Le vent sent la pierre, sent l'eau, la terre.

Il avance dans la passe, pénètre la ceinture de la montagne. Il a oublié qu'il grelottait. Il avance, monte sans cesse. Ses pieds saignent. Il s'étend pour boire à s'en soûler. L'eau a un goût indéfinissable, elle va trop vite, il fait trop nuit pour qu'il s'y voie. S'il était un jeune bourgeois il se dévêtirait et ferait son bain de minuit pour ensuite raconter à ses copains qu'il avait pris un cocktail de liberté, quelque part au Texas, pas loin de la frontière mexicaine. Une copine lui accorderait ses lèvres. Chaim n'en peut plus. Sa douleur engourdie par la fatigue et la faim, il s'étire en longueur, ressemble de plus en plus à des points de suspension au bas d'un chapitre bâclé. Valeur refuge du Dow Jones, son chagrin demeure. Cette chose-là, il lui faut tout le bonhomme, le chapeau et les godasses en prime.

Au jour naissant. Des bêtes vaquent à côté de lui, des chevreuils ? Il ne sait pas. Il a beaucoup de mal à bouger, les bêtes s'écartent. Il est couvert de glace, comme la terre. Il se frotte les pieds, le sang se remet à suinter. Il a faim. Il vit. Il glisse ses mains dans ses poches, trouve le Zippo. Il pense à ce que lui a dit Dirk, que le pays était fait pour les durs. Il ramasse du petit bois, en réunit plusieurs brassées. Il faut des souches, des grosses branches pour alimenter le feu s'il veut bien prendre.

Il se voit en ombre à la surface de l'eau et sur quelques rares plaques de neige. Il boit, boit beaucoup, ça lui flanque la courante. Il trouve deux étuis de 30-30 et un emballage de *fortune cookies* de la marque Hong Kong Noodle Co. Par réflexe, il déplie le message qu'il contient et lit : « Celui qui veut survivre commence par vivre. » Cela ne le fait pas sourire. Bon il a charrié ce qu'il faut, c'est plus tard que midi dans le ciel. Il dispose des brindilles sur l'herbe sèche, il a perdu le Zippo. Il le cherche, le trouve, s'agenouille, non pas pour remercier le Ciel mais pour se reposer, pour le serrer dans ses mains ce dieu Zippo. Il se relève, il n'en peut plus. C'est le soir. Ses oreilles bourdonnent, il titube, chancelle. Regarde les rapaces dans le ciel, revient à son abri. Il souffle, souffle, frotte le Zippo dans ses mains, souffle. Recommence, et encore. La pierre finit par envoyer l'étincelle, la mèche flambe, bientôt l'herbe et le message de la Hong Kong Noodle Co. Il faut que les brindilles s'enflamment, que le feu prenne, il prend. Chaim l'alimente, puis dépose une souche, il fait bon. Il va sécher son linge, il va survivre peut-être. Il est nu, il a chaud.

Il a oublié sa faim. Il ne veut pas savoir s'il est malade, s'il a ceci ou cela. Il veut avoir chaud, se tenir près des flammes, il veut s'endormir sec. En imitant l'accent asiatique et en se bridant les yeux avec les doigts, il dit à mi-voix le message trouvé dans l'emballage de *fortune cookies* et s'interdit de penser à l'avenir, l'avenir c'est maintenant.

« Simplifié par le Texas. » Voilà ce qui lui irait bien en guise d'épitaphe.

L'eau descend la pente sans cesse, c'est jamais la même eau ni le même bruit. Chaim rêve que le vieil Indien lui parle. Le feu est vaillant, gonfle ses braises, le protège gratuitement, les étoiles percent la peau du ciel, palpitent. L'eau coule, coule. Qui pourrait croire que des hommes sont là, pas loin, que le ranch est à une demi-journée de marche. Il pourrait revenir mais ce serait lâche. Il faut qu'il aille jusqu'au bout de cette épreuve. Il veut savoir s'il veut vraiment vivre *défiguré*. Il a enterré ses déjections, pas son problème avec son visage. L'Indienne, elle, s'est apparemment habituée à son œil unique, une vraie difformité pour Chaim qui n'a connu que des femmes manucurées, parfumées, dociles. Des images de femme. L'Indienne, elle, est issue d'une *société* bien particulière, moderne par contagion mais encore ancrée dans un monde où la beauté n'a pas la même valeur, la même importance que dans le monde blanc qui a dévoré tous les mondes. À sa façon, l'Indienne est restée en arrière, dans l'Ouest sauvage et antique. Elle est la seule pièce vivante de la collection de Dirk. Elle porte des fringues modernes mais elle-même est une sorte de totem et protège un monde qui disparaît toutes les secondes. C'est peut-être ce qui la lie à Dirk, le conservateur en chef. Mais, se dit Chaim, l'Indienne, si elle est borgne, est une femme. Un homme peut fermer les yeux et la baiser. Les femmes, souvent elles, regardent les hommes qui les baisent.

Il pose une souche sur les braises, elle tiendra la nuit. Le feu est son luxe. Il entend une bête crier, un cri étrange qui ressemble à un miaulement. Par là, il y a sûrement des pumas. Des ours aussi, peut-être. Mais c'est moins dangereux que d'être exposé au feu des 105 et 150 mm allemands. Moins dingue que de courir sous la mitraille pour avoir le droit de planter le drapeau polonais sur les ruines d'un couvent, d'ailleurs on n'avait même pas de drapeau, se souvient Chaim.

Chaim s'éveille, il bande. Il se lève, ses pieds sont dans des chaussons qu'il s'est confectionnés avec la peau d'un chevreuil mort, ça pue et il faut les réparer sans cesse, mais c'est une sorte de luxe. Le ciel est gris, tout est blanc. Chaim pense aux nuances de la vie et aux assertions faciles, bien sûr que tout n'est pas blanc, pas plus que le ciel ne serait absolument gris.

Chaim balaye sa demeure avec des branches mortes. Il repassera par le ranch, empruntera une voiture, ira chercher l'argent. Sa demeure est propre, là il a survécu. Le feu s'éteindra loyal, Chaim s'en va. Il détruit le barrage qu'il a construit pour piéger des black-bass et quelques rares truites. Tout ça sans sel, revenu sur terre il ne se privera pas, des huîtres, du beurre salé comme en France. Une choucroute avec Dirk. S'il peut, il reviendra. Pour une fois, qu'il peut revenir en arrière, il ne s'en privera pas.

Des lustres de nuages pendent comme des crêpes à la messe funèbre d'un comique. On est juste une minute avant la guerre nucléaire, pense Chaim, sans cesse une minute avant la fin du steak-frites. Et on mange trop vite, on ne mastique pas, on se brûle avec les patates. Depuis des années on apprend aux écoliers à se protéger la tête avec leurs bras et à se coucher sous leurs pupitres pour échapper à l'explosion atomique. Il est pourtant pas mal ce ciel et la salle de bal vaut le détour. Chaim respire profondément au milieu de la cour, se souvient de la première fois où il a découvert le ranch. L'éolienne a gelé, punie d'avoir tué l'oiseau. Sa rosace de métal est figée, sous elle le bac de zinc lui aussi a gelé et le lierre brille, comme ciré. L'Indian n'est pas à l'abri dans le garage où la jeep est garée à côté d'un pick-up Hudson caramel. Une lueur rouge agite les vitres de la grande pièce. Chaim est content de revenir ici. Il se retourne. Il a laissé ses empreintes dans une fine couche de poudreuse. Pas l'Indienne, elle est partie avant la neige. Pour revenir, ça risque d'être difficile. Il se souvient d'elle en soutien-gorge et chantonne quelques paroles de *Rocket 88*, « *Everybody likes my Rocket 88 ! Baby we'll ride in style…* »

Chaim ouvre la porte… Derrière lui, on arme une culasse, il ne bouge plus.

– Ah c'est vous, Chaim…

Chaim pivote et voit dans l'obscurité Dirk et la Winchester. Dirk, embarrassé, baisse le canon de la carabine, s'apprête à rejoindre Chaim qui lui dit : « Vous approchez pas, je pue. Si je peux me laver, ça serait bien. »

Il fait doux, dans la cheminée les braises se gonflent et ondulent. Dirk lui dit qu'il va lui trouver des vêtements, une façon d'échapper aux questions peut-être. Chaim ne lui en posera pas. Il a une opinion simple : quand on a un coffre, on a un passé à vendre, donc des soucis. Je ne me mêle pas de ça. Je me lave, je suis poli et je me tire demain. Je leur ferai parvenir un cadeau, un beau. Ils le méritent. Et une lettre de remerciements. Dans quarante-huit heures, je me baigne dans la Boca de Jesus Maria, je prends du bon temps quelques jours à San Fernando, à La Pesca pourquoi pas, et après je réfléchis où je vais poser ma valise.

Il se retourne, s'empare d'une lampe-tempête qu'il allume, se dirige vers la cuisine, vers le sel, le trouve et en saupoudre sa paume, qu'il lèche. Il a envie de fumer, d'une bière, il a faim. Mais ce n'est pas la priorité. La priorité c'est la salle de bains. La glace est revenue au-dessus du lavabo. Chaim repousse son appréhension et lève la lampe-tempête. Cet homme amaigri au visage abîmé, c'est lui. Lui désormais. Ça va, ça vient. Jeune, vieux, beau moche, deux jambes, plus qu'une. Ça s'appelle *Une vie*, tous droits réservés.

Elle est où ? Il y pense, cette fille est… *attractive*. *Fatale* à sa manière, car unique. Elle vit comme une sorte de légende, se dit Chaim. Elle est un de ces écueils, sans nom, sur lesquels les navires s'éventrent. Dallas attend son mythe, non pas comme Charybde ou Scylla, mais comme… Chaim ne trouve pas l'héroïne à laquelle Dallas correspond. Elle est peut-être tout simplement le premier récif du nom de Dallas ? Tout ça à cause de son œil ? Un mauvais œil dans son destin ? La *jettatura*, comme on dit en Sicile. Ou elle a tout simplement fait sa valise pour rejoindre bisons et prairies d'antan ? Drôle de drame. Quant à Dirk qui doit être assez manche avec une arme, il ferait mieux d'avoir le Browning, à deux-trois mètres ça tue tout ce qui bouge…

Chaim se lave, l'eau froide il s'y est habitué. Il se coupe les ongles, hésite pour sa barbe, décide de la garder. Devant la porte, dans le couloir, il trouve des chaussettes en laine, une chemise bleue en gros drap, un pantalon Texas Ranger et une veste en laine grise et cuir, doublée en mouton, les bottes lui vont ; et ça sent le lard fumé. Dirk l'attend dans son musée. Les volets sont fermés, les rideaux tirés. L'état de siège. Sur le bureau il a dressé le couvert sur une nappe blanche repliée. Dans une corbeille, des galettes de maïs, des crêpes entre deux assiettes. Un plat sous cloche. Dirk débouche deux canettes de *Blatz Beer*. Lève la sienne, Chaim l'imite. Dirk boit au goulot et dit : « On a vu des ovnis au-dessus de Jornada del Muerto. Pour certains ce sont des Martiens, pour d'autres des espions communistes. Personne ne parle d'hallucination. Les Américains ont réinventé la Grande Peur. Mais vous êtes peut-être communiste, Chaim ? »

– On ne peut pas être polonais et communiste.
– À cause de ce qui s'est passé à Katyn ?
– Par exemple.

Dirk soulève la cloche, découvre une omelette qu'il coupe, les sert. Ils mangent. Chaim apprécie. Il pense que Dirk est bien embêté, qu'il ne sait pas comment expliquer son accueil. Les Martiens ne sont pas rouges mais verts. La couleur change tout dans ce monde de l'après-guerre qui cherche une nouvelle solution finale, en H comme holocauste. Le poêle brûle du pommier, ça sent la tarte. Un parfum de dessert dans le mystère. Chaim se demande comment Dirk va attaquer la partie parce que cela en est une… Eh bien comme ça : « J'ai besoin de servir à quelque chose, à quelqu'un. Vous êtes parfois traversé par des sentiments altruistes ? »

– Cela m'est arrivé une ou deux fois dans ma vie…

Dirk sourit et reprend sur un autre terrain, semble-t-il : « J'ai dîné deux fois avec Freud. À chaque fois tous les convives voulaient qu'il interprète leurs rêves. Moi aussi bien sûr. Vous rêvez ? »

– Que de rats et de papillons, répond Chaim bien décidé à ne pas faciliter la tâche du physicien retiré *des affaires*… Mais quelles affaires exactement ?

– Il serait content de vous l'entendre dire s'il vivait encore. Vous savez, le mariage peut être une façon de transmettre un héritage…

Chaim aime bien ce poker, Dirk va chercher deux verres et une bouteille. Sur l'étiquette, on a écrit à la main et à l'encre rouge : *Red-White*.

– Le seul whisky apache, enfin à ma connaissance.

Il emplit les verres : « C'est Hardy qui le fait, vous le connaissez. » Chaim se souvient vaguement d'un Indien fripé qui l'a traité de gros con. Il hume l'alcool, rien à voir avec l'Irlande et au moins cinquante degrés. Dirk allume une cigarette, va remonter le gramophone, commente : « Le concerto pour piano numéro deux de Brahms. Mal vu par l'intelligentsia, bien vu par le cœur. » Ils écoutent un instant Brahms. Sa douceur triste, son amertume infinie, semblent rendre les honneurs à la nation indienne qu'un Allemand assez fou a barricadée dans un fortin au Texas, pour défendre le souvenir d'un peuple exterminé par d'autres. Le mythe de l'Ouest ne peut pas être sans *l'Indien* et ce paradis perdu n'est que le pauvre fruit d'un génocide comme le disait le barbu des Sudètes au Pete's Bar. Chaim boit son whisky lentement, il sait que Dirk n'a pas fini. Il ne s'est pas assis, ouvre un tiroir et en sort un carton, qu'il vide sur son bureau, se tourne vers Chaim qui le rejoint. À la lumière pleine d'ombres des lampes à pétrole, Chaim découvre des dizaines de photographies d'elle, prises sur la durée de quelques années, en train de se brosser les cheveux, de manger, de boire, de fumer… Là elle tire avec le Browning… « Elle est belle », se dit Chaim, étonné de penser ça d'elle. Et il ressent combien elle est absolument liée au musée de Dirk, au ranch et à lui-même. Cet espace qu'il a découvert en lui après avoir bu une bière avec elle, c'est elle. Chaim est perturbé, au point d'en avoir envie de vomir pendant quelques secondes. Ça passe. Il ne sait pas ce qui lui est arrivé, espère que Dirk n'y a pas prêté attention.

– Je l'ai trouvée dans l'écurie. Elle dormait dans la paille. En décembre 1946, il y a cinq ans. Je savais que si je me trompais de mots, de gestes, elle partirait et je ne voulais pas. Je ne me suis pas trompé. Elle m'a appris le navajo, à dresser les chevaux, à ne pas faire de bruit, pour un Allemand c'est le plus difficile…

Parler, songe Chaim, sert souvent à ne pas dire ce que l'on ne peut pas dire. Et Freud, cité par Dirk qui parle pour ne pas parler, est venu apporter une solution à *ce que l'on ne peut pas dire*. Mais Freud est mort et Dirk mal parti. Dirk, qui maintenant parle sans mot dire, étale les photographies, vide un autre carton. Chaim est fasciné, c'est un étrange *tableau* qu'il voit se peindre. Comme si Dirk avait inventé une sorte d'avant-garde pour elle, pour la mettre en scène. Un film image par image. Une obstination maniaque à photographier un seul sujet. Et le sujet glisse dans les mains de Dirk qui persiste. Le sujet est un poisson noir et blanc, toujours… Non, là, à cheval, elle disparaît dans les couleurs, une résurgence du passé dans le présent enchanté de Kodachrome. Et sur ces photographies, en noir et blanc à nouveau, elle est nue, de dos, de trois-quarts, se lave, nage, s'habille. Des instantanés volés au téléobjectif. Chaim se laisse prendre. Il est captivé, n'estime pas que c'est honteux, comprend que Dirk lui fait partager la seule passion qui ait compté dans sa vie. Chaim le respecte plus, et l'envie. Mais pourquoi partager avec lui *l'enfer* de son musée ? Les questions sont toujours sans réponse, notre horreur du vide veut qu'on comble tous les trous. C'est impossible. Au mieux on est cocu. Et Pénélope n'a rien trouvé d'autre que celui qui, parti sans répondre, est revenu sans question.

– J'ai reçu une lettre, murmure Dirk. On me demande vingt mille dollars. Ils ont dû se reconvertir dans le chantage.

Ils ?

– Vous voulez sans doute en savoir plus ?
– Ça va, Dirk. Je ne suis pas flic.

Le disque s'arrête. Chaim se rend compte qu'il a toujours été passif, a toujours laissé les commandes aux autres, au *fatum*. Il ne peut plus vivre de coup de tête en coup de tête, de brèves tocades.

– Il a neigé, ça arrive une fois tous les cinq ans. Avec sa motocyclette elle ne pourra pas revenir. Si vous pouviez aller la chercher, je vous en saurai gré, dit Dirk à brûle-pourpoint. Il vaut mieux que je reste là. Vous trouverez facilement. Une *cantina*, *El Magnifico*. Sur l'US 90, un mile après Alpine, en venant d'ici. Le patron accepte les Indiens. Enfin, leur argent. Il vaut mieux prendre le pick-up, au cas où elle serait trop… Il y a une cabine, du chauffage. Et des chaînes. Un jerrycan plein à l'arrière. Les clefs sont au tableau de bord… Non, sur le téléviseur.

Trop soûle, elle oublie ses tourments comme elle peut. Dirk tend de l'argent à Chaim qui accepte. Il n'a pas un rond mais deux cent quinze mille dollars en banque. Au moment de sortir, il s'arrête pour admirer une sculpture en bois peint, un guerrier le visage dans les mains, assez étrange.

– C'est de Naiche Cochise, le petit-fils du grand chef. Il peignait aussi.

Dirk montre un paysage étrange, comme *déshabité*. Chaim songe à tous ces bons et braves Blancs qui ont menti et trahi pour voler des terres et lever haut un drapeau somme toute bien sale. Bientôt on leur fera un musée à ses sauvages et leurs tableaux vaudront du fric. C'est les Blancs qui empocheront encore les bénéfices. Frank Costello l'encourageait à acheter des tableaux, il disait : « L'Amérique a gagné la guerre, ses peintres vont gagner la paix. Saint-Germain, c'est fini. C'est ici que ça se passe. »
– Mais tu aimes ? demandait Chaim. Ce Rothko, ce Kooning, ça te dit quoi ?

– Rien. J'aime pas. Pas du tout, mais j'aime jouer. Avec la peinture tu triples tous les cinq ans. Sans impôts et tu es bien vu, tu es respecté. Faut pas se gêner… Et pour ce Kooning, j'en achèterai plus. Il s'est mis à peindre des nègres, ça ressemble à quoi ? Qui va acheter des nègres ?

Les Indiens, se dit Chaim, ils vont tous s'y mettre un jour. Ils vont en faire des romans, des films. Il pense à l'Indien dans le hall de Grand Central Station, à sa pancarte. Putain de comédie ! Et il se demande si Dirk n'est pas un peu… con ! Son culte des Indiens, ça veut dire quoi ? Chaim traverse la baraque silencieuse et entre dans sa chambre. Il prend son portefeuille, joue avec la balle qui ne l'a pas tué, la repose. Au moment de quitter la pièce, il voit qu'un tiroir de la commode est entrouvert. Il l'ouvre, découvre les vêtements qu'il portait cette nuit-là. Il ne peut pas s'empêcher de les humer. Le sang a séché mais pas la peur. La balle a fait un trou net, il met le doigt dedans. Le retire, le souvenir brûle. Un rapace crie, c'est triste et définitif. C'est comme s'il se voyait descendre nonchalamment un escalier, observé par tous les cœurs secs, toutes les commères, toutes celles qui voulaient du sperme et du fric pour se maquiller ; et les voyous qui convoitaient sa place, le détestaient en espérant. Alors il remontait sa mèche d'un geste distrait. Partout sur lui, c'était écrit « Joli garçon agréable ». Partout, partout : « J'ai du fric, laisse-toi faire. » À d'autres moments, on pouvait lire : « Mafia » ou « Protégé de Lucky Luciano ». Dans la foule urbaine, factice et malhonnête, il se perdait tous les soirs. Il craquait son fric, baisait, et des fois marchait dans la ville, la nuit quand l'asphalte dort. Là il allait avec les fantômes, tous les morts, les disparus… Mais il remontait sa mèche parce qu'il ne pouvait pas se passer de sa comédie.

Il danse avec Loretta, elle fait semblant, lui aussi. Elle le serre mais c'est comme une pince à billets happant son butin. Adieu, Loretta.

Là il va à la fenêtre et ne voit rien que la nuit. Comme si sa nuit personnelle, sa nuit dans laquelle il se réveillait et s'endormait quotidiennement, se projetait à l'extérieur, enfermait tout dans sa chanson. Il a suffi qu'il retrouve ses vêtements de mec à la coule pour qu'il redevienne ce qu'il était ? Non pas vraiment. Mais la langueur de l'âme slave ne peut pas se dissoudre en quelques *bonnes décisions*. Il n'est pas prêt d'être un parfait scout et puis il n'en a pas envie. Ce qui est sûr, c'est que sa gueule cassée ne va pas avec son costume de prince du Bronx. Il fouille les poches et trouve un ticket en date du 14 février 1951, Chicago Stadium, pour le match Sugar Ray Robinson/ Jake LaMotta, ce combat qu'on a appelé *Le Massacre de la Saint-Valentin*… Par allusion à un autre massacre : le 14 février 1929 – Al Capone-Bugs Moran, sept morts. Le jour du match, Chaim était arrivé en compagnie de Frank Costello, Vito Genovese et Bobby 5 As qui avait un manteau doublé en vison. En marchant dans la travée principale, il avait entendu une femme dire à leur passage : « La mafia et compagnie ! Ça se pavane, ces criminels. » Ils étaient venus soutenir « Raging Bull », blanc, contre Sugar Ray Robinson, nègre. La mafia était blanche, blanche héroïne, blanche cocaïne. Blanche KKK. Blanche brut. Au dixième round Sugar Ray a commencé à corriger Jake LaMotta. Chaim, qui le connaissait, s'est mis à encaisser les coups en même temps que lui. Il s'est senti mal, même si c'était le boulot de Raging Bull, recevoir, donner des coups. Après le combat, dans les toilettes, Chaim avait vu écrit sur un mur : « Les nègres en ont marre, un jour ils vous le feront payer. »

Drôle de nuit. Il avait emballé une fille, au matin elle lui avait réclamé une récompense. Il l'a giflée en lui disant qu'il ne payait pas pour baiser, surtout pas une fille sale. Chaim s'est senti écrasé par la honte, par les coups qu'avait reçus Jake LaMotta, écrasé comme ce Noir qui avait écrit dans les toilettes. Tous écrasés par la machine à écraser.

Plus tard, en mai, à New York, ils s'étaient tous retrouvés au restaurant, ceux de la mafia et Jake LaMotta. Des pâtes bien sûr. Des fois Chaim rêvait de frites toutes bêtes avec un steak ou des moules. Mais quel crime, on l'aurait dégommé. Au dessert, Jake

LaMotta avait dit comme s'il réfléchissait à son épitaphe : « J'ai combattu Sugar Ray si souvent que j'en ai presque le diabète. »

– Qu'est-ce que tu veux dire ? avait demandé Bobby.

– La peur, c'est petit un ring surtout quand dedans il y a un type qui veut te faire mal.

– Moi j'ai jamais peur, avait susurré Bobby 5 As.

D'une mimique, Vito Genovese lui avait conseillé d'écraser. Avant d'être surnommé Raging Bull, LaMotta était appelé The Bronx Bull, à cause de sa réputation de férocité sur le ring. Et pourtant, il reconnaissait sa peur…

– Un jour ce Bobby se fera démolir, avait marmonné LaMotta à Chaim. Peut-être qu'après il réfléchira avant de parler ?

– C'est pas un boxeur. C'est juste un pauvre truand. Il ne se fera pas allumer sur le ring mais dans la rue. Et si tu es un imbécile avant une rafale de Tommy gun, tu le restes pour l'éternité.

Jake LaMotta avait bien rigolé, Bobby 5 As était entré dans les toilettes et Chaim avait pensé que le gros bellâtre avait entendu ce qu'il avait dit. Lorsqu'ils étaient sortis du restaurant, des manifestants défilaient en silence. Leurs banderoles proclamaient l'innocence de Ethel et Julius Rosenberg [1] qui venaient d'être condamnés à mort, d'autres banderoles ou pancartes réclamaient la révision du procès. Une femme en deuil tenait un garçon par la main, un petit Franz Kafka, s'était dit Chaim. Une jeune femme qui guidait un rabbin aveugle lui avait souri : « Ils sont innocents, vous le savez bien ? Venez avec nous. » Chaim n'avait pas défilé avec eux. Plus loin la police les avait tabassés. Chaim avait marché pour s'épuiser, oublier. Mais, peu à peu une angoisse oppressante lui avait fait voir la ville telle qu'elle était, la ville, la foule. La peur, la méfiance, voilà ce que Chaim voyait et ce qu'il n'avait pas voulu voir s'installer. Impossible de ne pas penser à l'Allemagne nazie. Sur les visages, Chaim distinguait la

1. Aujourd'hui on est sûr de la culpabilité des Rosenberg, accusés d'avoir livré aux Soviétiques des documents secrets concernant la fabrication de la bombe atomique.

même expression, qu'il avait si souvent rencontrée à Brême, Hambourg et Berlin, la dissimulation. À Moscou en 1937. Le masque du banal posé sur celui de l'angoisse. Une impression de gris, de multitude unique, une terreur silencieuse dont rien ne devait sortir… Sinon la police, la prison, la perte de l'emploi…

Sur un mur, observé par un policier qui tapotait sa matraque dans sa main gauche, un Noir des services de la voirie arrachait une affiche sur laquelle était écrit :

« MR. PRESIDENT ! DO NOT PERMIT HYSTERICAL FEAR TO OVERRIDE JUSTICE [1] ! »

Le flic a regardé Chaim avec une jouissance honteuse, celle du pouvoir de la peur. Un peu plus loin, sur le même mur, une dizaine d'affichettes qui ne seraient pas décollées, celles-là. Au bout d'un poignet tatoué du marteau et de la faucille, une main enfonçait un poignard dans l'Amérique :

« COMMUNISM AMERICA'S MORTAL ENEMY [2]. »

Chaim avait combattu les nazis mais ils étaient là et il s'était fait avoir. En plus pervers, plus dissimulés. Pas de Wagner aux States, pas de Martin Heidegger. Juste le Bon Droit. Les Américains s'étaient installés dans un pays qui n'était pas le leur et qui ne le serait jamais et jamais ils ne demanderaient pardon aux Indiens. C'était des sauvages, sans droits et sans Dieu. La civilisation américaine était une civilisation de pacotille. Les Américains étaient des vilains enfants qui ne grandiraient jamais par manque d'intelligence et par vice.

Ils se masturbaient dans les chiottes et vite allaient chanter à l'église la gloire de Dieu. Dieu n'aimait pas les Américains, ils ne tarderaient pas à le comprendre.

1. « Monsieur le Président ! Ne permettez pas à la peur hystérique de prendre le pas sur la justice. »
2. « Le communisme, l'ennemi mortel de l'Amérique. »

L'Allemagne avait succombé à ses mensonges et à ses crimes. Les USA avaient pris sa relève. Les USA parlaient à mots couverts d'un empire de mille ans, Dieu était américain, les Américains avaient le droit de vitrifier l'Union soviétique, Dieu était avec eux. Les Américains étaient manipulés par la dictature General Motors, *l'American way of life* : plus de V8, plus de frigidaires, *Go West, Young Man* ! Les Soviétiques, eux, étaient écrasés par la dictature communiste. Ils mettaient leurs masques pour vivre et survivre. Chaim marchait dans la grande ville, il avait plu, il ne pleuvait plus. Chaim pensait à la Pologne, infectée par Dieu. La Pologne n'avait pas d'industrie, hormis celle de Dieu. Et maintenant, en plus, elle était communiste. Elle qui haïssait les Juifs et les marxistes. L'immense Dieu polonais si petit et vulgaire, le Dieu polonais des pogroms et de la honte, était obligé de ramper sous Marx et Lénine. Un jour, il se vengerait et les chrétiens pourraient l'adorer à nouveau, exterminer les derniers Juifs et se soûler la gueule de bondieuseries. Un jour les Polonais sauraient fabriquer des voitures, en attendant ils distillaient de la vodka et priaient en cachette. Pauvre Pologne !

Le soleil sortait sa gueule de vendeur de crédit au-dessus de la cité et Chaim savait qu'il se trompait sur tout et du tout au tout. Banal citoyen américain, il allait au pas avec ses concitoyens dans le meilleur des mondes, il n'y avait rien à faire. Chacun pouvait être balancé, sorcier, sorcière. *Red ! Kill the Red !* Les Américains avaient acheté les droits de *La nuit de cristal.* Ils en préparaient le *remake.* Chaim avait quitté l'Europe détruite pour une prison ou plutôt un asile psychiatrique. Un *big* goulag pour *big* nation, avec des autoroutes et la télévision au-dessus de tous les lavabos pour s'y contempler.

Il était devenu un fidèle de la consommation de masse. Produire/acheter/mourir. Il collaborait comme tout le monde, pas besoin de lever la main et de dire « *Heil, Hitler !* » Il suffisait d'avoir un compte en banque. Plus tard, il s'était acheté une cravate chic pour se nouer à la Grande Lâcheté, être tenu en laisse par le Libre-Échange, auquel, contre de l'argent, il avait vendu son libre-arbitre.

Dans la chambre, Chaim se souvient du mannequin de paille. Sa colère couve depuis longtemps, mais à quoi bon défiler ? Les Rosenberg vont passer à la chaise électrique, le commerce mondial des idées en a trop besoin. Quant aux Indiens, ils sont déjà dans le couloir de la mort depuis longtemps, séquestrés dans leurs réserves. Bientôt, comme toutes les espèces menacées, ils ne se reproduiront même plus. Chaim sort, décroche le Browning B25, prend des cartouches, puis jette ses vêtements dans la cheminée, ne s'arrête pas pour voir les flammes les consumer, ça ne l'intéresse pas. Mais le passé est malin. Chaim fait quelques pas dans la cour, revient en arrière, rentre déjà plein de nuit et offre au feu le ticket du match Sugar Ray Robinson/Jake LaMotta.

Le pick-up Hudson a démarré au deuxième tour de clef. Il marche fort. Pas trop de neige, ça passe. L'amour des bagnoles résiste aux coups et blessures. À l'arrière des planches brinquebalent. Attention à ne pas sortir du droit chemin. Revenir sur la piste serait illusoire, le pick-up n'a que deux roues motrices et pas de treuil, ce n'est pas la jeep. Demain il va se faire conduire à Fort Stockton, plus loin si nécessaire. Jusqu'au premier vendeur de bagnoles en tout cas. Il descendra peut-être à Corpus Christi à cause du nom et du golfe du Mexique, et puis la frontière. Fin du froid, des vaches et des chevaux. Rideau tiré sur le magasin *Des illusions*. La mafia, Stefan, Monte Cassino. Une vie légère, de branleur revenu des morts. Il aura passé le Texas comme on double un cap, direction la pleine mer. Depuis que j'ai mis le bout du capot de cette Buick dans le cul du Texas, je me suis fourvoyé dans un baquet de merde.

Le Browning est accroché derrière lui, par moments il heurte la paroi métallique. Au Texas les constructeurs automobiles doivent livrer leur production avec ce type de râtelier en série. Le Hudson se dandine comme une grosse Polonaise qui veut un mari. Les Polonaises ne font pas de pipe… Enfin maintenant qu'elles sont communistes…

Des cactus enneigés surgissent, complètement improbables. Chaim a envie de les lécher, de les boire comme les mesquites, les figuiers de Barbarie. Pour les chevalets de pompage, figés, arrêtés par le froid dans leur entreprise, c'est autre chose. Mais leur présence est aussi folle. Que des contradictions. Des métaphores, se dit Chaim. Des syllogismes aux obscures concaténations.

Le pick-up va vers le ciel ou c'est le ciel qui va vers lui, peu importe se dit Chaim. Naguère encore, il se voyait en deux dimensions, un peu comme s'il était juste un mot sur une feuille de papier. Il était plat et sans relief, juste le mot « fils » sur la feuille de ses parents, une sorte de mot d'adieu. L'orphelin n'est qu'en deux dimensions jusqu'au jour où il peut entendre qu'il vit… En déféquant dans un bassin…

Le Texas, en lui défonçant la gueule, lui a ouvert la tête. C'était presque impossible qu'il rencontre une histoire plus compliquée que la sienne, eh bien c'est fait. Parce que c'est un putain de roman dans lequel il s'est emmêlé avec sa putain d'histoire personnelle. Sans le chercher… Mais il n'avait pas cherché Lucky Luciano non plus. Il aime bien cette odeur d'espionnage, d'entourloupettes. Il connaît, il a pratiqué. Dirk a sûrement fricoté avec le Komintern à la fin des années vingt, et plus tard, arrivé aux USA, avec le GRU [1]. Un intellectuel allemand rattrapé par sa culpabilité ! Lorsqu'il a été approché pour participer au projet Manhattan, il a pris peur. C'était trop brûlant. Il a démissionné, tenté de fuir. Les communistes l'ont rattrapé et fait chanter. Dirk a acheté un ranch là où ils lui ont dit, là où la bombe Gadget (*objet amusant et nouveau*) allait péter dans les charts, devenir numéro un mondial, le 16 juillet 1945 à Alamogordo, Nouveau-Mexique, désert de Jornada del Muerto, USA. Dirk est devenu de force ce petit espion chargé de prendre des photos de l'explosion atomique, de mesurer les radiations. Après la guerre ils l'ont sans doute oublié, il ne servait plus. Et puis ses contacts ont eu envie de prendre du bon temps à l'Ouest, et il faut du fric. Tout le monde a envie de fric, de confort.

---

1. Direction générale des renseignements de l'état-major des armées soviétiques.

La piste finit sur l'US 90 et dans les phares un panneau « Alpine, 5 miles » apparaît. Chaim va pour braquer à gauche, vers Alpine, sauf que c'est à droite qu'il va, vers Fort Stockton, Royalty… et le magot. Il veut profiter de la vie, prendre le fric et filer. Il abandonnera le pick-up en chemin, ce n'est pas élégant mais il ne veut pas se faire piéger par l'histoire de Dirk, par l'Indienne. Il conduit de la main gauche et déplie la carte, allume le plafonnier. S'arrête, sinon il va sortir de la route. Lorsqu'il aura le fric, il reviendra en arrière par Girvin, puis Sheffield, Loma Alta, Del Rio, et la frontière. Tant pis pour Corpus Christi, il ira vers San Fernando en longeant le Rio Grande du côté mexicain. Il allume une cigarette, siffle quelques mesures de *Rocket 88*…

À quel jeu de menteur l'Indienne a-t-elle perdu son œil ? Bien qu'elle soit la femme la moins femme qu'il ait jamais rencontrée, elle est la plus indienne de toutes, au fond elle lui est interdite, *verboten*. Les Allemands ont l'art des solutions définitives parce qu'ils ont les mots qui vont avec : *Kaput* ! *Kaput* : ils y sont parvenus sans traduction possible, victimes de leurs mots. Il leur reste des ruines. Demain je n'y penserai plus, demain, dans trois jours, dix jours tout sera effacé du Texas, et elle avec. Il repart les mains vides, et si ça se trouve il ne les remerciera même pas.

Il freine, le pick-up se met en travers, une bête couchée dans son sang est vautrée sur son erre. C'est une louve, elle a ramassé du gros plomb, dans le flanc. On a dû la tirer depuis une bagnole. Dans un geste qui l'étonne, il recouvre la louve de neige. Qu'elle ne soit pas comme un emballage vide dont on s'est débarrassé. Qu'elle ait une sorte de linceul, même temporaire. Chaim aperçoit le louveteau qui se tire sur trois pattes, il l'empoigne par la nuque et le pose à côté du Browning. Il le regarde. À quoi ça sert de tuer des bêtes pour rien ? Il faut avoir conscience de son inutilité à un niveau maladif pour tuer une bête. Le louveteau se couche, lèche sa patte blessée. Il doit en être encore au lait. Il grandira, passera à la viande, se fera buter par un pauvre con, ou avec un peu de chance réchappera au massacre et mourra de maladie en souffrant encore plus.

Le pick-up part en tête-à-queue. Il le rattrape de justesse. Il ne peut partir avec *ça*. Il va le donner à l'Indienne, elle en fera ce qu'elle voudra. C'est son pays, elle est responsable. Il passe en première. Le pick-up patine. Il va la ramener avec le petit loup et il repartira, c'est un problème de deux heures. Trois. Pas plus. Les phares éclairent à nouveau le panneau « Alpine, 5 miles ». Il pense à César, franchit le Rubicon en se disant que s'il n'avait pas vu la louve morte, il serait plus près du fric, et de la belle vie.

En parlant de belle vie… Dans ses rétroviseurs un feu rouge se rapproche. Vite. Un flic, les flics. Il les avait oubliés. Pas eux. Il jure. La Chevrolet tous phares allumés fonce sur lui. Le con de flic lui colle au train, l'aveugle, Chaim stoppe sur la chaussée. Le flic a un Stetson blanc, l'étoile agrafée sur son blouson, la main droite prête à dégainer son flingue, la gauche braquant une torche. Un shérif ! Ils ont fait péter la bombe atomique à trois vaches de là mais le western continue. Le shérif se penche, le dévisage : « T'es pas un prix de beauté, mon gars. Coupe le contact. » Il a la quarantaine, plutôt grand, sec mais ventru comme une Amish dépressive enceinte du Saint-Esprit. Sûrement la bibine. Une tête de comique mais avec des nuances wagnériennes. Il fouille la cabine avec le faisceau de sa lampe qui s'arrête sur le louveteau et le Browning.

– Tu fais quoi avec ce fusil à côté de toi ?

Le type le plus chiant à trente miles à la ronde…

– Je l'ai pris sur la tête, répond Chaim. Alors, je l'ai posé là.
– Et le loup ?
– Je l'ai trouvé.
– Ici on les tue, tu savais pas ? Tu vas où là ?
– Je voulais boire une bière.
– Et la bagnole à qui elle est ?
– À Dirk Dinkelbauer.
– Les papiers, ton permis. Bouge les mains doucement si tu veux pas te prendre un arrêt cardiaque.

Chaim va chercher son portefeuille dans une poche, le tend au flic qui s'en empare : « C'est à toi ce truc de rupin ? » Il ouvre le portefeuille, compare Chaim à la photographie : « Alors t'es polack ? Comment que tu veux que je te reconnaisse ? ».

– J'ai eu un accident.

– Les mecs comme toi, ils ont souvent des ennuis. M'est avis qu'ils les cherchent.

Gardant le portefeuille, il dit : « Comme ça t'es chez l'Allemand ? Tu baises l'Indienne ?… Tu réponds pas ? C'est aussi bien. Bon, je te fais pas un dessin. Je t'aime pas, évite de te faire remarquer. Compris ? »

– Oui, shérif.

– Shérif Corey. Nick Corey si tu veux tout savoir. Shérif du comté de Brewster depuis dix ans. Par ici tout va bien, et je répète la leçon : t'es poli, tu évites Alpine le plus que tu peux, tu bois une bière pas deux…

Il entre dans la cabine, s'installe. Caresse le louveteau, lui donne à manger un morceau de chocolat, sort une fiasque de son blouson, dévisse le bouchon, boit au goulot, la passe à Chaim décontenancé.

– Ça vaut le Red-White… C'est mon beau-frère, un incapable à part ça.

Chaim boit une gorgée, c'est sûr que c'est très fort, mais qu'est-ce que ça veut dire ?

– T'as une sale gueule mais t'as un petit loup avec toi, tu l'as ramassé, sinon il crevait. Tu as entendu parler d'un nommé Jorge ?…

Non bien sûr, le shérif Corey, Nick Corey, hoche la tête et poursuit : « C'est une sorte de légende, tu vois. Il passe la frontière et vient faire ses sales affaires au Nouveau-Mexique ou au Texas. On dit que vers la fin août ils sont tombés sur un os, que le frère de ce Jorge et deux autres de la bande sont restés sur le carreau. Jorge aurait massacré le mec et il serait revenu le lendemain s'assurer qu'il était bien mort mais le mec avait disparu... Et on dit aussi que l'Allemand et l'Indienne ont trouvé un type, cet été, vraiment prêt à empailler, mais l'Indienne est une *medecine woman* et l'a soigné. Jolie histoire, non ? »

Chaim se souvient d'un instituteur en Pologne. Il tournait en rond, avant d'attaquer le sujet, toujours au centre : « Ryszard, pourquoi tu me prends pour ce que je ne suis pas ? »

– Imaginons que ça soit toi, marmonne le shérif pas banal, oui toi le mec qu'ils ont revenu des morts. Eh bien, Chaim... C'est ça Chaim ? Tu vois, si tu as buté trois chacals je peux que te féliciter, c'est pas moi qui vais t'embêter avec ça. Tu peux même l'enterrer vivant ce Jorge, je te prêterai la pioche pour faire le trou. Tout ce que je te demande, c'est de respecter Alpine. C'est un petit trou de ploucs, laisse-les tranquilles.

Il dévisse le bouchon de sa fiasque, boit au goulot, propose sa tournée à Chaim qui refuse d'un geste.

– J'ai pas les yeux dans les poches. Tu es ambidextre. Serre-la-moi Chaim Chlebek. Entre salauds on se comprend toujours. Par exemple, je te ferai pas d'entourloupe si tu m'en fais pas et je crois que t'es pas con. Et pour le petit, un peu de lait, un peu de viande, pas trop de gâteries. Je connaissais sa mère, une belle louve rouge, il y en a presque plus et ils les tuent... Tu vas la chercher à la *cantina* ? C'est ça ?

Chaim est bien forcé d'acquiescer. Le shérif se cure les dents et dit *comme ça* : « Le patron, El Magnifico, croit que ce boxeur français, Marcel Cerdan, s'est réincarné en lui... Il veut écrire un livre. Oui, fou et fourbe aussi. Voleur forcément, avec toute une famille pour le seconder... Et mac, qui ne l'est pas ?... Si je pouvais vendre le cul de ma bonne femme, tu parles que je le ferais. »

Il soupire, ouvre la portière, se tourne vers Chaim : « … Jorge on dit qu'il est en affaires avec El Magnifico… Mais on dit bien des choses. » Il s'en va comme une de ses putains de phrases tronquées qui ouvrent des brèches dans les certitudes des lecteurs. Chaim embraye, passe en première. Le shérif Nick Corey a les petits loups à la bonne et s'il croise un type de la mafia qui a tué pas mal de chrétiens mais qui a un petit loup dans la poche, l'affaire est classée. Chaim aime le pays dans lequel il roule, il n'y a pas de psys juifs ici pour te faire parler de ta mère et te faire comprendre que le pays et la mère c'est comme le vin et le bouchon… Faute de pouvoir boucher ta mère, tu débouches la bouteille, vingt dollars, revenez lundi. Chaim chantonne :

« Passeront des siècles et des années,
Laissant des traces des anciens jours
Et seulement les coquelicots de Mont Cassin. »

C'est la neige qui me monte à la tête, songe Chaim, qui à cet instant, entend casser le dernier lien qui le reliait à sa patrie. Ça lui fait mal. Il se souvient d'une jeune femme avec laquelle il dansait à Naples. Elle l'aimait et lui ne savait pas ce que c'était l'amour. Lucky Luciano souriait en le regardant. Alors Chaim se rend compte qu'il ne rêve plus ni de Lucky chez le barbier via Firenze à Naples, ni des rats, le Texas l'a rendu amnésique.

Alpine, E. Holland Avenue, deux rangées de maisons de part et d'autre de la chaussée morne. Un cocktail western/Jugendstil/Bauhaus/Walt Disney. Spécial. Les montagnes au loin. Vraiment le bout du monde mais ici au Texas c'est tout le temps le bout du monde. Il passe à côté d'un jeune imbécile assis dans une Lincoln bleu Pacifique des années quarante, décapotée, ses sièges recouverts de neige, il joue à l'harmonica *Pistol packin' Momma* [1], chante du nez et comble ses trous de mémoire par des onomatopées et des cris de jouissance. Chaim chantonne quelques paroles avec lui, *Oh, lay that pistol, Babe… Lay that pistol down*. Un peu plus loin, des voitures sont rangées devant le Hi-Lo Bar. Un Indien mendie à l'entrée, la main tendue, la tête baissée. La défaite quotidienne après une guerre perdue par ses pères. Ça gêne Chaim, il a honte pour lui. Plus de nation, plus de totem, plus que dalle. Les Blancs sont arrivés ici et ils se sont approprié le pays. Ils ont menti, ils ont trahi leur parole. L'histoire du monde blanc c'est celle du mensonge comme seul instrument du pouvoir. Des hommes éméchés sortent du Hi-Lo Bar. Ils piaillent et gesticulent comme des collégiennes. L'un d'eux force l'Indien à boire au goulot, un autre le coiffe d'une culotte de femme. Ils rigolent. Chaim ne veut pas voir ça. Il accélère et dépasse un pick-up Ford. Sur la portière conducteur, une affiche est collée. Sous la photographie d'un homme banal à faire peur, Chaim lit : « WHITE POWER. KILL THE REDS [2]. » Le

1. Interprété par Al Dexter & His Troopers.
2. « Le pouvoir aux Blancs. Tuez les Rouges. »

conducteur klaxonne et déclenche une batterie de phares. Chaim s'interdit de freiner, de sortir, et de lui exploser la tête à ce con de Texan.

La radio se réveille et pendant quelques secondes un homme surexcité commente en espagnol un match de football, Chaim imagine le ballon, les joueurs, la foule. Il n'a pas vu de football depuis l'Italie et a envie de sentir des parfums de là-bas, d'entendre des voix européennes. Chaim ne veut pas penser à la Pologne. Lui aussi, comme l'Indien, a perdu sa terre. Il ne mendie pas mais il paye cher sa liberté conditionnelle. Les cloches de l'église sonnent, faisant vibrer l'air glacé, enfonçant leur nostalgie dans tout ce qui vit.

Chaim sort du bled, ralentit lorsqu'il aperçoit une enseigne lumineuse « El Magnifico ». Elle est accrochée de guingois sur un mât jadis blanc planté à droite d'une baraque en planches au toit en tôles ondulées, signalée à l'attention du public par une guirlande d'ampoules rouges et vertes. Un Mexicain d'opérette, levant son sombrero, est peint sur une plaque de métal clouée aux planches, comme une dizaine de panonceaux sur lesquels on peut lire quelques variations sur le thème de la bière et un méli-mélo de spécialités culinaires : CERVEZA TACOS QUESADILLAS POZOLE TAMALES POSTRES.

WHISKY TEQUILA MEZCAL PULQUE SOTOL !

Devant la baraque aux fenêtres éclairées et embuées, une pompe à essence Texaco Star-Chief, sale et maculée de cambouis attend le client. Chaim braque et traverse l'US 90. Accolé à la *cantina*, un hangar avec un pont élévateur affaissé. Des bracelets de pneus usagés, une nappe de bidons vides, témoignent d'une ancienne activité et accueillent une Indian que connaît Chaim. Il s'arrête sur le terrain défoncé qui sert de parking et de cimetière d'épaves. Certaines roulent (encore) et doivent appartenir à la clientèle, notamment un imposant phaéton Packard des années folles. Jaune citron. Les flancs des pneus blancs. Il est garé à côté d'une Mercury récente, verte, immatriculée au Texas.

Avec un pare-soleil. Toutes les voitures en état de marche ont des chapelets suspendus aux rétroviseurs intérieurs, des vierges sur le tableau de bord ou brodées sur des coussins colorés. Pas la Mercury. Peut-être qu'en lui montrant Dallas en photos, Dirk l'a rendu sensible comme une pellicule à tant de centaines d'Asa et il ne cesse plus d'être *impressionné* par la banale apothéose de l'ordinaire.

Chaim avance dans la boue en train de geler, entend une guitare. Les rires, le brouhaha des conversations. Voit la fumée des cigarettes, la vapeur sortir par tous les trous de la *cantina*. Il tente de regarder par les vitres, ne distingue que des formes. Il pousse la porte, personne ne se tourne vers lui. Les gars au bar continuent de se marrer et de picoler, le singe impavide mange des cacahuètes, le serveur avec moustache et maillot des *Industriales de Monterrey*, cigare, officie en riant sans dents vraiment mais avec bon cœur. Le guitariste, un pied posé sur une chaise, joue et chante du mariachi mêlé de ranchera. Il a les cheveux luisants et une chemise argentée en soie synthétique, ouverte sur son pelage lustré et sur une croix en plaqué or si lourde qu'il finira bossu avant d'être chauve, ce qui le menace car sa voix trop sucrée redouble son taux de diabète, ah musiques du sud, ah folklores !

Sur un meuble, comme un bouquet de fleurs, un poste de télévision diffuse sa neige. De temps en temps, un client, un autre, se retourne pour regarder le programme. Celui-là hoche la tête convaincu de on ne sait quoi.

Une femme avec une robe à fleurs un peu trop courte se démène devant des plaques chauffantes et fait cuire des tacos, une autre vêtue d'une blouse du « William Beaumont General hospital, El Paso » et coiffée d'un calot militaire fait griller de la viande, une fillette et un garçonnet jouent à la poupée, des hommes aux cartes, ils beuglent. Ici tout le monde est mexicain sauf le singe, pense Chaim. Et moi. Mais la porte s'ouvre et des Blancs du Texas entrent, contents et déjà ivres. Ils chantent *The*

Yellow Rose of Texas, oh my feet are torn and bloody, and my heart is full of woe… Commandent des bières.

On ne regarde pas Chaim comme avant, on le regarde comme un type qui a une drôle de gueule, il faudra s'y faire. Et il pense même : « On me regarde comme un Indien ou un Nègre. » Chaim se sent observé et de trop, il serre les poings. Merde, il est blanc ! C'est pas un macaque !

Sur l'écran du téléviseur, William Boyd, alias Hopalong Cassidy, caché derrière un cactus tire avec ses deux Colt Frontier à crosse de nacre (ou d'ivoire). On entend les détonations. Le singe, surpris, lance ses cacahuètes au visage d'un Texan qui les reçoit dans l'œil : « Ah l'enculé de singe ! » Un client applaudit et dit : « C'est le plus fort. » Hopalong Cassidy est brutalement remplacé par une jeune femme qui vante les exploits de la machine à laver le linge Bendix.

– Je vote Bendix, dit-elle.

Les clients ne comprennent pas. Jeune femme et machine disparaissent remplacées par la neige cathodique. Un client dit que « C'est les yankees qui sont responsables de tout ça. » Chaim pense que dans pas longtemps ce qui ne sera pas à la télévision ne comptera pas. Et lorsque la couleur adviendra, il n'y aura plus de rouge ni de noir, mais que du gris. Tout sera diffus, plus d'opposition véritable.

De dos et assise une blonde parle à un homme, penché vers elle. La femme fait non de la tête. L'homme se redresse. Grand, maigre, vêtu d'un costume noir, porté à même sa peau glabre. Un Stetson noir cache une partie de son visage mais ses yeux en amande, presque bridés, absolument sans expression, rencontrent ceux de Chaim qui frissonne un peu. Il était bien en entrant et là, moins. L'homme en noir se dirige vers une table près du bar, où un autre homme, assis sur une chaise roulante, sans jambes apparentes, fait une réussite en buvant de la tequila et du café. Il a un gilet vert et rose brodé de papillons bleus… Et des lunettes de soleil. Tout à fait discret et conventionnel, le député de la droite chrétienne type. Il écoute une radio qu'il colle à son oreille, repose. Reprend. Un tronc d'homme-orchestre habillé pour la feria des fourgues. Forcément El Magnifico lui-même, se dit Chaim *emporté* par ce qui se passe. Un client déclare que la neige sur l'écran c'est les Martiens. Plusieurs sont d'accord. Cet homme, d'aspect *normal*, dit que les Martiens et les communistes sont de mèche. Les Texans et d'autres gueulent : « La bombe ! La bombe ! La bombe sur Moscou boum boum ! La bombe ! »

Le singe rit. Un type bossu, avec des mains comme des volants de camions, sort. On dirait que c'est un appendice du Magnifico, un fils fait sous mezcal avec une femme à barbe (pour se protéger du sort, il a une vierge multicolore tricotée au dos de sa veste de laine).

L'homme en noir s'adresse au splendide tenancier qui ne lève pas la tête, retourne des cartes, écoute la radio, boit café, tequila. Finit par tendre la main. Chaim ne voit pas ce qui se trame parce qu'un des Texans passe, s'arrête pour brailler derechef : « La bombe ! » Et ses copains d'ivresse de reprendre en chœur : « La bombe, la bombe sur Moscou ! » Lorsque le Texan ne fait plus rideau, Chaim surprend El Magnifico en train de donner une pincée de dollars au Fantôme. Toujours le fric. Chaim reprend le fil de son histoire, contourne les joueurs de cartes, s'approche de la blonde qui lève la tête. C'est *elle*. Elle boit de la Negra Modelo avec une perruque blonde et des accroche-cœurs, et aussi du mezcal Toro de Oro, Ciudad Delicias. Elle a un Perfecto au cuir usé, un gros chandail bleu et vert dessous, des anneaux aux oreilles et un œil de verre, les ongles peints en rouge, vernis écaillé et un peu de cambouis sur les doigts (l'Indian…). Chaim s'assoit en face. Elle baisse la tête, passe son doigt sur les ronds que les verres ont laissés sur la table. Et Chaim se dit que tout est absolument logique et absurde, tout, absolument tout a été organisé pour qu'il soit là, ce soir, face à elle. Tout : y compris le petit loup. Il est là. Il ne savait pas, il venait là, sans savoir. Et il est là, et il ne sait pas. Enfin il sait qu'il est un peu baisé. Il pouvait partir et il ne l'a pas fait. Il ne le fera pas cette nuit, il le sait. Il le fera demain, si c'est possible.

Elle lève les yeux et dit en le regardant : « Ça te va la barbe… » Elle se tait. Il voudrait répondre mais n'y parvient pas. Elle lui a injecté du silence. Sans vouloir l'imiter, il l'imite, de l'index joue avec les ronds. Il en rougit, son côté citoyen de deuxième classe. Il a le visage chaud. Elle ne cille pas et comme dans un jeu entre enfants, il ne voudrait pas, lui, ciller. Il se souvient de chagrins, d'une petite fille qu'il aimait, il regarde ailleurs.

Il n'a pas remonté sa mèche, il ne la remontera pas. C'était un autre temps, maintenant il n'a pas de rôle. Il ne connaît rien de maintenant. Il est là avec l'Indienne aux cheveux blonds, c'est tout ce qu'il peut dire de maintenant. Le guitariste se remet à chanter une connerie, bruit dans le bruit, mais Chaim pense que ce qui se passe est muet. Loin de son pays natal qu'il croyait avoir définitivement jeté aux oubliettes, il s'égare dans le regard d'une femme. Mais la femme est la seule vraie patrie de l'homme, se dit-il mi-amer mi-joyeux. Il allume une cigarette et se sent isolé avec elle, tous les deux ensemble dans la vie à mille têtes. Il ne sait rien d'elle, ou presque rien et pourtant ils sont en compagnie. Le guitariste vient chanter près d'eux. Elle laisse de l'argent, se lève. Prend la bouteille de Toro de Oro. Le guitariste lui parle. Elle ne répond pas. Il essaye de la retenir, elle le repousse. Il rit, il rit en se tournant vers Chaim en jouant de la guitare, il rit. Il cherche la merde et il ne la trouvera pas, se dit Chaim, je n'en ai rien à faire de sa provocation à deux pesos. El Magnifico, le poste de radio plaqué contre la tempe, la hèle. Il lui parle en retournant une carte. Il semble catastrophé. Elle s'en va, il l'appelle : « Dallas ! Dallas ! »

– Dallas ! Dallas ! répètent les Texans en rigolant.

Et ils reprennent *The Yellow Rose of Texas*, *I'm going back to Georgia, to find my Uncle Joe.* Un client tapote sur le poste de télévision en disant que la couleur arrive mais pas pour tout le monde, que Hopalong, lui, est en noir et blanc. Un type dit qu'il a vu un vagabond barbu l'autre jour et qu'il lui a tiré dessus, tout le monde se marre. La fille avec la blouse du « William Beaumont General hospital » dit à la cantonade que « coucher avec un type comme lui c'est comme coucher avec un Juif ». Silence, on la regarde avec stupéfaction, et même une sorte de honte.

– Quand même, dit un type roux choqué, quand même tu y vas fort. On peut pas faire ça, par ici aucune femme pourrait faire ça.

– Faut tuer les Rouges, vocifère un homme maigre avec du ventre. Faut aller les débusquer dans leur cambrousse !

Curieusement les Texans ne repartent pas sur la bombe, ils picolent aimablement en riant comme des chèvres. Peut-être qu'au bout de deux ou trois bouteilles, ils sont sourds, pense Chaim. Mais les autres au comptoir et dans la salle ne sont pas sourds et s'en mêlent.

– Ils ont inventé la tuberculose, dit un autre.

– Qui ? Les Juifs ?

– Les rouges.

– Les Apaches sont des fils de pute.

– Je suis de ton avis, les cocos, faut les fusiller sans procès. Ils sont bien pires que les pédés.

– Juste bons à picoler et à puer comme des putois !

– Et à vivre de nos impôts !

– Putain je savais pas qu'on filait du fric aux Popofs, ça me dégoûte !

– Oui mais dès qu'ils ont la bombe, ils vont nous la faire péter à la gueule !

– C'est pas un con de Navajo qui aura jamais la moindre bombe atomique !

– Faut tuer tous les rouges, reprend le tueur de rouges. Tous autant qu'ils sont ! Même le singe !

On le regarde, des explications sont nécessaires car le singe n'est pas rouge, ce n'est pas possible. C'est le singe de El Magnifico et El Magnifico n'est pas rouge. Le tueur de rouges comprend qu'il doit s'expliquer : « Le Chinois, ce Mao. Faut le tuer aussi. » Les Texans se réveillent et beuglent l'antienne : « La bombe ! La bombe ! » Le singe a l'air bien rêveur, il gratte son short, semble vouloir savoir s'il a toujours une bite, mais ça l'épuise. Chaim bâille. Elle sort. Chaim ne sait plus si « elle » est un pronom personnel ou un… Il en a assez de ce trouble d'orthographe généralisé. Il veut bien se laisser happer à nouveau par le tourbillon des corps, par ce qu'il entend et ne comprend pas, par ce qui n'est pas dit et éclaire de ses ténèbres les visages. La guerre, les rouges, le sexe, le fric, la bombe, le fric, le cul ? La chasse aux sorcières… Texas, 1951, j'ai 31 ans, se dit Chaim.

À peine Dallas a-t-elle disparu que El Magnifico crie : « Pronto ! Pronto ! » La fillette et le garçonnet accourent et se mettent à pousser la chaise roulante de l'homme sans jambes. Le gosse imite le bruit d'un moteur, la gosse fait la sirène.

Il fait froid, après cette chaleur, très froid. L'Indienne enfile des gants. Elle se tourne vers El Magnifico qui lui parle en espagnol et en anglais. Chaim entend qu'il essaye de la convaincre de céder pour de l'argent, de ne pas s'entêter, c'est rien de se laisser aimer par celui qui peut tuer. Mais qui ?

– Réfléchis, pour moi ! Je te veux vivante, je veux savoir que ton sang menstruel abreuve ce pays qui m'a coupé les jambes !

Elle vient vers lui. Il continue de plaider. Elle le soulève et le tient en l'air, le dévisage avant de le reposer violemment. Il se mord la lèvre, saigne. Elle retourne dans le hangar, pèse de tout son poids sur le kick de l'Indian qu'elle actionne trois fois avant que le moteur ne parte de son battement lent et bête de grosse caisse pour fanfare. El Magnifico s'essuie la bouche avec un mouchoir et se met à réciter le Notre-Père, très fort, les yeux écarquillés, *Padre nuestro, que estàs en los cielos, Santificado sea tu Nombre, venga a nosotros tu reino… Padre ! Padre !* Elle se coiffe d'un bonnet en laine kaki, abrite ses yeux avec des Climax. On dirait un homme-grenouille égaré à marée basse sur le rivage des ennuis en tout genre. Elle met des gants, monte sur la selle, replie la béquille avec sa botte, démarre prête à rattraper la lourde bécane avec les pieds.

– Ne meurs pas, crie El Magnifico, ô ma belle qui n'es pas à moi ne meurs pas, sinon à quoi bon mon gilet et mes fantaisies.

Chaim ouvre la portière du pick-up. La vitre passager est cassée, le petit loup est mort. Le cou tordu, il est couché sur le plancher dans le verre brisé, comme un chiffon. Chaim va respirer dehors. Il examine les bagnoles. Celui qui a fait ça est là ou parti dans la Mercury, ou… Chaim remonte dans la cabine. Il couche le petit loup sur la banquette, s'aperçoit qu'on a volé le fusil. Il met le contact, démarre. Recule. La radio grésille, vaine et n'exposant que sa trame, la structure de son tissu qui ne réchauffe aucun cœur pour l'heure.

Le bossu à la Vierge se balance sur un pneumatique de tracteur accroché par des chaînettes à un portique rose et oxydé, il chantonne en chiquant. Il a des débris de verre dans la laine de sa veste, ça fait crèche de Noël pour l'amicale des *kapos*. El Magnifico, stupéfait, ânonne des résultats de courses de chevaux, un porte-cigarettes dans les mains comme un missel. Ses figures de proue sont les enfants qui fument, tranquilles dans les flots de bière et de pisse, de fumée et de gras. Il ouvre le porte-cigarettes et lit à mi-voix *la dédicace*, gravée dans l'or : « À Chaim Chlebek qui m'a sauvé la vie, Lucky. » El Magnifico sourit et murmure que c'est beau l'amitié, dans l'or bien plus encore.

– Tu le vends combien ? dit un des Texans en urinant sur une des roues de la chaise du splendide infirme.

Chaim tourne à droite sur l'US 90, il accélère doucement pour ne pas faire patiner les roues. Vivre est toxique, c'est sûr. Mais c'est sûr aussi qu'il punira le mec qui a fait ça, tuer le petit loup. Alpine s'éteint bientôt derrière lui. Le poste de radio se met à diffuser une musique sinistre et majestueuse où les cuivres semblent invoquer un malheur inhumain. Le feu arrière de l'Indian apparaît. Chaim au volant du pick-up succède à l'ombre étrange formée par l'accouplement de la femme et de la motocyclette, il est leur sillage, un sillon pour graver la musique qui cesse brutalement, en plein éclat d'une trompette dévoyée dans cette messe funèbre. Trois longhorns surgissent lentes et livides. Leurs cornes gelées pesant sur leurs épaules, elles traversent la route, séparent Chaim et l'Indienne, il faut attendre, toujours attendre, tant que tu vis.

Il la trouve plus loin, au bord de la route, au début de la piste. Elle boit une rasade de mezcal, au goulot. Le moteur de la motocyclette renversée pétarade absurdement. Ses Climax relevées sur son bonnet, elle rebouche la bouteille et le regarde sans le voir. Il sort de la cabine, dit : « Pas de mal ? » Bien sûr elle ne répond pas. Il redresse l'Indian. Pas la peine d'essayer de la remonter au ranch. Il coupe le contact. Enlève la tête de delco, pour empêcher qu'on démarre la bécane et parte avec. L'Indienne le regarde, étonnée. Il lui donne la tête de delco, jette des branchages sur la motocyclette pour la dissimuler aux regards. Contourne le capot, se remet au volant. Il la voit s'approcher, elle entre en se débarrassant de son bonnet, de ses gants. Il embraye, ça part. Elle voit le petit loup. Elle le ramasse et le jette sur le côté de la piste. Comme une peau de banane. Chaim est choqué et puis il rit. Elle ôte sa perruque blonde, d'un seul geste désabusé et las. Une lassitude un peu tapageuse et provocante. Chaim apprécie les gestes, c'est avec des gestes que l'on fait les plus belles chansons. Facile d'avoir de beaux gros seins, plus difficile d'avoir ce genre d'élégance. Elle remonte le col de son Perfecto, dénoue son chignon, secoue sa tête en arrière pour libérer ses cheveux. Veut boire du mezcal, ne le fait pas, passe la bouteille à Chaim qui refuse. Elle la vide dehors, se met à souffler dedans, à siffler dedans, regarde Chaim. Elle allume une cigarette, la lui tend, en allume une autre. Elle rejette la fumée dans la bouteille qui s'opacifie. Chaim se sent bien, il a l'impression de faire partie d'une famille. Mais il n'y a pas d'enfant et une famille sans enfant, c'est un couple. Il est juste dingue. Elle le regarde avec un seul œil pour ne voir que la moitié du monde, la moitié de la saloperie et la moitié d'une Rouge borgne, c'est le quart d'un fait divers. Tout le monde s'en fout. Et comme elle n'a qu'un seul œil, il n'est que la moitié d'un homme. Ou un homme entier vu à moitié. C'est comme ça… et pas du tout. Personne ne sait. Mais *elle* c'est un pronom personnel, il en est sûr. Elle se met à chanter *Rocket 88*, il l'accompagne en tapant du plat de la main sur le tableau de bord, *You women have heard of jalopies, You heard the noise they make, Let me introduce you to my Rocket 88*.

Elle se tait, se débarrasse de la bouteille en la jetant sur le plancher, dit : « Le type en noir, il veut que je sois sa putain. » La bouteille roule entre elle et lui, le ranch apparaît dans les phares. Des bonnes raisons de rester dans un coin, il y en a qu'une se dit Chaim, mais faut-il encore la connaître.

Ils n'ont plus parlé, Dirk n'est pas apparu, il devait bien connaître le bruit du moteur du pick-up. Chaim a allumé le poêle, il faisait trop froid dans la chambre. Il s'accroupit et tend ses mains tout près de la fonte qui commence à chauffer, c'est agréable, ça lui rappelle des souvenirs de bivouac. Il n'y a pas que du mauvais dans la guerre. Et il se demande s'il n'est pas en guerre. Il y a du danger, c'est sûr. Il est là, ça se sent. Chaim sourit, ça vit et ça meurt. Il aime. Pas le temps que les tempes blanchissent, un air d'accordéon, un coup de mandoline ou de balalaïka, une dernière nuit, et puis l'obscur face-à-face…

« Si tu me veux, chantait une de ses maîtresses, si te me veux un peu, viens, oh oui viens ! »

Chaim pense à l'homme en noir. Il veut que Dallas soit sa putain. Mais on en veut des choses et des êtres, et des fois ce n'est pas possible.

Dallas, c'est un prénom auquel il se fait. Ça se dit et ça va bien avec elle, y compris l'œil de verre. Chaim se redresse pour se chauffer le dos. Cette fille le rend niais, c'est la vérité. Certainement parce qu'il est devenu laid. Avant c'est lui qui l'aurait rendue fébrile et bête, mais avant, se dit Chaim, jamais je n'aurais passé une heure avec une fille comme ça. Il allume une cigarette et pense que Dallas n'aurait peut-être pas passé une heure avec lui. Il marche, joue avec la balle… « Je vais t'apprendre à casser les doigts d'un mort… » Il avait une bague. Une tête d'ours.

Chaim a l'impression qu'il n'a plus de sang, d'organes. Il est vide. Il se souvient des contours de Jorge. L'homme en noir *entre là...*

En tout cas c'est possible. Il pose la balle qui ne l'a pas tué.

Il sort, marche dans le couloir, ouvre d'un coup la porte de la chambre de Dallas. Un rai de ciel noir éclaire la tête de la femme comme abandonnée sur l'oreiller. Chaim pense qu'elle est peut-être coupée. La tête bouge un peu, Chaim est soulagé. Il ne sait pas quoi faire. Est-elle réveillée ? Il imagine qu'elle scrute l'obscurité pour le voir s'y refléter. Tout est stupide et irrationnel, pense-t-il, et surtout moi.

– Ferme la porte, murmure-t-elle. *Yishtin*... Je gèle.

Il fait ce qu'elle dit et s'en veut de revenir vers le lit. Il se sent idiot, pose les mains sur le matelas, un peu comme un professeur sur son bureau avant de s'adresser à son auditoire : « Le type en noir, il avait une bague ? »
– Peut-être, répond-elle au bout d'un long silence.

Chaim est surpris. Sait-elle de qui il parle, au moins ? Il est gêné par sa position, s'assoit sur le bord du lit, lui tourne le dos. Il ne sait pas quoi faire, il n'est pas chez lui. Mais il n'a pas de chez lui. Qu'aurait-il fait à New York ? Ramasser ses Walther et tuer Bobby, mais il l'a déjà tué. On ne peut pas tuer tout le temps le même homme. D'une main il va chercher la bière sous le lit, il ne reste qu'une canette. Il la décapsule avec le bois de lit.

– *Yisháàh*, murmure-t-elle, « je viens », *nisháàh* « j'arrive », *dees-háá* « je viendrai »... Des mots, plein de mots. Ça ne réchauffe pas. Il manque quelque chose. Tu sais ce qui manque ?

Il boit au goulot, elle le tire par le bras, elle veut sa part. Il lui tend la canette sans se retourner. Il se souvient de la première fois où ils ont bu ensemble, elle s'était retournée. Là, c'est lui.

– Il manque quelqu'un, dit-il en guise de réponse et il se sent confus.

Il pense à l'homme en noir. Penser, se dit-il, c'est trahir et violer. Elle change de position, elle doit être sur le dos. Il allume une cigarette, il fume. En vérité il a fait peu de bien, peut-être pas du tout. Et il s'en moque. Faire le bien ce n'est pas son but. Son but, c'est de se la couler douce. Il n'en est plus sûr d'ailleurs. Est-ce vraiment un but ? Il en doute.

– Tu peux mettre du bois ? demande-t-elle.

Il se lève et charge le poêle, se retourne. Elle est couchée sur le dos, comme il l'avait deviné. La situation est quand même absurde et il marmonne : « Bonne nuit. »
– Reste.

Elle le regarde, il ne sait pas quoi faire. S'allonge au-dessus de l'édredon, les bottes en travers pour ne pas le salir. Ils sont côte à côte, comme dans une bagnole, un avion, mais ça ne bouge pas. Il compte pour se calmer, il n'a pas l'habitude du silence à deux. Il faut le porter ou en faire quelque chose, comme un élément avec lequel on joue, la neige/le ski. Les seuls éléments qu'il connaisse et avec lesquels il a joué sont la peur, la mort et le fric. On peut changer de milieu, se dit-il. Pas obligé de vivre toujours dans la même banlieue. Elle le tire à nouveau par la manche, il la regarde.

– Tu veux te barrer où ? demande-t-elle.
– Je ne sais plus.
– Tu savais ?
– … La Boca de Jesus Maria, La Pesca, et puis une frontière ou deux.

Il ne reconnaît pas sa voix, c'est la proximité avec l'Indienne qui change tout, le lit partagé dans cette intimité bizarre.

– Tu ferais quoi, dit-elle, comme avant ?

– Non. Surtout pas. J'ai pas d'idée. Ça fait des années et des années que ça tourne sans que je me pose de questions…

Lui et Dirk ont dû l'entendre délirer, ils savent tout de sa vie ou à peu près. Elle contemple le plafond comme pour éviter son regard, murmure : « Pour l'homme… En fait il n'a pas de bague. »

– … Ah…

Il sait qu'elle ment. On frappe à la porte, elle met sa main sur le bras de Chaim, dit : « Non. Je dors. » Chaim n'aime pas cette situation. Dirk sait qu'il est là, avec *sa femme*. Il n'est pas là pour se retrouver dans des histoires de couple. Et s'il l'attend dans le couloir ? Merde encore. Il ne veut pas faire du Labiche. Il pivote. Dans le lit, elle le dévisage, assise. Une couverture sur les épaules. Elle veut dire quelque chose ? Ce qui est entre cette femme et lui n'a pas de mots ou d'explication. Il y a quelque chose et donc il y a un mot ou une explication mais…

– Tu veux dire quelque chose ?… Tu veux me dire quelque chose ?

Il s'approche d'elle, se sent remonté vers elle au bout d'un fil. Il se pose au bord du lit, comme un jouet malhabile. Il n'ose pas l'aider par un geste. Au bord du lit, il ne la voit qu'un peu, mal. De quoi se prendre un bon torticolis. Elle finit par se laisser aller en arrière. Ça dure le temps d'un cocktail au bar en attendant une fille, il se lève, ne sort pas comme il pensait le faire, charge le poêle. Il se dit qu'il faudra vérifier s'il n'y a pas de suie dans les tuyaux, ramoner la cheminée, un ranch ça peut brûler même s'il n'y a plus d'Indien pour flanquer le feu. Et puis quoi d'autre ? Repeindre les volets ? Il se relève, elle le regarde, ferme les yeux… Un abandon innocent. En même temps un strip-tease à l'envers. Et elle n'a qu'un œil. Mais ses paupières se sont fermées, l'industrie de la nature est duplice. Elle fabrique des appeaux pour les pigeons, se dit Chaim revenu dans sa chambre. Il fume, allongé sur le lit. Tous les visages du passé viennent rencontrer celui de Dallas. Cette maîtresse jouissait très fort, et pourtant Chaim n'entend aucun bruit. Le passé est silencieux mais il a besoin de mots pour se dire. Le passé et le présent coexistent. Les albums de photographies sont là pour nous faire croire à une séparation qui semble nécessaire au marchand de temps. Chaim se souvient des photographies de Dallas, étalées sur le bureau. Je *suis* quoi d'elle ? se demande-t-il, surpris par cette question biscornue. En tout cas je ne sais rien d'elle. On peut ne rien savoir de quelqu'un et avoir la sensation de le connaître…

Il se lève à l'aube, boit son café sur la véranda. Tout est blanc et gris, il fait moins froid. On dirait une toile peinte par un type dont il a oublié le nom. La couleur c'est la vérité, se dit Chaim. Le mensonge c'est la mafia, Joseph McCarthy, la politique et le fric. Et lui, Chaim Chlebek alias Ryszard Morgiewicz. Il a vécu du mensonge tout le temps ou presque. Il a menti et tué, *a tough guy*… À sa façon, il a aidé le Crime à prospérer.

Il devrait partir, un homme normal partirait. Chaim ne sait plus qui il est, ni ce qu'il espère, à part une autre vie. Dans un pays à l'écart du temps, parce que le temps ment par tous les moyens. Le temps c'est le commerce de la peur.

Consommation/information/guerre. On ne peut plus échapper au temps, bientôt il sera partout, dans tout. On aura inventé de nouveaux instruments. On ne coupera plus jamais le cordon ombilical, enfin notre mère nous consommera jusqu'au bout. Ce cannibalisme *New deal*, se dit Chaim, c'est le socialisme à l'américaine. Il s'exporte aux quatre coins du monde. Pas besoin de bombe. Bientôt tous *fabriqués* selon le même modèle. L'homme enfin devenu un objet manufacturé, moins de problèmes de conscience…

Chaim se souvient qu'avec Frank Costello ils avaient dîné avec John Kenneth Galbraith au Rainbow Room, soixante-cinquième étage du Rockefeller Center. Frank Costello l'avait invité pour lui *pomper la moelle*, c'était bien sûr une idée de Lucky Luciano qui disait que les universitaires avaient des idées mais pas de bite pour s'en servir. Et bien sûr une Cadillac était venue le chercher chez lui, ça flatte tout le monde. J.K. Galbraith leur avait expliqué que les accords de Bretton Woods feraient les beaux jours de tout ce que l'Amérique avait de plus pervers et qu'en cas de nouveau krach mondial, la mafia serait la seule banque à tirer son épingle du jeu. Le syndicat du crime serait à lui seul le FMI et l'ONU… Et que s'il continuait sur sa voie, Milton Friedman lui-même les aiderait à gérer leur business. Trop content de le faire, *take the money* !

Et un autre verre !

… Le syndicat du crime n'était-il pas déjà au conseil d'administration de centaines de banques, de sociétés importantes et de multinationales ? Avait-il été aidé ? Non. Le syndicat du crime était l'illustration des thèses de Friedman : la déréglementation, un fascisme *bon enfant*, à la portée de tous, pour faire triompher un État privé.

– Ce que vous êtes, n'est-ce pas ?

Il pensait provoquer ses hôtes mais Frank Costello l'a remercié et depuis lui faisait livrer douze bouteilles de Dom Pérignon pour son anniversaire. J.K. Galbraith, de plus en plus paf, leur avait dit que la prochaine guerre ne serait pas nucléaire, ce n'était pas l'intérêt du capitalisme, mais économique. Et les États-Unis la perdraient. Parce qu'ils se prenaient pour un empire alors qu'ils n'étaient qu'une province sans culture et puritaine, enrichie par le désordre qui avait régné en Europe.

– Et les rouges ? a demandé Frank sans pouvoir s'empêcher de se signer.

– Les communistes seront capitalistes avant trente ans, a répondu J.K. Galbraith. Ils le sont déjà d'ailleurs.

Frank Costello a souri, bien content. Pour lui un système qui s'en prenait à l'Église était criminel et dingue. L'Église était l'amie des pauvres et des riches. Donc de tout le monde. Et puis l'URSS capitaliste c'était un sacré marché pour la famille. J.K. Galbraith a continué sur le maccarthysme, qu'en pensaient ses interlocuteurs ? Frank Costello lui a répondu que depuis qu'il voyait un psy il n'avait plus le temps de penser, il ne faisait que dormir pour rêver. Chaim, lui, avait dit que ce qu'il n'aimait pas dans le maccarthysme c'était McCarthy. Et que le maccarthysme sans McCarthy, c'était Hitler sans sa moustache. J.K. Galbraith alors leur avait confié que le maccarthysme avait été inventé par Nelson Rockefeller lui-même. En refusant à Diego Rivera son œuvre *L'Homme au carrefour* et en la remplaçant par l'épouvantable allégorie *American Progress* de José Maria Sert, Nelson Rockefeller avait dès 1934… Chaim n'écoutait pas tout. Mais à plusieurs reprises, John Kenneth Galbraith avait employé l'expression *société de consommation.* Et depuis que Chaim avait vu les nazis à l'œuvre, il avait su que la mort et la consommation étaient liées. La production de la mort de masse avait prouvé qu'on pouvait faire de la plus-value sur le corps de l'homme lui-même, que l'homme était simultanément de la monnaie vivante et une marchandise.

Les nazis avaient succombé à leur propre machine de production de mort. Les nouveaux patrons de l'économie de masse avaient les pieds sur terre. Dans dix ans, se dit Chaim, l'éden et l'enfer se seront rencontrés au bout des chaînes de montage, on ne pourra plus fuir nulle part. On sera clos dans la concentration générale. C'est maintenant ou pas du tout. Il allume une cigarette, c'est beau son geste, il ne le sait pas. Il s'en fout. Il ne se préoccupe plus de son apparence. Il se regarderait qu'il verrait un aventurier (un *cow-boy*) à la moitié du vingtième siècle, juste à l'instant… C'est juste l'instant où ça bascule, se dit-il, depuis que la bombe a explosé on est pris de vitesse comme de vertige, ça va s'accélérer.

Il faut qu'il s'échappe, comme un coureur cycliste s'échappe du peloton. Lui Chaim ne veut pas aller devant, plutôt de côté. À côté du temps, dans une enclave. Un jour toutes les routes seront goudronnées, c'est inéluctable. On vendra alors des charrettes aux nostalgiques les plus débiles. Chaim veut profiter du temps là, ce temps-là où beaucoup de routes sont encore en terre. Dans ce temps où tous les points du monde ne sont pas encore reliés, en contact.

Un cheval hennit, semble appeler l'immensité, attendre d'elle une réponse. Dans le jour qui s'installe, Chaim entrevoit des milliers d'ombres de chevaux et d'hommes, de feux dans la prairie. Il est forcément de ce monde, au départ tous les hommes l'étaient. Le souvenir du passé résiste, ne veut pas quitter le monde moderne, des parfums de café et de poudre, de larmes et d'étoiles viennent s'ajouter au spectacle invisible.

Il traverse la cour. Prend un démonte-bougie dans la boîte à outils, du papier abrasif : s'il n'y a rien à bouffer le philosophe meurt de faim, si la bagnole ne démarre pas, elle ne roule pas. Et l'Indian doit démarrer. Il quitte le garage en empochant la tête de delco de la bécane, entre dans l'écurie. L'odeur est forte, ça le dérange. Il veut quoi ? Que tout sente le déodorant ? La même odeur, comme les aisselles de toutes les femmes qui sentent toutes le même parfum ou presque.

Trois chevaux sont dans leurs stèles. Celui que montait Dallas, noir. Un brun, la crinière laiteuse. Et puis un autre léopard, blanc taché de marron, l'œil cerclé, les sabots striés.

– C'est un appaloosa…

Chaim se retourne vers Dirk qui précise : « Un bon choix. Une monture docile et solide. C'était le cheval des Nez-Percés. Le gouvernement américain le considérait comme une arme de guerre et l'a fait détruire massivement. Les conscrits tiraient dessus pour apprendre à manier leurs armes. Il n'en restait presque plus. Depuis la fin des années trente, on en trouve… Les deux autres sont des Quarter Horses. Vous savez monter ? »
– Pas vraiment.
– Le Texas, entre nous, c'est l'endroit idéal pour apprendre.

Son .45 est glissé dans la ceinture de son pantalon. Chaim a connu un type qui s'est castré comme ça, et après il s'est suicidé parce qu'il ne voulait pas vivre sans tirer son coup. Faut être un voyou pour porter son arme là, ou un exhibitionniste. Dirk se met à harnacher le cheval, Chaim regarde avec attention. Il est doué pour apprendre.

– Bonne soirée, hier ? demande Dirk.
– J'ai rencontré le shérif Nick Corey.
– Alors ?
– Son whisky est bon.

Son regard est attiré par une inscription à la craie sur un mur en parpaings nus :

$$\int \delta (t)\, dt = 1$$

– Quand on s'intéresse à Dirac on rencontre cette fonction, dit Dirk. Une équation, une fonction, c'est une question. Comme un roman, une prière. La question de Dirac portait sur la discontinuité. Depuis Einstein, le temps est venu se poser dans toute question scientifique. Einstein a permis à la poésie et à la philosophie de se mêler aux mathématiques et à la physique… Pourquoi je vous dis ça ?

Il cache la partie gauche de la fonction : « Égale Un. 1. *Égale un.* Qui quoi égale un ? Et un c'est quoi ? De quoi le un est-il composé ? Être un pourquoi ? Pour en arriver à deux ? Être deux ? Deux un. »

Chaim se souvient que Lucky lui avait dit un jour : « Est-ce que notre origine et le temps sont confondus ? Est-ce que tout est arrivé du même coup, en même temps ? Comment on fait pour être un ? Il y a quoi dans l'œuf ? » Le mythe originel + la vie, songe Chaim, et Dieu. Dieu, il ne faut pas l'oublier. Il faut le mettre dans l'œuf et se laver les mains de tout ce sang…

– Deux un, susurre Dirk, un couple par exemple.

Chaim n'avait pas vu arriver la peau de banane. Il décide de marcher à côté, de ne pas spéculer sur ce que voulait dire exactement le physicien. Ça va trop vite par ici. Et puisque le temps est dans toutes les questions, autant le prendre et l'inclure dans la réponse, service compris. Dirk pose la selle sur la couverture et sangle le cheval que Chaim trouve de plus en plus intéressant. Compare à sa Nash et se trouve absolument idiot.

– Quand vous serrez, faites attention. Il est malicieux. Souvent il gonfle le ventre. Si vous n'en tenez pas compte, vous montez et peu de temps après, il dégonfle son ventre, la selle glisse… Et vous avec.

Les chevaux sont des bagnoles en fait, et les bagnoles des femmes, se dit Chaim. Et les hommes des… Il ne sait pas. Dirk fait reculer le cheval et dit : « Il s'appelle *-Ieezh*. Poussière, en navajo. Tenez-le. Je vais m'occuper du mien. » Chaim saisit la bride, le cheval le regarde. Un regard *humain*. Chaim ne s'y attendait pas, ça l'embarrasse. Trop d'humain de partout, ça finit par faire chier.

– Le mien s'appelle Steppenwolf, c'est moins original. Je relisais le livre quand il a fallu lui donner un nom. Vous voulez bien avancer ?

Dehors, Dirk enfourche son cheval et part sans se retourner. Chaim passe à l'action. Avec appréhension. Le voilà là-haut. De dos, Dirk fait du bruit avec sa bouche et -Ieezh se met à avancer. Conduite automatique, se dit Chaim. Dallas apparaît sur la véranda, elle se fait une tresse. Tout semble normal, se dit Chaim, mais rien ne l'est. Sa vie est vivante, brusquement. Ça palpite. Il se retourne, Dallas n'est plus là. Toujours imprévisible, elle transforme la certitude en guimauve. Il sent les flancs chauds du cheval, c'est pas comme une bagnole, même s'il y a du cuir.

– Laisse-toi aller…

Il tressaille, elle est à sa droite, marche en se coiffant.

– On dirait que tu as un balai dans le… Tu sais faire avec une femme ? C'est pareil…

Elle finit en navajo, se met à rire. Il lui répond en polonais.

– Qu'est-ce que tu as dit ?
– Ça dépend laquelle…

Elle donne une tape sur le cul du cheval qui hennit et se met à trotter. Pas de boîte de vitesses, de clignotants, et surtout pas de volant. Alors pour tourner et braquer, sans parler de la marche arrière. Faut être né avec pour s'en sortir mais c'est pas désagréable. Ça dégèle et les sabots de -Ieezh font le bruit d'une vingtaine de filles faisant les cent pas sous la pluie en attendant un taxi. Dirk s'est arrêté à la boîte aux lettres qu'il ouvre sans descendre de cheval. De temps en temps -Ieezh glisse et Chaim se raccroche comme il peut. Il a un peu froid à la tête comme dans un cabriolet lorsqu'il faut séduire une fille à la mauvaise saison. Il s'achètera un Stetson comme tout le monde. Il a rattrapé Dirk qui relance sa monture d'un claquement de la langue, empoche une lettre à l'adresse tapée à la machine (avec un tampon de Chicago… Un flingueur doit tout voir s'il veut vivre longtemps). Ce n'est pas une lettre d'amour parfumée, c'est de l'officiel, des comptes à rendre. Ils chevauchent en silence, côte à côte. Chaim revient de loin et il en a vu trop. Le vieux à côté de lui est dans les ennuis. Il va mourir, mais c'est *sa* mort. Le cheval c'est une façon de vivre dans la mesure où vivre c'est faire quelque chose. Chaim regarde autour de lui et pense qu'il n'a jamais connu un pays qui lui plaise autant.

– Vous me prenez pour un illuminé un peu snob ? questionne Dirk en français.
– Ah oui ? Pourquoi ?
– Pour mon rapport aux Amérindiens.
– Amers… Pour être franc, je pense qu'ils n'ont pas besoin de vous, c'est trop tard. Ils ont déjà disparu.
– Moi je pense qu'on peut essayer de faire condamner les USA… Pour génocide…

– À l'ONU ? Avec l'aide de Staline ?
– Pourquoi pas…

Chaim allume une cigarette, dans la mesure où on fume au volant, aucune raison de ne pas fumer *au cheval*. Et pour les Amérindiens…

– Je suis en contact avec quelques leaders, reprend Dirk en anglais, il nous faut un peu plus d'argent… Et un élément médiatique. Qu'on peut faire « mousser »…

Il nous faut, se dit Chaim, il finira plus apache que l'Apache le plus apache. C'est ça la décolonisation peut-être ? Un mot nouveau, tout frais tout pompeux et stupide comme tous les mots inventés pour dire ce qui ne peut l'être. Les élites blanches recoloniseront les décolonisés sous le couvert de les émanciper. De la production (de masse) de bonne conscience. Les petits-fils des bourreaux viendront alphabétiser les petits-fils des victimes de leurs aïeux, on n'en sortira jamais. Il jette sa cigarette au pied d'un arbre mort muni d'une sorte de visage naturel et stupéfait, un totem nature dédié à on ne sait qui.

– Il se passe pas mal d'années avant qu'un filtre à cigarette soit naturellement dégradé, dit Dirk. Le saviez-vous ? Je vous énerve ?
– On ne peut pas demander à un mafioso de s'occuper de la conséquence de ses actes pas plus que de ses déchets. L'homme respire, n'est-ce pas ? Il agit, et il meurt. Tout tend à sa fin. Vous voulez revenir à un mode d'avant le monde, à une pré-civilisation ?
– Vous vous moquez de moi et ça se comprend. Mais on ne peut faire la morale au monde entier et se conduire comme l'Amérique se conduit avec ses minorités et la liberté de penser. Et pour le filtre… Nous les Blancs, nous infectons aussi bien les civilisations que nous rencontrons que le monde dans lequel on vit.

Et nous-mêmes, se dit Chaim. Mais il ne veut pas faire de la politique. Toute organisation sociale est forcément perverse. Il a payé pour le savoir. Il veut vivre. Tout de suite avant qu'il ne soit trop tard. Il ne peut plus vivre comme avant. Il ne veut plus jouer la triste comédie. Il veut être lui. C'est certainement impossible mais ça doit être marrant d'essayer.

– Je fumerai sans filtre, dit-il, ou plus du tout.
– Réponse habile.
– On a juste le temps de vivre encore un peu libre, Dirk.
– Moi je n'ai plus le temps.

On est arrivé au tournant de l'acte III, se dit Chaim, il faut passer à la caisse à la date convenue par le dramaturge.

– Combien de jours ? demande-t-il. Je parle de la visite des encaisseurs. La lettre de Chicago…
– … Une semaine, répond Dirk décontenancé. Mais si je paye, je ne laisserai plus grand-chose à Dallas.
– Elle n'a pas besoin d'héritage. Et les maîtres chanteurs qui font plus de deux mille miles veulent encaisser leur blé, cash et sans délai. Communistes ou pas.
– … Comment pouvez-vous savoir ?
– L'expérience.

Ils sont arrivés à la route. Chaim veut descendre de cheval comme dans un film. Raté, il arrive sur le cul. Il se redresse comme un bonhomme atteint de la soixantaine, marmonne : « Vous pouvez le ramener ? » Il s'en va vers l'Indian quasiment invisible, se retourne vers Dirk, veut dire quelque chose, ne le dit pas. Parler, c'est s'engager. Il pivote et marche à grands pas, se massant le dos. Enlève les branchages jetés sur la motocyclette. Là-bas, Dirk s'en va en tenant -Ieezh par une bride. Une image de solitude et de peine. De virilité, dans la mesure où le chagrin et l'homme sont indissociables. Son sexe rend l'homme vulnérable et crédule, se dit Chaim, c'est ça être un homme, tout miser sur une érection passagère. Le savoir et tourner le dos, faire semblant d'aller quelque part, de savoir quelque chose. Dirk est victime d'un chantage mais il y a autre chose, « le temps de vivre »… La fatigue de vivre, l'irrésistible envie d'en finir, le .45 en travers du crâne et salut !

Chaim démonte une des bougies de l'Indian. Il passe l'électrode au papier de verre, la chauffe à la flamme du Zippo, remonte la bougie, la tête de delco, et d'un seul coup de kick démarre la bécane. Ça lui fait plaisir. Il laisse le moteur chauffer, pas de gants pas de lunettes pas de casque pas de bonnet, il va se les geler un peu. Il enfourche l'Indian, part doucement vers la piste, s'arrête et oblique vers Alpine. Roule lentement pour s'habituer à la motocyclette et à la pluie, fine, qui se met à tomber. Il se souvient de cette pluie délicate et parfumée, des roses il y en avait, ah il y en avait. Des roses d'antan, si légères et si lourdes en même temps. Graciles et voluptueuses comme ces femmes minces à la poitrine lourde. Ils venaient de pénétrer dans le cimetière de Lercara Friddi, en Sicile. La ville où est né Lucky Luciano. Ils venaient de se faire expulser de Cuba où Lucky avait acheté un hôtel, le Nacional, pour cent cinquante millions de dollars. Batista, sous la pression des USA, avait été obligé de lâcher Lucky qui prenait très bien son retour en Italie. Il était amoureux d'une femme pour la première fois de sa vie, elle attendait dans la Cadillac. Lucky s'est arrêté devant une tombe bancale sur laquelle on pouvait encore lire « Lucania ».

– C'est de là que je viens, a dit Lucky Luciano alias Salvatore Lucania, de tous ces morts, tous pauvres et plus que pauvres. Je suis riche pour eux…

Malgré la pluie il faisait extraordinairement doux. Des oiseaux chantaient et jouaient ici et là. Une sensation de paradis. C'était à peine croyable qu'un homme aussi dangereux que Lucky Luciano ait l'air aussi paisible. Chaim se sentait bien et en même temps, il avait le sentiment d'une effroyable conspiration, toute cette légèreté pesait lourd. Lucky a caressé la pierre tombale et a dit de dos : « Je n'ai pas encore tué Vito Genovese parce que je ne le sens pas. Toi, fais attention à ta colère si tu voulais un jour te venger… »

– Pourquoi tu me dis ça ?
– Tu vas t'installer à New York et je ne serai pas là. Ça serait bien que tu sois amoureux, ça…
– Oui ?
– Ça te sauverait.

Lucky s'était signé en quittant la tombe. Chaim était triste, c'était la fin d'une époque qu'il savait déjà disparue. Il ne retrouverait pas sa jeunesse, ni sa folle insouciance criminelle. Quelque part un homme chantait un air d'opéra. Derrière eux un garde du corps agrippait la crosse de sa lupara sous sa veste en cuir. Il semblait à Chaim que dans ce tout ce qu'il entendait, dans chaque détail, dans la voix du chanteur, dans celles des oiseaux, le bruit de cette goutte d'eau qui tombait dans le broc en fer, il entendait un récitant sans figure déclamer un texte grave, comme une sentence trop bien écrite pour qu'on la prenne au sérieux.

– Tout ce que je veux désormais, a dit Lucky, c'est vivre avec Igea comme un dentiste à la retraite… Ça t'amuse ?
– Je ne t'aurais pas confié mes dents.

Un arc-en-ciel était apparu au-dessus du cimetière et Chaim s'était senti petit et si peu romanesque à côté du monstre qu'était Lucky Luciano. Il avait remonté sa mèche mais autant boutonner sa braguette, s'est-il dit car il avait de l'humour, s'il n'avait pas de dignité.

– L'arc-en-ciel est une illusion, avait déclaré Lucky. Il semble exister, c'est un leurre. Nous le savons mais nous mordons, comme la truite mord à la mouche. Peut-être que notre esprit a besoin de mettre de la raison et de la poésie là où il n'y a que…

Il s'est mis à parler en dialecte sicilien comme ça lui arrivait avant de poursuivre en italien : « Pas facile à dire… Le crime finit par être invisible… Ou alors si tu préfères : le crime est le crime comme Dieu est Dieu. *Please translate !* »

Chaim suivait des yeux le scorpion qui allait tuer pour gagner sa vie, comme lui Chaim Chlebek, comme lui Lucky Luciano. Un petit scorpion dans un petit cimetière. Chaim réfléchissait à la traduction demandée par Lucky et regardait le ciel, les tombes grises et bleues, les oiseaux brun-rouge, les pavés teintés de nuances célestes de vermillon et d'outremer, toutes les roses aux dizaines de nuances. Plus loin, Chaim avait vu les coquelicots rouges de Monte Cassino, et plus loin encore, de l'autre côté de l'océan, à Cuba, les maquereaux bariolés et livides bourrés de poudre, cette femme éventrée qui donnait le sein à son bébé. Le crime avait toutes les couleurs, toutes les formes. Chaim a saisi le scorpion, Lucky a tressailli, le scorpion a piqué Chaim qui l'a jeté comme on jette une peau d'orange.

– Quelle couleur ? avait demandé Chaim en montrant le scorpion.

– … Marron… Rouge, je ne sais pas.

– « Les couleurs du crime », « *United colors of crime* »… Ça te va pour la traduction ?

Lucky avait acquiescé et s'était mis à rire : « Sacré Chaim ! Le coup du scorpion, je m'en souviendrai. » Ils étaient sortis du cimetière, Igea était venue à leur rencontre. Elle n'était pas belle, elle était assez banale et le numéro un de la mafia était follement amoureux d'elle. Juste une histoire à l'eau de rose écrite avec des tripes et du sang.

Chaim avait eu un petit 38 °C la nuit qui avait suivi l'affaire du scorpion.

Il a gardé la trace de la rencontre avec le scorpion, sur la paume de la main gauche. De vieilles grands-mères disent que la piqûre du scorpion se réveille quand on rencontre l'amour. Faut voir. Là sur les routes des *United States of Crime*, la pluie a cessé. Il pense à Vito Genovese, si les ennuis viennent ça sera par lui. De son fait. Il hait Chaim parce qu'il hait Lucky Luciano. L'envie à en crever. Vito Genovese ne picole pas, ne court pas les blondes, ni les chevaux. Ni la came. Le point faible de Vito

Genovese, c'est les cheveux. Il a la hantise de les perdre. Claque des centaines de dollars en cosmétiques et lotions pour le cuir chevelu. En teinture pour rester jeune, sans un seul cheveu blanc. Terrorise ses coiffeurs, dont plusieurs se sont fait allumer parce que Vito n'était pas content de leurs soins. Les coiffeurs devaient lui remettre dans un sac les cheveux qu'ils lui avaient coupés. Il gardait ses reliques dans une armoire blindée, disait-on. D'après Lucky Luciano, il pouvait devenir dingue à cause de ça, c'était son talon d'Achille. Une sorte de phobie mais lui n'allait pas voir un psy comme Frank Costello. Il avait des pellicules et, l'air de rien croyait-il, passait sans cesse la main sur ses épaules. Chaim avait sauvé Lucky chez un barbier et d'après Lucky, c'était chez un barbier, chez son coiffeur attitré du moment, qu'il fallait se faire Vito Genovese. Mais Vito n'allait pas chez son coiffeur sans trois gardes du corps… Alors comment faire ? Oublier, se dit Chaim, oublier définitivement, vivre au soleil.

Chaim passe devant une affiche vantant le Big Bend National Park : « Les vraies Alpes, c'est ici ! Venez respirer dans nos montagnes. Ici pas de rouges, juste de l'oxygène 100 % américain ! »

En travers de l'affiche, quelqu'un a écrit : « À bas la grippe ! Corey est une pute. » Évidemment on a tiré dans le panneau publicitaire. Et les montagnes on ne les voit pas, pas plus Cathedral Mountain que Mitre Peak ou Mount-Cul. Pour la respiration, c'est si humide qu'à la première bouffée d'air 100 % américain, l'asthmatique moyen est plié dans le sapin.

Alors le tourisme à Alpine et dans sa région…

Chaim se gare devant la pompe à essence plantée devant El Magnifico. Abritée par un portique bancal. Les deux gosses sortent de la *cantina*. Elle en robe à volants jaune, chaussée de bottes en caoutchouc d'homme, lui vêtu d'un manteau en lapin, certainement celui d'une naine. Chaim coupe le contact et descend de l'Indian qu'il béquille. Il ouvre le réservoir d'essence. Le gamin décroche le pistolet. Dans un présentoir quelques cartes postales, graisseuses et cornées, des *pin-up* bien pourvues, *bonnes vacances à Alpine*. Vu le paysage c'est normal, se dit Chaim. Fin de la visite guidée, il s'empare d'un bidon d'essence. Les enfants l'épient en faisant semblant de s'intéresser à autre chose, la fille brode un oiseau effrayant sur un bout de tissu. Le gamin se met à chanter d'une voix fluette, aux notes d'agave et de rêves d'ogres : *Be my love, for no one else can end this yearning* [1].

Sans lever les yeux de son ouvrage, la gamine lui répond de sa voix déjà rauque et éraillée par une puberté précoce : *This need that you and you alone create, just fill my arms.*

Chaim regarde le rouleau d'adhésif posé sur la pompe, pour réparation d'urgence ou pour les paquets cadeau. Chaim lui a un autre usage de l'adhésif, chacun sa culture, son casier judiciaire et son musée des épouvantes. Le gamin raccroche. Deux gallons plus le bidon. Un dollar trente-cinq cents. Chaim donne deux dollars, dit de garder la monnaie. Il s'empare de l'adhésif et l'empoche. Les enfants se concertent et acceptent le marché. Chaim sort son paquet de Chesterfield, le tend. Ils se servent. Il allume les cigarettes. Ils se regardent. Chaim propose un billet de cinq dollars à la fille qui roule des yeux et marmonne : « Je fais pas de saloperie avec des Rouges ! »

– Laisse ma sœur, dit le gamin, retourne au cul de ta squaw.

Chaim ne peut pas s'empêcher de se marrer intérieurement, le voilà indien. Mais sans le moindre sourire, il tend toujours le billet.

– El Magnifico…

– Pourquoi ? demande le gosse.

– Pour parler.

– Tu veux lui dire quoi, questionne la fille, que t'as la gueule de travers ?

– J'ai des jambes à vendre.

Elle hausse les épaules, soupire, les deux gosses lorgnent le billet.

– D'accord, dit la fille.

---

1. Mario Lanza, *Be my love.*

De la main, elle désigne une poignée de mobile homes pouilleux installés derrière la *cantina*. Leurs cheminées fument tout noir et huileux, de l'huile de vidange. Ça se sent d'ailleurs et ça fait des poumons comme du réglisse.

– Le bleu. Tu lui dis pas que c'est nous. Aboule.

Elle saisit le billet qu'il ne lâche pas : « Les clefs, *señorita*. Les clefs sinon… »
– Sous le paillasson.
– Ah le paillasson.

Il lui abandonne le billet et contourne la *cantina*, le bidon d'essence à la main. Des cochons fouillent en piaillant la boue d'un enclos fait de jantes de camions et tracteurs. Deux chiens maigres ont l'air de s'ennuyer, attendent un type à mordre comme des rentiers attendraient un tram. Ils s'approchent. Mais quelque chose chez *la victime* décourage les deux cadors qui se disputent un bout de gras pour oublier. Une femme chante en espagnol, un goret bandé se lève sur ses pattes antérieures. On ne sait pas si c'est *típico local*, pense Chaim, mais les gamins vont faire savoir que je suis en visite. Violence et prudence. Sur le paillasson est écrit : *Bienvenidos*. Dessous : les clefs. Chaim entre sans bruit, les rideaux sont tirés et le jour fait ce qu'il peut. Aux murs des photographies de Marcel Cerdan. Des affiches de ses combats contre Jake LaMotta et Tony Zale. Des manchettes de journaux qui annoncent sa mort en plusieurs langues, *Volant vers la victoire Marcel Cerdan a rencontré la mort*.

Un poste de radio avec son antenne, une Vierge à l'enfant en porcelaine haute comme une Winchester. Des fers à repasser en fonte sur le poêle en ferraille brûlant. Des castagnettes. Cinq Christ au cas où les quatre premiers fils ne trouveraient pas le chemin du grand pardon. Une paire de gants de boxe. Des chaussures, des dizaines, dépareillées ou pas, chaussures d'hommes, de femmes, de poupons… Un petit intérieur coquet de célibataire original.

Et sur une table, un dictionnaire espagnol-français est posé *naturellement* à côté d'une Underwood avec une feuille engagée dans le charriot, quelques lignes raturées dessus :

« Alpine au Texas quelques jour en décembere 1951.

Pour el grandioz Paris-Match, le pois des mots
le choc des fotos, viva !

Vois si ma histoire, extraordinaireres ! Je m'apelé Marcel Cerdan j'étai accidentelement tuai en avion et métai reincarnai en El Magnifico, glorieuse homme surpuissantes. Sette fantastique réellissime histoire mérvaillante est avai vendre pour **10 000 $ US.** »

Chaim quitte le tapuscrit avec stupeur. L'Underwood a des problèmes mais l'homme sans jambes est vraiment très, très atteint. Une prolifération parkinsonienne d'Antonin Artaud dans le corps stupide du crime de bas étage. Pour l'instant, le libelliste dort toujours, tranquille. Chaim dévisse le bouchon du bidon d'essence et se met à l'arroser comme un baba, un cake si tu veux. El Magnifico se réveille, veut se redresser. Chaim le plaque au lit d'une main, continue de verser l'essence. El Magnifico ne pipe pas, il respire vite au bord de la syncope, grelotte de froid en sachant qu'il peut flamber. Mauvais réveil faut avouer. Chaim pose le bidon, pas plus d'un litre par personne sinon se faire immoler deviendrait ruineux. Il se met une cigarette entre les lèvres, sourit à El Magnifico en jouant avec son Zippo. El Magnifico balbutie plusieurs « non » sur plusieurs registres de terreur. Chaim chuchote à l'oreille de l'infirme. L'infirme doit avoir un cas de conscience. Il hésite mais vu la situation il répond en chuchotant par mimétisme ou accès de faiblesse. Chaim l'observe, se redresse : « Si tu m'as menti, je reviens te couper les bras. Pas de bras, pas de chocolat. Pour le moment, ne te gratte même pas. » Il soulève le rideau. Derrière la vitre, il voit le bossu qui rapplique, avec le Browning volé : « Comment s'appelle ton fils si répugnant et bête ? »

– … Chuy.

– Chuy ? Il va entrer, tu sais ce qui t'arrive si… On est d'accord ?

Chaim saisit un des fers à repasser, va derrière la porte qui s'ouvre. Chuy survient le fusil en avant, la Vierge sur sa veste derrière. Il voit Chaim trop tard, on ne voit pas tout au bon moment. Surtout quand on est con. Chaim lui plaque le fer chaud sur la joue. Chuy hurle et lâche le fusil. Chaim le ramasse et pousse le bossu d'une bourrade dans la chaise roulante du Magnifico. Le Bossu s'écroule les jambes écartées comme une fille qui a chaud. Chaim appuie le canon du Browning sur son front et l'imbibe d'essence en souriant.

– En France ça s'appelle des babas au rhum, explique-t-il. Marcel Cerdan appréciait beaucoup. Tu m'écoutes ?

Chuy opine et essaye de sourire à cet Indien de la mort qui lui fait la leçon alors qu'il se nourrit de ses propres poux et pine son chien.

– La prochaine fois que tu tues une petite bête, je te coupe le nez.

Il retourne une paupière de Chuy : « Le Christ est dégoûté par toi et sa mère encore plus. Il y a des limites, tu comprends ? Même les infirmes les plus amochés n'y coupent pas… Tu vas casser la Vierge et son petit Jésus et tu seras maudit. »

Chuy n'est pas sûr d'avoir bien entendu. Chaim lui met la Vierge dans les mains : « Tu la laisses tomber, tu fais pas le malin. » Chuy se signe, El Magnifico prie, *Dios te salve Maria llena eres de Gracia el seõr es contigo…* La statue ne se brise pas, rebondit comme une mère indigne qui aurait glissé sur un missel.

– *De milagro*, psalmodie El Magnifico. *Milagro…*

Chuy se signe. Chaim ramasse la statue et la lui remet dans les mains. El Magnifico gémit. Chuy lâche la statue, elle casse. Il ferme un œil. Chaim lui retourne la paupière. Chuy ouvre (forcément) les yeux très grand. Très grand. Chaim lui met les castagnettes dans les mains : « Musique. » Chuy s'exécute.

– Tu joues, dit Chaim. Tu ne cesses pas. Je vais sortir. Si tu ne joues plus, je tire dans la baraque qui s'enflamme ! Dramatica !

Il sort à reculons et s'empare d'un poignard (dans sa gaine) fixé sur une cloison. Dès qu'il a disparu, El Magnifico se redresse et se déshabille en insultant Chuy, des mots graves sur l'origine et la filiation même du bossu. Marcel Cerdan, lui, superbe, ne dit rien. Il plane au-dessus de la condition humaine, attendant sans crainte que le petit oiseau le rejoigne.

Au flanc du désert de Chihuahua : deux chasseurs Sabre filent à basse altitude. Argentés, ils tirent derrière eux le rideau de la nuit, envoient le soleil aux pelotes et vont imprimer leurs silhouettes fatales sur les montagnes Chisos et ce pays privé d'hommes et de dieux, El Despoblado.

Un coyote aboie. Sur la neige qui a fondu des éclats de lumière terne gigotent encore un peu, ça ne durera pas. Par ici, il fait d'abord trop vide avant de faire trop froid. Trop chaud. Le coyote s'arrête, aux aguets. Il lève les yeux vers une maison perdue. Il ne voit rien, mais il sent. Et il disparaît dans les buissons de créosote, dont les plus vieux sont bien plus vieux que l'Ancien Testament, comme s'il savait que leur odeur de goudron effacera la sienne.

Une heure, deux heures. On pourrait se croire en Grèce si au loin il n'y avait pas un *pumpjack* à la silhouette de ptérodactyle.

Un moteur, ça vient, ça s'approche. Une voiture aux phares non allumés. Les hommes prudents savent s'en passer au bon moment. Tous les snipers ne sont pas morts, à la retraite ou en Corée. C'est une Mercury verte. On ne voit pas le conducteur mais la plaque minéralogique, avec un cavalier et la devise « The Lone Star State ». Le pays de l'étoile solitaire, mais dans quel ciel, pour guider qui ? La Mercury stoppe tout près de la maison isolée, une bâtisse en bois délavé comme un vêtement de travail usé. Le conducteur ne sort pas tout de suite, il doit peser le pour et le contre, examiner des *témoins* connus de lui seul. La portière conducteur s'ouvre, il apparaît de dos. Un homme en noir coiffé d'un Stetson. Il passe à côté d'un empilement de pots de peinture rouillés. Des gens veulent des choses, jettent l'éponge ou meurent. Les choses restent, l'inerte a le plus souvent raison. L'homme disparaît dans l'ombre. Plus tard des lueurs éclairent les vitres.

Chaim pèse le pour et le contre, il n'est pas venu ici pour recommencer ses conneries. Mais en même temps si ce type est ce Jorge qui lui a démoli la gueule… Il ne peut pas oublier. Il se souvient de l'homme en noir dans la *cantina*, de sa peur quand il a semblé le regarder. Tuer ce n'est pas si facile que ça mais s'il faut le faire ?

Il songe à sa poupée qu'il avait retrouvée éventrée, le ventre plein des entrailles répugnantes d'une volaille. Il avait été jeter la poupée à la rivière.

Il songe au temps où sa mère lui mettait une tresse, un postiche. Elle lui brossait les cheveux, lui poudrait les joues. C'est lui qui l'a trouvée morte, sur la berge.

« Le noir ça va bien aux morts, avait dit Stefan, c'est important pour eux. » À quelques mètres de Chaim une vache est morte en vêlant, son petit à moitié exhumé de ses entrailles. Il n'a jamais ouvert les yeux. Sa mère, elle, regarde la terre, son sang s'est répandu, a coagulé tout autour d'elle. C'est sombre et vivant, pourtant c'est mort. Ça va disparaître. Ça ne pue pas encore, ça puera. Chaim dégaine le poignard, entoure le manche d'adhésif.

Il y a trop d'étoiles, pense Chaim, ça fait champ de tir. Le Browning en bandoulière, il roule sur la piste, vers le ranch. Sans phares lui aussi. La prudence, chez les tueurs, vient à la deuxième réincarnation, disait Meyer Lansky [1], le comptable aux pieds de verre. Ça gèle méchamment, la grosse bécane glisse. Chaim la redresse à coups de talons.

Il a les mains tachées de peinture noire. Comme son pantalon, le guidon de l'Indian, la crosse du Browning… Des traces. Des traces mais pas de preuves.

Il stoppe devant l'arbre mort au visage humain, agenouillé sur la terre mais bien cocu avec toutes ses cornes. Il laisse le moteur tourner, béquille l'Indian. S'accroupit et saisit le mégot qu'il a jeté au matin. Il n'en reste que le filtre. À New York on peut jeter sa clope mais ici on se fait avoir, se dit Chaim. Premier point : pas de traces, faire attention. Il ne se relève pas, pense à tout ce que l'homme laisse derrière lui, en s'en fichant. Mégots, emballages, bombes non explosées, étuis vides de balles ayant tué ou pas. Cimetières de bagnoles, d'éléphants. Cimetières militaires au garde-à-vous sous les drapeaux misérables, cimetières, cimetières. Ossuaires. Des tombes, que des tombes et des tombeaux, des catafalques. Des poubelles, des milliards de poubelles. Des centaines de millions de tonnes de choses jetées, de

1. D'origine polonaise lui aussi, trésorier du syndicat du crime, considéré comme un génie et affilié au clan Luciano.

corps morts. Un jour on essayera de faire la révolution contre les choses mais les choses ont d'ores et déjà gagné. La société de consommation c'est bien celle des choses. L'homme veut être une chose. Il veut être soumis à une loi qui l'écrase, il veut être rangé sur une étagère, manipulé. Pour être chose, il invente les instruments de sa soumission. Le fouet, le parachute, la rhétorique. Aujourd'hui des bourgeois réactionnaires et fous fabriquent en quantité pour remplir les cimetières. Plus tard, des bourgeois nantis et réactionnaires partiront en guerre pour un monde propre, ça sera peut-être le dernier avatar de l'idéologie, elle sera revenue au point zéro, au rien.

Plus tard, ça sera chiant. Il faut que je profite d'être un homme, c'est-à-dire inutile et libre. Chaim empoche le mégot et se relève. Dégaine le poignard porté sur la cuisse gauche. Le plante dans le cœur du bois, jusqu'à la garde.

Il se sépare du fourreau attaché à sa cuisse et l'enfonce dans un trou de l'arbre. Il reste immobile et comme subjugué par d'anciens spectacles. Il ôte l'adhésif collé sur le manche du poignard. C'est un truc de la Murder Inc, pour ne pas laisser d'empreintes… De mauvais rêves mais pas de preuves.

Le ranch lui est devenu familier. C'est une base, sa base au moins pour l'heure. Il aime sa forme, sa structure. Les matériaux choisis, banals, invisibles. Le ranch est sans prétention et éphémère, comme lui, Chaim.

Il appuie le Browning sur l'Indian. Trouve un chiffon qu'il imbibe d'essence, nettoie ses mains, le guidon de l'Indian… Son pantalon mais c'est trop tard. Il trouve un morceau de savon sur le bord de l'abreuvoir. Il se frotte les mains, les rince dans l'eau qui s'écoule par le trop-plein.

Il va à l'écurie, contemple les chevaux. Rêvent-ils ? Chaim aime en tout cas cet appaloosa, -Ieezh. Son premier mot de navajo, un joli mot somme toute si tu mets ta langue où il faut comme il faut. Il se retourne lentement, elle est là.

– Je t'ai sentie, dit-il.
– Viens, l'essence ils aiment pas ça, ça les affole.

Dehors… Elle a un pantalon et des mocassins blancs, une veste en fourrure synthétique rose, elle est ahurissante et autre chose… Elle est unique.

– C'est joli, dit Chaim.
– Quoi ?
– Comme tu es habillée.

Elle hoche la tête, examine son pantalon taché. Il ne sait quoi faire. Elle le regarde comme si… elle savait.

– Tu m'aides ?

Il acquiesce. Elle pivote, s'empare d'une lampe-tempête et d'une corbeille en osier qu'elle avait posées contre le mur de l'écurie, se dirige vers l'arrière du ranch. Il la suit. Ses fesses sont bien séparées, il aime. De belles fesses plus on les regarde. Pleines, assez larges, bien dessinées et rondes comme il faut, et dessus la taille, fine. En fait c'est un joli coup cette fille, même pour une Indienne. Il s'en veut de cette pensée. Lui il est quoi ? Il est quoi maintenant ? Le protégé de Lucky Luciano, la cible de Vito Genovese, une gueule cassée, un Indien ?

En tout cas, il a quitté le quartier blanc, sans le faire exprès, par touches successives. C'est un déclassé, une sorte de clochard. Les nazis lui auraient trouvé une place dans l'omnibus pour la mort dégueulasse. Ici en Amérique, on ne le tuera pas, enfin pas s'il a un bon avocat. La différence entre les nazis et les Américains, c'est la procédure. Les Américains adorent la procédure, c'est leur passage à l'acte. Leur façon singulière d'interpréter la Bible. Ils te jugent dans un semblant de procès et après seulement ils t'électrocutent, te gazent, t'empoisonnent. Les nazis organisaient eux des soirées aux flambeaux, construisaient de fausses gares pour accueillir et tromper les vrais voyageurs sur leur destination… Putain de monde ! Peau-Rouge aux USA en 1951, Juif en Allemagne en 1941, la différence, c'est la nature de la mort. Les Américains ne font pas de savonnettes avec leurs Indiens mais des films. En vérité les Américains font plus de fric avec leurs Indiens que les nazis avec leurs Juifs. Les Américains ont Dieu avec eux, ils n'en doutent pas alors que le pape le plus ordinaire lui ne parierait pas la bague de Saint-Pierre là-dessus. Sur le fait que Dieu soit au Vatican, du côté de la Grande Banque Catholique. En Europe, Dieu est versatile, un jour en Pologne, un autre en France, en Espagne… Dieu c'est bien, mais la liberté c'est mieux. Et puis il y a tellement de dieux et de livres saints, sur lequel jurer qui ne nous a pas déjà fait défaut ?

Éclairé par la lampe-tempête un bouquet de cactus improbables apparaît, posé sur une nappe de neige. Chaim n'a jamais vu ça, des cactus comme des arbres, avec des troncs velus, chacun supportant une trentaine de têtes épineuses. Celui du centre au tronc sans épines mais avec une sorte d'écorce mesure plusieurs mètres de haut. Dallas lui donne le panier, dedans des guirlandes, des boules des étoiles des anges et des pères Noël. Chaim se souvient de son enfance, ça fait longtemps. Sa mère tournée vers lui et qui lui demandait…

– Tu me passes une boule ?

Elle se met à rire. Il aime son rire. Elle ne rit pas comme une Américaine. Les Américaines sont insupportables et encore plus lorsqu'elles rient. Il choisit une rouge. Dans son miroir de sorcière, il revoit le jeune JFK et l'actrice française qui avait voulu des boules rouges pour faire Noël en mars. On lui en avait trouvé quarante douzaines, autant de roses. Chaim revoit la banderole en soie et strass : « JOHN FITZGERALD KENNEDY : FUTUR SÉNATEUR DU MASSACHUSETTS ». *Jack*, beau sourire et dents longues, la famille a un dossier sur lui. La famille a des dossiers sur tous ceux qui comptent ou compteront. JFK n'était pas débile, il savait que c'était les huiles de la mafia qui l'invitaient. Il était venu sans garde du corps. Il risquait quoi ? Le premier malin qui pointait son index sur lui était transformé en confetti.

… Ses mains sont glacées. Les femmes indiennes ou pas ont le sang froid, ça le rassure. Comparaisons, statistiques et chiffres sont là pour apaiser (et pour berner évidemment, le *mafioso* comme le *maestro*). Dallas continue de se moquer en sourdine. Elle est un peu dégénérée quand même. Un peu… Mais elle est jolie, elle le surprend. Elle a le sang froid sans être comme les autres. Son œil ce n'est pas si grave que ça, au bout de quelques jours on n'y fait plus attention.

On dirait une danseuse. Opéra de silence, livret de pensées timides, température hivernale sans plus. Elle va de cactus en cactus, gracieuse à sa manière, gracieuse comme une arme blanche.

Loin de Bethléem la beauté a muté mais elle est là. Vivante. Et aussi le mystère. Chaim contemple la femme, pas de musique mais son corps. Son corps présent, plus qu'une bagnole. Sur la pointe des pieds elle fixe un père Noël sur des épines, il a envie…

– Des boules, dit Dallas, il y en a dans le ciel, à Marfa… Des boules de lumière.

Elle pivote vers Chaim et avec les mains *dessine* un cercle d'une quarantaine de centimètres : « Dans le ciel, la nuit. Des ballons de lumière. Des gens ont peur et disent que c'est ça ou ça. Des lumières fantômes, des reflets. Moi je dis que je ne sais pas. Faut le voir. Un jour, on pourrait y aller. Même partir à cheval, au retour tu serais un vrai Indien… »

Un projet ? Ça va à Chaim, oui à cheval, *tous les deux*, pour les lumières de Marfa ou…

– C'est nos sapins, dit Dirk.

Chaim se tourne vers le vieux. Un cigare éteint aux lèvres, il a dans les mains un seau à glace avec une bouteille de champagne, trois coupes en cristal de Bohème.

– Au solstice on les décore et le 24 on allume les bougies. C'est beau si le beau existe… Des cactus des Galápagos, des *opuntia*. On m'a soutenu que ce n'était pas possible. Les gens ne veulent rien savoir des exodes et des exceptions. Je ne sais pas comment ils ont pu arriver là, ni comment ils ont pu s'acclimater. Mais nous, nous sommes bien là et nous tenons… Vous avez peint ?

Il pose le seau, tend les coupes à Chaim qui se débarrasse du panier pour les prendre.

– 1947, pinot noir, chardonnay, dit Dirk en enlevant le métal qui protège le goulot. Nos dernières bouteilles.

Nos ? Décidément c'est un drôle de bonhomme, pense Chaim. Le bouchon saute, encore des souvenirs. Du champagne, Chaim en a bu. Des caisses et des caisses. Dirk emplit une coupe qu'il tend à Dallas… Elle hésite puis s'en empare.

– À notre rencontre, dit Dirk en levant sa coupe.

Le champagne est vraiment froid. C'est agréable. Chaim se dit qu'il n'en boira plus, c'est paradoxal. Mais tout l'est à cette heure et ici. Un drame se joue, c'est sûr. Trois personnages, ça ne marche que dans l'affrontement et la séparation. Il y en a toujours un qui dégage. Toujours. Le vieux va dégager, il le sait et il le fête. Ça gêne Chaim parce que si le vieux dégage, ça veut dire…

– Elle vous a attendu toute la journée.

Dallas le dévisage, il se reprend : « On a cru que vous étiez parti… » Il rallume son cigare : « Et puis les chevaux vous ont senti. Alors… comme on attendait un roi mage… » Elle s'en va et Chaim en a assez de Dirk et de ses sentences, de son ton. Dirk est dans la main des maîtres chanteurs, qu'il se taise. Qu'il erre dans son laboratoire de la culpabilité. Chaim a faim, il finit de poser une guirlande. C'est étrange de s'occuper comme une femme. Il pense à Dallas sur la pointe des pieds, c'était bien. Il lève les yeux vers le plus haut des cactus. Il faudrait le décorer. Il se retourne vers Dirk. Il voudrait partir mais ce serait blessant. Il s'assoit à côté de Dirk sur le tronc mort, allume une Chesterfield.

Jaloux… Lui ?

Ils liquident gentiment la bouteille. Chaim voudrait qu'elle soit là. L'amour est une vérité, se dit Chaim, c'est pourquoi je me mens à moi-même. Il sait qu'il est coincé et qu'il va se faire manœuvrer, le vieux va lui écrire son rôle dans la comédie qu'il peaufine : « Tout n'est pas qu'un problème d'hormones. Prenons Goebbels. Il a fait mettre un anneau rouge à un coq. Dès qu'il a eu l'anneau rouge, le coq est devenu le coq numéro un de la basse-cour. Plus gros taux de fécondité, plus gros œufs. Qu'est devenu le coq ? Goebbels l'a mangé. Oui, absolument. Il avait de l'humour et il a compris avant tout le monde que les hormones ne suffisent pas, ni la testostérone. Il faut un détail en plus. Les pyjamas rayés, par exemple. Les femmes c'est encore autre chose… »

Chaim ne sait pas où Dirk va aller avec ce préambule. C'est vraiment un mec qu'il ne regrette pas de connaître. Et le coq à l'anneau rouge lui fait penser à la mèche d'un certain Chaim Chlebek… Mais lui n'a jamais pondu d'œufs ni gros ni petits. Heureusement ! Un père comme lui, ce n'est pas terrible.

– Elle me hait par moments, reprend Dirk. C'est normal, je suis insupportable. Mon côté vieux pédé insatisfait, mon côté schleu.

– C'est vrai que les espions ne sont pas faciles à vivre…

– Et les *mafiosi* ?

– N'en parlons pas.

– Je n'ai jamais été un grand espion.

– Mais un rouge convaincu.

– Un rouge c'est vrai. Maintenant c'est les Indiens. Une forme de gâtisme peut-être.

Il vide sa coupe, Chaim se dit : « C'est les trois coups avant que ça ne déborde. »

– Je vais léguer toute ma collection…

Chaim se raidit. Merde, le vieux va le baiser. Rajouter pour lui un codicille à son testament. Chaim n'a hérité de rien sinon des ennuis de la vie ordinaire, vengeances, dettes, maladies vénériennes. Et là, il changerait de registre ? Il ne veut pas. Il n'a pas quitté la mafia pour une autre famille et une autre loi.

– Il faudra la transporter.

Donc lui Chaim vient d'être nommé convoyeur ? Il pourvoira en souvenirs la sanguinaire rébellion des Nez-Percés ou des Patates Creuses ?

– Ça ne vous plaît guère…
– J'aime bien comprendre. Je n'aime pas qu'on…
– Vous manœuvre ? Vous avez raison.

Dirk se lève : « J'ai réuni une collection assez rare, unique même. Et je veux que ça soit les Indiens qui en héritent. Je suis en contact avec un groupe révolutionnaire. Ils veulent lutter. Mais aujourd'hui pour gagner il faut communiquer. Qui a fait passer Hitler pour un végétarien, donc quelqu'un de pacifique ? Son service de propagande, mais je m'égare.

Sacrément ! Dirk ne veut pas se rendre compte que les Rouges sont devenus des Blancs de deuxième classe, pas mieux.

– J'ai un document à haute valeur symbolique, le testament de Geronimo. Il demande de reprendre la guerre. Vous imaginez ?…
– Truman et McCarthy vont accorder un État aux Indiens ? Même pas un kilomètre carré en Alaska. Rien. Et puis il n'y a pas de nation indienne. Il y a des Indiens. Mais enfin, vous connaissez, moi pas.
– Vous ne croyez en rien ?
– Croire en quoi ? Vous n'étiez pas en Europe entre 39 et 45. Non plus après la guerre. Vous n'avez pas vu, pas entendu. Vous savez qui a gagné la guerre ? Les collabos, les réactionnaires et la mafia. Voilà les gagnants. Les Indiens ont perdu il y a longtemps.

Chaim se lève, il est presque en colère. Un homme comme Dirk aurait pu éviter de s'enflammer pour une cause qui n'était pas la sienne. Il aurait dû rester à sa place. Pensant à ça, Chaim se dit qu'il exagère. Est-ce que lui est resté à sa place ?

– Vous me payez un Red-White, dit-il à brûle-pourpoint. Et pour le transport du legs, si je suis encore dans la région…

Chaim ramasse les coupes, le seau. Ils reviennent vers le ranch. Il se fera un sandwich, il boira du Red-White. Dirk lui montrera le testament de Geronimo, écrit en anglais et en navajo. Certifiera qu'il a été authentifié. Évidemment, il l'aura sortie du coffre *sa bombe.* Il rêvera à haute voix devant le papier jauni. Il rouvrira la mer Rouge, le peuple élu trouvera sa terre d'asile pour y planter ses totems. Chaim regardera en douce une photographie de Dallas à cheval, songeuse et si libre, singulière et hors du temps.

Le sentiment fugace que la quête du Graal peut se confondre avec celle toute simple du bonheur.

Il se fera une bière et une omelette à l'aube et au lard. Complètement sorti du train-train du réel. Ce fameux *réel impossible* comme disait Meyer Lansky. Qui se plaignait toujours de souffrir des pieds, allait aux galas de charité en pantoufles parfois. Pour son réel de trésorier de la mafia et de prospecteur en génies, il avait rencontré Laurent Schwartz à Harvard. Il avait été enchanté par cette rencontre et disait que si un comptable comprenait un peu *ça* (la théorie de la distribution et les mathématiques quantiques) et qu'il l'appliquait aux comptes, on transformerait les créances en avoirs. Les zéros en millions. Pour Meyer Lansky, Einstein et Schwarz avaient prouvé que seules les mères juives et le hasard gouvernaient l'univers. Mais pourquoi les blondes avaient-elles des caniches ? Ça il fallait être un *trombènik* [1] ou un *talmid h'ouh'èm* [2] pour oser répondre.

– Tu veux parier avec moi, Chaim Chlebek ?
– Avec toi, même une calculatrice perd, très intelligent Meyer Lansky. Qu'est-ce que tu veux parier ?
– Que si tu cherches, tu trouves.

En conséquence Chaim a trouvé une échelle et a décoré le cactus géant. Il était content comme un enfant et est allé dormir,

1. Yiddish : fanfaron, charlatan.
2. Yiddish : expert en Talmud.

des épines dans les fesses. Il avait envie d'ouvrir la porte de la chambre de Dallas pour parler ou même pas, pour rester avec elle comme des copains, enfin ce n'est pas ça… Elle le calme, elle lui change le monde de place. C'est marrant une femme quand même, c'est un peu comme les mathématiques quantiques, on ne les comprend pas mais… Chaim s'abandonne au sommeil. Il pense que l'homme a besoin de théories. Il lui faut des théories, absolument, pour alimenter sa course infernale. Il ne veut pas voir que tout peut s'écrouler d'un coup. Tous les siècles, les pensées, les rêves. Par manque d'amour et de désir. Cette pensée aveugle Chaim comme un grand éclair, l'être a besoin de se reproduire non par le biais d'expériences conduites en laboratoire mais dans la rencontre physique avec l'autre. Besoin de l'autre pour tenter non pas de casser l'atome mais de le diviser, pour faire de deux, trois. C'est peut-être ça le but suprême. Tout homme veut son pays, chaque pays a ses frontières. Ça rassure l'homme. Pas de pays sans *un autre* pour le partager, pas de pays sans graine et sans blé. Et donc pas de pays sans hormones ! Chaim pense au coq de Goebbels, quel anneau *magique* lui faudrait-il pour faire oublier sa gueule cassée ?

Chaim pense que Dallas contredit la théorie du *réel impossible* de Meyer Lansky qu'il faisait sienne jadis. Dallas change le réel, elle le rend possible. Dallas l'Indienne à l'œil de verre est une sorte de bombe atomique à fortes radiations. Il n'arrive pas à s'endormir et se souvient de sa rencontre avec Jack, JFK. C'était sur un bateau dans le port de New York loué par le clan Luciano pour fêter la future campagne de JFK dans le Massachusetts. Une galère rouge était apparue immobile dans le brouillard, comme sortie du *Voyage au bout de la nuit.* Ce n'était pas une illusion, c'était un bateau-restaurant, un thé dansant. JFK louchait sur les seins de l'actrice française Martine Carol.

– Comme il est catholique et riche il se punira en épousant une brune maigre. Par culpabilité, a dit Frank Costello à Meyer Lansky et à Chaim avant de rejoindre le beau gars de Boston et l'actrice en rouge.

– Depuis qu'il voit un psy il est plus psy que son psy, a marmonné Meyer Lansky à Chaim. Heureusement qu'il ne voit pas un boucher, on serait déjà tous découpés.

Le saxophoniste était doué, la chanteuse avait des seins et une belle bouche. C'était nécessaire dans sa spécialité. Elle chantait du jazz, sa spécialité c'était la pipe.

– Le jazz c'est une invention des Blancs pour baiser encore plus la gueule aux nègres, a dit Meyer Lansky à Chaim. Le jazz aux nègres, tout le reste aux Blancs. Dans cinq ans ou même avant le jazz ça rapportera des nèfles par rapport à ce qu'on va faire avec des guitares électriques et des petits pédés bourrés d'héroïne.

La chanteuse s'appelait Loretta. Elle avait commencé avec *Beautiful Britons* [1], elle avait même fait la couverture (« *packed with pin-ups* [2] ! »). Chaim aimait baiser avec elle, elle faisait bien semblant.

Loretta a dit que Jack était bien équipé parce qu'il avait une maladie des glandes surrénales et donc ça les lui gonflait.

– C'est elle qui gonfle, a dit Frank Costello. Ce petit gars a juste la maladie d'Addison. Ça tue en protégeant de la douleur.

Il a ajouté à voix basse : « On ne peut pas le tenir par le fric, mais par le cul oui. Le cul le fric la mort. La consubstantiation. J'ai fait établir son thème astral. Planètes principales : Neptune Vénus Saturne. Signes : Taureau Gémeaux Cancer. Maison 8 : cul et passion de la transformation. Traduction : il est attiré par la transsexualité mais choisira finalement l'épicerie en gros. C'est un démocrate mais il est copain avec McCarthy. C'est donc un démocrate de droite : les meilleurs.

1. Magazine de *charme*.
2. « Plein de *pin-up* ! »

JFK et Martine Carol les ont rejoints, ils ont bu du champagne. Meyer Lansky a remis un chèque de 250 000 $ à JFK pour sa campagne. Un chèque de la banque JPMorgan. Titulaire du compte : *L'association des citoyens démocrates pour la candidature de John Fitzgerald Kennedy au poste de gouverneur du Massachusetts…* Long intitulé pour décomplexer ceux qui encaisseraient le fric. Martine Carol a demandé à Frank Costello et à Meyer Lansky quels étaient leurs secteurs d'activité.

– Un peu tout, a répondu Frank Costello.
– Ici et là, a poursuivi Meyer Lansky. Sans discrimination.
– Et vous ? s'est-elle enquise en se tournant vers Chaim.
– De l'import-export… Je bricole.
– Ces messieurs sont en quelque sorte des relations de Lucky Luciano, a susurré JFK.
– Mais c'est un parrain, s'est exclamée Martine Carol, enthousiasmée. Alors vous êtes de la mafia ?
– Nous sommes des hommes d'affaires, a dit Meyer Lansky.
– Mais c'est quoi la mafia exactement ? a continué Martine Carol. Ça existe ? C'est comment ?
– Un cadavre exquis bien vivant, a proposé Chaim pour tirer ses amis de l'embarras.

Tout le monde a rigolé.

– Est-ce vrai, a demandé JFK à Martine Carol, que Maurice Thorez a dit que le cinéma américain imposait la mafia comme modèle ?
– C'est qui Maurice Thorez ? a questionné Frank Costello.
– Le chef du Parti communiste français, a répondu Martine Carol…

Frank Costello s'est signé.

– Et il a dit « faisait du gangster » un modèle, a poursuivi Martine Carol, ce n'est pas exactement pareil…

Chaim s'endort. Adieu Jack, adieu Martine, adieu Loretta. Il a tué Bobby 5 As. Perdu sa Nash. Il cherche une femme… Dallas Tsosie, née le 3 octobre 1930 entre Indian Wells et Wide Ruins (Arizona).

Une sirène, une sirène de flic. Dans la cour, pas dans le rêve. Chaim se redresse. La porte s'ouvre. Dallas entre et pose un pantalon sur le lit. Elle se verse quelque chose dans les mains, frotte celles de Chaim dans les siennes. C'est agréable, ça sent bon. Elle ne porte pas de soutien-gorge, ça se voit. Elle sort en s'emparant du pantalon (maculé de peinture noire) que portait Chaim la veille, revient, jette sur le lit un rouleau de billets et dit peu amène : « Plus de mille dollars dans la poche, volés à qui ? »

Elle a pensé à la peinture sur le pantalon et à l'odeur d'essence, ce n'est pas n'importe qui. Elle sait réfléchir. Par la fenêtre Chaim voit l'ombre et l'arrière de la bagnole du shérif. Il est dans les cordes. Il doit jouer la comédie mais ça marchera. Le shérif ne peut rien prouver.

Chaim allume sa cigarette en sortant sur la véranda. Au froid soleil d'hiver, le shérif Nick Corey est assis sur l'aile de sa Chevrolet, moteur en marche, phare rouge allumé, portière conducteur ouverte (on entend la radio sur la fréquence de la police). Juste une nature morte au Texas à l'époque des rois mages. Voyant apparaître Chaim, le shérif le salue d'un mouvement de la tête, il fume lui aussi. Il a les mains tachées de peinture noire… Chaim *devine* Dallas qui le rejoint silencieuse, il apprécie. C'est précieux d'avoir un allié derrière soi.

Chaim descend de la véranda, s'appuie à la rambarde qui la ferme. À quelques pas de lui, le shérif hoche la tête, se débarrasse de son mégot. Il roule dans la poussière, comme une fin de non-recevoir. Le shérif contemple le pays alentour : « Sacré pays quand même… » Il dévisage Chaim : « T'es d'accord ? »

– C'est sûr, shérif.

– Ça te change de Broadway… Remarque, il s'y passe de drôles d'histoires. Toi tu t'y connais en histoires… Pas vrai ?

– C'est sûr, shérif… La vie en réserve des surprises.

– Comme tu dis…

Chaim se demande comment le shérif Nick Corey va aborder le sujet qui le tracasse, *le sujet de la peinture noire*. Le shérif hoche la tête et se lance : « Alors… alors cette nuit le vieux Moïse, Moïse Brendon, a entendu la bécane et puis plus rien. Il s'est levé pour se soulager et par la fenêtre il a vu cette voiture noire rouler en silence. La voiture a continué d'avancer jusqu'au moment où elle est rentrée dans le pare-chocs de la Dodge de l'institutrice, un sacré morceau entre nous. »

Chaim a l'impression que le shérif Nick Corey joue le rôle du shérif pour une caméra cachée mais il a les mains noires et les cartes dans ses mains noires.

– Le klaxon de la voiture noire s'est déclenché, une Mercury au fait. Verte d'origine. Quand je suis venu, il y avait un homme mort affalé sur le volant. Je l'ai redressé pour faire taire le klaxon mais j'avais les mains pleines de peinture noire et pas que les mains… De la peinture noire toute fraîche.

Chaim écrase son mégot, le ramasse et le met dans sa poche, le shérif n'en revient pas. Pourquoi un type ramasserait son mégot, ça serait la mode à New York ? Il se perd en conjectures et ne peut pas voir Dirk dans l'écurie, avec sa Winchester. Il n'a pas des yeux dans le dos comme on dit au Texas mais il dégaine lentement son revolver, l'examine songeur. Chaim, en connaisseur, reconnaît un Smith & Wesson, tout neuf, un Thunder Ranch Model 22. Le shérif Nick Corey lève les yeux vers Chaim pour marmonner : « Belle arme, non ? Ça tire du 45 ACP, je sais c'est une munition lente mais à quelques mètres, j'arrête un rhinocéros. Alors un petit homme comme vous et moi, je n'en parle pas… J'en étais où ? Ah oui ! Sacrée mise en scène ! La voiture peinte en noir et le mort qui avait son nom épinglé au revers de sa veste : Jorge… Blanc comme un navet oublié dans un champ, plus une goutte de sang. Il est tombé sur un type très méchant. À mon avis une histoire de vengeance. Mais pourquoi la peinture noire ? Tu sais ça, toi Chaim ? »

– Parce que ça va bien aux morts…

– Ah oui, tu dirais ça… Et le petit loup ?

– Il s'amuse, répond Chaim, de ci, de là. Un petit loup, quoi.

Le shérif acquiesce, remonte son Stetson et dit en se levant : « Vous étiez par là cette nuit tous autant que vous êtes ? »

– On a décoré les cactus, dit Dirk, qui sort de l'écurie.

– Ah les cactus…

Le shérif Nick Corey s'approche de Chaim : « Tu sentirais pas un peu l'essence, des fois ? L'essence pour nettoyer la peinture… »

– Moi ? Non…

– Et la grippe, tu l'as ? Que je m'infecte pas.

– Non…

Le shérif prend les mains de Chaim, les hume et fait la moue : « Ça sent la femme ? C'est quoi ça encore ? » Chaim se tourne vers Dallas qui nettoie le Browning. En Levi's et chemise d'homme, elle est adossée au mur et lui rend son regard. Sacrée fille, pense Chaim qui lui demande ce que ça sent. Elle répond en navajo, une longue phrase qu'elle traduit : « Le chèvrefeuille. » Ensuite, elle s'occupe du fusil.

– Le chèvrefeuille, répète le shérif Nick Corey en toisant Chaim. Elle te parfume, j'aurai tout vu…

– Un café et des crêpes avec nous, propose Dirk au shérif Nick Corey.

– Ça serait pas de refus mais une maison s'est incendiée toute seule cette nuit. Elle appartenait jadis à un droguiste de Marathon… Y était entreposé un stock de peinture.

Il se tait, regarde Dallas, Chaim et Dirk : « Je suis débarrassé d'une fieffée épine dans le pied… Ce Jorge ! Un tueur, un maquereau, un… Mais il ne faudrait pas que ça devienne une habitude de saigner les gens. Au fait il sera certainement enterré au bled, si la cérémonie vous tente. » Il se baisse et cueille son mégot, hausse les épaules, s'installe au volant, passe en première, fait demi-tour. La Chevrolet s'éloigne en soulevant de la poussière.

Plus énigmatique qu'une statue de l'île de Pâques, Dallas sort les cartouches qu'elle avait engagées dans la culasse. Calme et froide. Chaim la dévisage, puis Dirk. Ces deux-là jouent dans un western, c'est sûr. Si le shérif Nick Corey avait voulu plaisanter en arrêtant Chaim ou en dégainant son artillerie, est-ce qu'ils auraient pris la défense de Chaim ? Là, c'était parti pour le pire : depuis l'écurie, Dirk l'Apostat aurait tiré et Chaim l'Apatride se serait trouvé dans la ligne de tir, exposé à la balle de Dirk et à la riposte graduée du shérif Nick Corey, une salve de 45 ACP. Et en guise de final, derrière lui, Dallas Un Seul Œil pouvait envoyer la sauce… Deux cartouches de .12 à trois mètres, ça fait des éclaboussures.

– Vous avez parlé de café et de crêpes, Dirk, c'est vrai ?
– Pas du tout. Il faut parler comme ils attendent qu'on parle. Ici au Texas, il faut jouer la comédie du Texas… Au fait, très bien l'étoile tout en haut du cactus, il manque le petit Jésus.

Il revient vers l'écurie, s'arrête pour montrer un oiseau qui plane : « Une buse des Galápagos, il y en a deux à ma connaissance. La question de l'œuf et la poule… Qui en premier, la buse ou le cactus ? » Dallas entre dans la maison. Chaim est décontenancé, ils le prennent pour qui. Il entre derrière l'Indienne qui a un seul éperon à la botte droite, la fameux bruit du mille-pattes à la jambe de bois. La paire ça ne lui va pas, se dit Chaim. Un seul œil, un seul éperon, un seul fichu caractère. Il aime bien ce bruit de paire et manque, ce bruit de paire cassée. C'est érotique, presque. Enfin à condition de ne pas le dire en public.

Dallas va raccrocher le fusil. Il déniche du café encore chaud dans la cafetière, pas la queue d'une crêpe. Il entend les sabots d'un cheval. Dirk va relever le courrier de ses racketteurs. Elle sort du couloir. Leurs regards se croisent, elle hausse les épaules, disparaît. Il avise les journaux sur le téléviseur. Il se sert. Entre dans *sa* chambre, celle de l'Indienne. C'est le bordel, elle pourrait ranger un peu. Le poêle est froid. Il déplie un journal. Démonte le tuyau du poêle, fait tomber la suie dans le journal, des souvenirs de dèche il en a. Il remonte le tuyau, elle ne mourra pas dans son sommeil. Elle s'est occupée de son pantalon, lui de son poêle. C'est réglo. Il reste là, il ne sait pas pourquoi. Il regarde les petits cailloux sur la commode. Ils sont rangés en escargot. Qu'est-ce que ça veut dire ? Encore un de ses trucs de *medecine woman* ?

Il allume du feu, elle est frileuse. Son café est froid. Il le boit contre le poêle, en fumant une clope.

Comme d'habitude elle arrive sans bruit. Elle doit avoir un moteur atomique, elle ne pipe pas et le toise, sévère. Chaim se sent comme avec sa mère : « Tu me reproches quoi ? Tu oublies qu'il m'a démoli et qu'il voulait… »

– Je ne t'ai rien demandé. Tuer un homme, ça va encore. Mais la peinture noire, c'est pas possible.

– Allez, c'était un mec de trop et voilà on n'en parle plus.

– Je parle quand je veux parler. Et on fait pas ce que tu fais aux morts.

– Geronimo, il tuait comment, avec des biscuits à la cuiller ? Quand on tue on tue, c'est tout.

– La mort existe. On joue pas avec, on se moque pas d'elle.

Chaim est troublé : « Je voulais… Je voulais faire le deuil. Marquer le coup pour lui et pour moi… » Il se tait, ce qu'il dit c'est… C'est juste idiot. Il ne sait pas quoi faire, charge le poêle.

– Laisse-moi, dit-elle. J'ai pas besoin de toi. Va peindre le pays, oublie rien, ni les cactus ni les vaches… Allez, pars ! J'en ai marre de toi.

Ça le rend furieux : « Me parle pas comme ça ! » Il pourrait fracasser la gueule de… Tous les buter ! Il avise les petits cailloux. Il en prend un et l'avale. Il se met à tourner autour de Dallas : « Me parle pas comme ça, je suis pas un chien ! » Sans s'arrêter, il prend un autre caillou, et l'avale. Il tourne, veut parler, mais il est trop en colère. Complètement rayé, il tourne. Tourne comme un disque oublié sur l'électrophone. Prend un caillou et l'avale. Il tourne, tourne et…

– Arrête !

Il cesse de tourner, la dévisage avec une innocence si évidente (si sincère et *enfantine*) que Dallas ne sait plus quoi penser…

– Tu es fou, s'écrie-t-elle, tu fais chier d'être fou !

Elle sourit, s'esclaffe : « Qui peut faire ça ? » Elle devient grave : « Respecte la mort, sinon… » Elle s'assoit sur le bord du lit, cache son visage dans ses mains. Courbée sur des souvenirs, des tourments. Il s'assoit à côté d'elle, pas trop près pour ne pas être gênant. Mais il veut être là. Il a enlevé la suie, il a allumé le feu, il a mangé les cailloux. Et il est là. Son œil absent pleure et ça le prend à la gorge. L'œil de verre pleure à la place de celui qui a disparu. C'est tragique et unique comme cette femme.

– C'est des pépites d'or, dit-elle, un porte-bonheur.

Il regarde sa paume gauche. La cicatrice laissée par la morsure du scorpion ne s'est pas enflammée. Les vieilles Siciliennes sont de vieilles peaux. Des radoteuses et des charlatanes.

– Qu'est-ce que tu regardes ? demande Dallas.
– Une vieille piqûre de scorpion.

Elle examine la cicatrice. Ce simple rapprochement le fait… triquer ! Il est devenu sentimental, il n'a plus qu'à se mettre à la broderie. Dallas allume une cigarette et parle en navajo, se tait et rougit.

– Parle en anglais, lui conseille-t-il en polonais.
– Faut que tu les chies, sinon tu vas attraper la mort.

Elle rit, pose sa tête sur l'épaule de Chaim, se redresse : « C'est Hardy qui me les a offerts. Il est capable de beaucoup de sorcellerie quand il est ivre. » Elle se recoiffe d'une main, agitant un bracelet fait d'une chaîne décorée d'une ampoule de lampe de poche, de transistors, de crocs jaunes et d'un personnage en métal, un joueur de flûte bossu et pourvu d'un membre… Un bijou mystérieux, drôle, plein de vie et de promesses. *À part.* Entre le passé, le présent et le futur.

– L'ampoule c'est pour voir en enfer, les transistors pour entendre… Tu sais ce que c'est ?
– J'en ai entendu parler.
– C'est un ingénieur de chez Bell qui me les a offerts parce que je l'avais dépanné. C'est marrant… Non ? Toutes les radios ça va être comme ça. Tu y crois ?… La chaîne c'est un bout de la chaîne de ma première Indian.
– Et ça sert ?
– À me faire plaisir. Le caoutchouc c'est du pneu.
– D'Indian ?
– D'une Chevy que j'ai ratatinée.

Elle rit, elle lui fait un effet. Du 45 ACP trop rapide.

– Les dents c'est celles d'un loup, ton allié et le mien… Oui on le partage. Et lui c'est Kokopelli… Elle est comme ça la tienne ?

Elle caresse la… que le bossu dresse devant lui comme une canne blanche.

– Faut voir, répond Chaim.

Elle rit à nouveau, il adore son rire. C'est pas explicable mais ça peut causer des ennuis…

– Faut s'occuper de tes pépites.

Elle ramasse sa casquette des *Diablos Rojos*, passe son Perfecto, quitte la chambre. Elle a une allure drôlement bath, faut pas se le cacher. Dans le couloir, elle décroche le Browning, prend des cartouches. Lui coiffe une casquette des *Pericos de Puebla*, en provenance du Magnifico sûrement. Il la rattrape dans la cuisine en train de mettre de la confiture sur une galette qu'elle plie en deux. Elle lève les yeux et la lui tend. Il la prend, même s'il ne mange jamais de la confiture à l'orange. Il goûte, c'est bon…

– C'est toi, c'est toi qui l'as faite ?

Elle hausse les épaules, s'en va vers l'écurie. Elle selle son Quarter Horse, enfonce le fusil dans l'étui de selle. Il se souvient des cavaliers qui venaient vers lui pour le tuer. Il vit. Il faut qu'il en profite. Il s'occupe de -Ieezh. Il voudrait faire bien, réussir. Le bel appaloosa est calme. Son cuir est ferme, agréable. C'est mieux qu'une bagnole. Il ne regrette pas sa Nash. Pas de vidange. Sans parler des freins. Ça lui fait plaisir ces gestes utiles, mesurés. Ce travail simple. De l'ancien temps, avant la bombe. Elle vient vérifier si la sangle de selle est assez serrée, elle l'aide pour les mors et la bride. Ils sont très près l'un de l'autre, il voudrait la toucher mais il doit être loyal avec Dirk.

– C'est un bon cheval, il t'amènera toujours où tu veux. Tu veux aller où Chaim Slebek ?
– Chlebek.
– Chlebek… Où tu veux aller, Chaim ?
– Là…
– Là ? À cheval ?

Elle lui plaît. Mais attention elle est mariée même si c'est un mariage *arrangé*. Elle le regarde. Chaim détourne les yeux. Elle sort de l'écurie en tenant son cheval par la bride. Il la suit. Ébloui par un grand soleil surprenant il l'aperçoit dans une auréole de lumière monter en selle gracieusement, lui moins. Dallas siffle.

Ça marche, ça se met en route. De dos, elle lui conseille de se laisser aller, d'épouser le mouvement du cheval. Il est excité d'apprendre, de faire. Il se sent libre, bien plus qu'avant.

Ils traversent la cour dans la direction opposée à la piste qui conduit à la boîte aux lettres, à Alpine, Marathon et Fort Stockton. Un chemin que Chaim n'avait pas remarqué, à peine carrossable et peu pratiqué. Pas de traces de pneus. Quelques empreintes de sabots et eux deux. Deux cavaliers qui se suivent en file indienne. Il a envie de chevaucher à côté d'elle. D'être deux, animal contre animal. Il essaye d'accélérer l'allure de son cheval qui passe au trot. Ça le surprend. Il dépasse Dallas. -Ieezh se met à galoper, à la suite d'une erreur de conduite. L'impression de descendre une piste de ski les mains ligotées. Ça va drôlement vite. Dallas arrive à sa hauteur, se penche vers lui, parle à l'oreille de -Ieezh, tire sur les rennes, ça freine.

– Doucement, dit-elle, doucement tu auras ce que tu voudras sans…

D'un petit mouvement des poignets, elle fait démarrer sa monture. Chaim siffle. -Ieezh démarre à son tour, Chaim est très content.

– Tu veux que je t'apprenne, *cow-boy* ?
– Oui bien sûr.
– Que je t'apprenne quoi ?

Elle rit : « Le cheval ? »
– Le cheval oui.
– Tu es bon élève ?
– J'essayerai.

Ils vont, cheval contre cheval. Il voudrait être plus près, corps contre corps. Pas plus. Pas nu, juste sentir sa cuisse. Il regrette que sur le lit il n'ait pas… Il aurait pu serrer sa cuisse contre la sienne. Il voudrait lui demander si elle aime Dirk. Mais ça ne se fait pas…

– Comment s'appelle-t-il ? Ton cheval ?
– *Tacheene*… Terre Rouge.

Elle le manœuvre et vient tout contre Chaim et -Ieezh. Par moments il sent sa cuisse. Ça le fait souffrir, c'est comme avoir soif en buvant. Ce n'est pas normal. Le voilà névrosé comme Frank Costello. Il sent un déficit entre ce qu'il a et ce qu'il veut et qu'est-ce qu'il veut sinon la femme d'un autre ? Ça ne se fait pas et ça se termine mal. Il le sait. Mais il voudrait quand même. Merde ! Il va disjoncter. Il ne peut pas avaler des pépites sans cesse. Pourquoi pas des flingues ou des téléviseurs ? Il tousse, s'éclaircit la gorge comme un putain de mauvais acteur et parvient à balbutier *qu'il aime bien*.

– Quoi ?
– Être comme ça… Tous les deux.

Des petites phrases, quelques mots, mais ça pèse sur eux. Ils sont pris dedans. Il n'y a pas que les tirades ou les rafales pour faire un drame. Ils cheminent en silence comme des points de suspension et puis elle dit : « On peut rien faire avec un gangster. Rien construire, rien croire. »
– Je ne suis plus gangster.
– Ah bon…

Pas rester dans ce rien. Il faut percer le front, lancer l'offensive et gagner. Il faut abattre ses cartes : « J'ai de l'argent. Beaucoup, en dollars. Facile à écouler partout dans le monde. Où on veut. »
– Oui… Et alors ?
– La belle vie, répond Chaim perdant pied. Les robes que tu veux… C'est quoi pour toi la belle vie ?

Elle le regarde comme si elle ne comprenait pas. Dallas ce n'est pas Loretta, ni Martine Carol. Il aurait dû lui faire un joli cadeau ou lui montrer carrément le pactole. Pour qu'elle sache comme c'est beau le fric, toutes ces liasses, tous ces rêves.

– Tu l'as volé ?
– … Oui.
– Ça porte malheur. Comme la peinture noire, ça va avec.
– L'argent, c'est bien. Tu ne peux pas dire le contraire. Tout se paye, tout s'achète.

Ce n'est pas son avis, mais elle se tait et ça excède Chaim : « Tu veux que je le jette ? » Elle ne répond pas.

– Tu veux quoi ? Dis-le.

Elle presse l'allure de son cheval : « Reste sur la piste, tu nous trouveras. »

Il arrête -Ieezh même pas content d'y être parvenu. Descend de selle, donne une tape sur le flanc de l'appaloosa qui part au trot rejoindre l'Indienne et ses chimères. Gangster, ça plaît à tout le monde, sauf à elle. Et s'il y a des gangsters c'est qu'il y a des banques, des flics et des interdictions. Ça le rend amer de la voir s'en aller, il voudrait tout autre chose. Mais se sent incapable d'avoir ce qu'il veut. Tout ce qu'il fait c'est peindre les bagnoles en noir pour les transformer en corbillards. Dallas disparaît comme une belle histoire. Une histoire qui échappe à McCarthy et à Lucky Luciano, celle de *la vie intérieure*. L'ennemi des flics et des voyous. Dallas ne s'échange pas contre du fric. Elle se moque du libre-échange, de J.K. Galbraith comme de Milton Friedman. Du fétichisme monétaire de Karl Marx. Elle a son propre fétichisme, son bracelet, ses plantes médicinales, ses oiseaux magiques. Elle pense autrement. Elle ne connaît pas la mafia. Elle connaît le désert, les montagnes, les chevaux. Elle est libre, en tout cas plus que Chaim. Lui ne veut pas faire une croix sur le fric, ne peut pas. Il y en a largement assez pour vivre toute une vie à deux, tant pis. Il le claquera seul. En prenant le fric, il pactise à nouveau avec Lucky. Il échange sa vie intérieure contre de l'argent, tant pis. Il s'en est passé pendant trente ans. Il fera sans. Un monde sans fric, ce n'est pas possible.

Il pense à elle, il la voit chanter avec son soutien-gorge. Il a envie d'être avec elle, à cheval. Envie qu'elle lui apprenne à monter. Tous les deux, quoi. Elle lui plaît mais c'est trop cher. Il faut qu'il tourne le bouton. Qu'il fasse le silence sur elle. Qu'il l'oublie. C'est possible. Il sait le faire. Oublier, il n'a fait que ça depuis qu'il est né.

Il ouvre la portière du pick-up, la referme. Il traverse la cour. La grande pièce, le couloir. Il ouvre la porte de *sa* chambre, regarde une dernière fois… Il charge le poêle voilà, elle aura pas froid une dernière fois. Parce qu'il part et il sait qu'il ne reviendra pas.

Dans la devanture du salon de coiffure pour hommes de Fort Stockton, une affiche : « *This is America, Keep It Free*[1]. » Chaim pousse la porte encadrée par deux poteaux rouge blanc bleu. Le coiffeur lit le journal assis dans un de ses fauteuils. Il lève les yeux, voit Chaim dans les glaces. Sans se retourner, il dit qu'il va fermer. Il le prend pour un Indien, un communiste ou un nègre. Chaim ne veut pas lui prouver ses quartiers de pur blanc 100 % blanc de blanc. Il fait quelques mètres, achète de la Javel au Koehler's Store, des cigarettes. Pousse jusqu'à l'armurerie Eisen & Son. Un Colt 45 et deux chargeurs. Une boîte de munitions. Le poignard là. Une lampe torche. Il paye, sort avec la marchandise emballée. Croise un type aviné qui marmonne : « En Corée tout de suite pour lessiver les macaques ! »

Bon programme, pense Chaim, ils vont se mettre au riz et perdre leur bide. Il s'arrête devant « Zero Stone », la pierre zéro, posée en 1859 par les *géomètres arpenteurs*. Il faut bien une origine et c'est ce petit bout de caillou qui sert à mesurer tout l'ouest du Texas. À chaque civilisation sa pierre de Rosette, son Graal et son sens du vertige.

Une vache passe comme en Inde, indifférente et sûre d'elle, ça change des bagnoles.

1. « Ça, c'est l'Amérique. Gardez-la libre. »

Il boit une bière au Grey Mule Saloon. Attendre la nuit. Connie le sert. La toile de son pantalon moule sa vulve au point que Chaim se demande si en fait on ne lui a pas peint un pantalon sur la viande. Les rares clients font semblant de ne pas le voir. Penser à rien si possible. Tout rentre dans l'ordre, se dit Chaim. Le sale ordre de la raison et de la loi. Un client veut que Connie chante avec lui l'hymne des Marines, elle veut bien. Ils attaquent en canon. Ça va comme ça ! Chaim paye, sort. Le ciel est rouge et blanc comme du Red-White. Pas un seul péquenot. Un chien. Un cheval attaché à un réverbère. Un vautour tombe du ciel et s'écrase sur la chaussée, comme jeté. Ça semble normal ici. Une épluchure, pas plus. Chaim rote la bière du Grey Mule Saloon. Il n'aura qu'à boire de la Javel pour digérer. La Javel il l'a achetée pour désinfecter les pépites une fois qu'il les aura chiées. Il les enverra par la poste. En recommandé. Oh puis, il ne sait pas. Des femmes qui aiment le fric, ça abonde. Il y en a des viviers pleins. Et lui, il tombe sur celle-qui-se-fout-du-fric ! Ce n'est pas de la chance, ça ?

Il a fait des efforts ! Tant pis. Fin des Indiens. Leurs coutumes, les appaloosa, les plumes et les pow-wow : *finito* !

Il taperait bien sur une tête. Il chercherait bien des ennuis à un mec s'il n'était pas en stand-by pour passer au Mexique. Derrière une vitre, il voit un coquelicot improbable. Fragile il s'incline vers la nuit. Ils sont revenus vers lui, les coquelicots du Mont Cassin. Il était allé se recueillir sur sa tombe, voir ce que c'est d'être mort. C'était au début de l'été 48. Des coquelicots il y en avait. Partout poussés sur les os. Il avait eu du mal à trouver sa tombe. Il avait eu un sacré choc. En la découvrant. En lisant son nom : Ryszard Morgiewicz, 1920-1944. Il ne pouvait plus la quitter. C'était un spectacle qui le dévorait. Une veuve pleurait son mari, ou c'était peut-être son frère. Un garçonnet blanc comme de l'argent l'attendait en faisant rouler sa voiture sur sa cuisse. C'était affreusement triste et banal. Chaim portait des lunettes de soleil pour que les morts ne le reconnaissent pas. Il était enterré et vivant, il jubilait dans sa honte. Pauvre type quand même. Un car est arrivé. Des Polacks, un curé et ses enfants de chœur. Ils se sont mis à chanter. Ils montaient vers le Seigneur et les pierres gravées pour honorer ceux qui étaient tombés sans drapeau pour une patrie qui n'existait même plus vraiment. Chaim s'en était allé d'un autre côté. Il avait ôté ses lunettes machinalement et entendu à cet instant : « Ryszard ! Ryszard ! » C'était Jacek Rzepiak. Blessé trois ou quatre jours avant que Chaim Chlebek ne meure, il l'appelait en souriant au bras d'une jolie Polonaise. Et Chaim n'avait jamais baisé une Polonaise, une Polonaise en Pologne, une Polonaise qui aurait parlé en polonais après les caresses. Il aurait senti dans sa chair sa propre chair, l'essence de l'existence. Chaim était furieux et presque malade de rage, de dégoût. Il avait envie d'écraser la gueule de Jacek Rzepiak. Mais il ne pouvait pas. Il s'est enfui. Et là derrière la vitre, pour défendre le coquelicot, un vieillard braque sur lui un fusil Remington. Il parle. Chaim ne l'entend pas. Il connaît les vieux qui tremblent et les fusils à pompe.

Il part sans traîner, il a du mal à se séparer des coquelicots, à oublier sa tombe… *Avec leur drapeau rouge et blanc qu'ils ont planté sur les ruines dans les nuages.* Dallas se mêle aux souvenirs du passé et aux ruines du fort. Pour une fois qu'une femme lui plaît vraiment…

Il entre en colère dans l'église de style espagnol. Le narthex transformé en entrée ne dispose pas de crachoir ni de porte-parapluie mais d'un meuble conçu comme une bibliothèque, on peut ranger son Stetson dans un des casiers. Il n'y en a qu'un, un vieux chapeau poussiéreux oublié depuis… On peut se débarrasser de son fusil dans un râtelier. Il n'y en a pas. Des informations sont punaisées sur une planche de bois, concours de tir, rodéos, bals, horaire des messes.

Ça ne sent pas l'église, songe Chaim, pas l'église d'Europe. Ça sent le cuir peut-être. Si l'argent n'a pas d'odeur, Dieu lui oui. Il ôte sa casquette, pénètre dans la nef. Quelques bigotes assises comme des mouches. Quelques cierges et bougies, quelques ampoules électriques colorées. Personne ne s'intéresse à lui. Il s'assoit, déballe son .45. Il fait ça pour provoquer, il le sait. Pas les punaises de bénitier, non. Provoquer elle, Dallas. Dallas c'est Dieu, c'est le bien. C'est les petits oiseaux. Lui Chaim c'est le mal, toutes les nuances du crime, y compris la peinture noire.

De temps en temps, une bigote s'en va, remplacée par une autre. De temps en temps un crapaud coasse. On dirait un veau. Certainement un crapaud-buffle échappé du vivarium du fils du véto.

Chaim emplit un chargeur. L'introduit dans le Colt qu'il glisse dans sa ceinture. Comme Dirk. Mais lui Chaim a l'habitude. Il emplit l'autre chargeur qu'il glisse dans sa poche. Assis comme les dévotes, il attend la nuit, regarde l'autel. Il ne voit rien apparaître. Rien, même pas une sorte de brouillard, de mirage autour du Christ ou du tabernacle, rien. Même pas un bout de souvenir. Mais il reste. Il a du temps à perdre. Ici c'est fait pour ça. Il attend la nuit, pour le fric. Il ne veut pas se pointer là-bas en plein soleil. Il oubliera Dallas, elle deviendra un souvenir, en vérité elle a duré *rien* dans la vie de Chaim, rien, même pas cinq mois. Un homme s'assoit à côté de lui. Il ne l'a pas entendu. C'est le prêtre. Un barbu massif en soutane. Nez cassé. Une sorte de Big Brother. Il donne un coup de coude à Chaim : « Tu n'as pas honte, avec ton .45, ici ? »
– Pardon, j'ai tort, c'est vrai.
– Je ne te pardonne pas. Lui, peut-être. Qu'est-ce que tu fais, ici ?
– Je voudrais savoir, balbutie Chaim.
– Ah oui ?

Le prêtre se lève brusquement, deux mètres, cent vingt kilogrammes. Par l'oreille il saisit Chaim qui ne résiste pas, comme si *perdre* Dallas lui avait coupé les forces. Il le traîne dans la travée, des chaises tombent, les bigotes sont aux aguets.

– Tu veux savoir…

Il agenouille Chaim devant l'autel, le force à se signer : « Si tu bouges, je te casse les deux bras. »

Chaim se demande s'il ne s'est pas endormi. Agenouillé sur un prie-dieu, le crapaud-buffle se mange l'intérieur de la bouche. Big Brother se lève, invite Chaim à le suivre. Il ouvre une porte, déclenche la lumière. C'est la cuisine avec son gros fourneau froid. Blanc. Il prend deux canettes de bière dans le garde-manger sous la fenêtre. Il les décapsule, en tend une à Chaim qui s'assoit, crevé, frissonne. Le prêtre reste debout, à la fenêtre. De trois quarts. Il ne regarde pas Chaim. Ils fument. Une voiture passe dans la rue. Un carillon sonne. Des bruits ordinaires…

– Réfléchis, dit le prêtre, essaye.
– Et puis quoi, murmure Chaim. Je vais être touché par la grâce ?

Big Brother allume une cigarette, tend son paquet à Chaim : « Tu te rends compte que tu n'as qu'une vie ? »

Au sud du village, Chaim s'arrête pour boire. Mais l'eau glaciale de la Comanche Springs ne le dessoûle pas plus que les paroles du grand prêtre. C'est la première fois qu'il est ivre de ne pas savoir choisir. Pire il a choisi et il regrette, lui ! Il faudrait que sa mèche repousse et sa gueule de dandy aussi. Cette fille lui fait mal à la tête. Il regarde le ciel qui ne le regarde pas. Ne lui dit rien. Il regarde l'eau qui s'en va sans cesse, ses mains. Elles trouveront bien une fille ou une autre pour se distraire. Allez en avant, fin des tergiversations. Au volant et crac ! L'accélérateur enfoncé dans le tapis de sol. Ramasser les pesos, se beurrer de tous les côtés. La voûte est silencieuse. Pas tout à fait ténébreuse. La nuit coule à grands flots par la vitre cassée, il fait froid dans la cabine. Chaim quitte la cathédrale de sable sans s'en apercevoir. L'ombre du pick-up glisse sur le désert blanc de glace. D'un coup de vitesse, le paysage se transforme en souvenir. Chaim roule vers la ruine, vers sa presque mort. Dans les phares, elle l'appelle. Chaim ralentit, traverse la piste et vient se garer, étreignant dans ses phares la carcasse de la Buick Roadmaster. Chaim ne bouge pas, il contemple le passé et n'en revient pas de vivre. Il guette. Il ne veut pas se faire niquer. Mais les ombres sont les ombres des choses et du ciel pas celles de maquereaux jouant aux hommes avec leurs petits couteaux et leur besoin d'argent. Pas de piège, de guet-apens.

Il coupe les phares, le contact, sort avec la lampe torche qu'il a achetée à Fort Stockton. S'approche des restes de la bagnole. Il hume encore les souvenirs des flammes, entend les détonations.

Il se baisse devant la gueule du four qu'il a en partie comblée avec des pierres avant de fuir. Il est attentif. Il a oublié Big Brother. Il est celui qui sait attendre, écouter. Pas un bruit sinon celui de la poussière. Il soulève une pierre et la pose, une autre. Le sac apparaît, Chaim sourit. Le bon temps ça existe, ça existera toujours. Il en prendra plein les mains, il oubliera.

Il a choisi : le *cash* ! Le *magic fric*. Qui lui donnerait tort ?

Il se penche, saisit la poignée du sac. L'ouvre. Le serpent à sonnette jaillit. Mord Chaim au bras. Chaim le cueille sous la tête, l'étrangle. Il se relève avec le serpent dans la main, le regarde mourir. Il a eu de la chance. Le serpent hibernait. Il était lent. Il n'avait pas la pêche et Chaim avait cette grosse veste pour le protéger.

Mort le serpent à sonnette est toujours dangereux. Il tente, par réflexe, de piquer à nouveau Chaim qui l'écrase, observe le fric.

Il songe à Dallas, ils pourraient être là tous les deux à faire des projets d'avenir en contemplant toute cette oseille. Au fond il s'en moque de l'argent. Il connaît. Il a goûté, abusé. Mais cette pensée est trop sacrilège. Elle remet en cause toute sa vie, tout le futur. Il l'efface. Dallas n'a pas existé, ni elle ni Dirk. Ni Jorge ou El Magnifico. Non plus le shérif Nick Corey. Il est revenu en arrière. Il vient de se réveiller dans la Buick Roadmaster. Le but c'est passer la frontière. Pas plus compliqué que ça. Il regarde le fric. C'est beau, symbolique. Vital et formidablement morbide. C'est son truc, sa vie. Il se leurrait avec ses aspirations *agricoles*. Rustiques ! C'était des conneries. La vie en plein air, ce n'était pas pour lui.

Il examine les chemises blanches. Dans leurs emballages transparents, elles lui parlent de l'ancien temps, de Chaim l'homme à femmes, le bandit à la mèche. Le *missi dominici* de Lucky Luciano. Il ôte sa veste, sa chemise. Sa casquette des *Pericos de Puebla*. Passe une chemise blanche. Se rhabille. Pousse le serpent dans le four, hésite pour la casquette, la jette dans le sac, remet les pierres à l'identique.

Il pose le sac sur le plancher du pick-up. Il oriente le rétroviseur intérieur et s'y contemple. Un oiseau étourdi percute le pare-brise et rebondit, laissant un peu de sang sur le verre. Chaim tourne la tête. L'oiseau trébuche sur la piste. Il vacille, s'effondre. Quelques spasmes agitent son corps et puis c'est entendu. Chaim démarre, le pied écrasé sur l'accélérateur. Le .45 sous la carte, sécurité enlevée. La carte dépliée sur la banquette, les étapes : Saragosa, Fort Davis, Marfa, Casa Piedra, Presidio. Il traversera le pont, il sera au Mexique. Sa nouvelle donne…

Il croise de rares camions, quelques bagnoles. Il compte lentement pour ne pas penser, fume pour ne pas penser, accélère pour ne pas penser. Il lui aurait acheté un collier, des robes. Ils se seraient baignés, auraient suivi les contours du golfe du Mexique dans une décapotable. Des hôtels de luxe. La *dolce vita*… Mais ça cloche, cette vie n'est pas pour elle. Elle n'est pas comme lui, c'est tout.

Il va l'oublier cette femme, mais il va le banquer. Il en aura des rides et de l'amertume, des regrets, il le sait. Il se prend cette peine de cœur en pleine gueule, et ça le fout à terre. Lui, le playboy *hard-boiled*.

Je parle cinq langues, se dit Chaim, et ça ne me suffit pas pour dire ce que je ressens. Merde à la fin !

Comme au bout d'un tunnel long de plusieurs heures, à Marfa il ne voit pas les lumières dans le ciel. Il s'arrête. Il est content. Les lumières de Marfa resteront en arrière, comme une chanson non écrite, pas chantée. Une toile blanche dans l'atelier du peintre mort. Chaim fume en guettant ce qu'il ne verra pas. L'absence d'espoir est une force vaine indispensable à ceux qui font le mauvais choix.

Il reprend le bitume, rebondit comme un frelon de mirage en mirage, passe devant une base aérienne gigantesque. Des centaines de P47, P51 sont rangés, sur les pistes ou empilés. Ils rouillent. Inutiles, démodés. Ils ne battront jamais des ailes en signe de victoire. Un million de tonnes de plus rien du tout, des dizaines de kilomètres de goudron imprégné dans le désert. Un coyote court le long de barbelés tristes. Les poteaux électriques sont maigres et fatigués, entre eux les câbles pèsent. Putain de fin du monde. Un Christ sans tête, appuyé à une ruine, voilà la photo. Les aveugles ont de la chance. Ils peuvent voir richesses et trésors là où il n'y a plus que commerces en faillite.

Il se souvient du chèvrefeuille. Il hume sa main droite. L'odeur est là, têtue. Dans vingt-quatre heures il en sera autrement. À chaque tour de roue sur l'US 67, il s'en sépare, il lui échappe…

Presidio est une ville morte qui dort mal dans le noir. Le Rio Bravo coule à peine visible, à quelques mètres. Une fin décevante pour un voyage commencé en Pologne il y a plus de quinze ans. De l'autre côté, Ojinaga remue dans son sommeil, quelques lumières, un cheval qui hennit. L'ombre d'une bagnole, de temps en temps. Chaim sait qu'ici on passe la frontière sans contrôle. Mais il attendra le jour. La nuit, il peut tomber sur un type qui veut de l'avancement. Ou cocu, qui veut se venger. Emmerder la terre entière. Chaim ne veut pas laisser de trace. Il ne dormira pas. Il attend. L'ampoule nue d'un réverbère rouge, un chien maigre, une épave de camion frigorifique, la radio qui grésille. C'est un moment très important. Il s'en moque. Il est lourd et bête. Il voudrait bien un café. Demain il en boira, il en boira trop s'il veut. Il voit s'approcher une femme dans le rétroviseur extérieur. Maintenant son visage apparaît derrière la vitre. Elle parle, il n'entend pas.

Elle indique sa bouche. Elle est seule apparemment, pas d'escorte pour dépouiller le *gringo*. Elle montre sa bouche. C'est là, là que tu fais ce que tu veux. Tu en finis avec l'Indienne. Tu redeviens un homme. Tu fais ce que tu veux où tu veux. Tu payes, tu achètes. C'est complètement à toi. De la viande avec un peu de rouge à lèvres, un peu de métal aurifié. À la lune on voit ce qu'on veut. Mais attention quand même. Chaim empoigne la crosse du .45, qu'il laisse sous la carte dépliée. De l'autre main, il ouvre la portière. Elle parle, montre sa bouche. Veut dix dollars.

Chaim ne veut pas lui. Il veut marchander. À cinq dollars, cette idiote se loue.

Le buste dans la cabine, elle y va. Chaim surveille le rétroviseur extérieur, ça l'excite. Si elle a des copains ils morfleront. Chaim se regarde. Il n'aime pas son visage d'homme distrait par le plaisir. Préoccupé par le jet de ses hormones. Les hommes sont faits pour mourir, proches de la mort ils trouvent la dignité. Et une fois morts, ils sont ce qu'ils sont en vérité : de la pourriture.

La fille se relève, s'empare du billet qu'il tend. Un enfant pleure. Chaim prend ça comme un coup. La fille se hâte, se baisse pour ramasser un paquet emballé dans une couverture. Chaim sort en se rebraguettant, furieux. Il la rattrape. La gifle, lui dit que c'est une salope : « Sale pute ! » Le bébé pleure. Le bébé est affolé, sa mère lui donne le sein en pleurant. Chaim titube jusqu'au pick-up. C'est une catastrophe, une catastrophe. Il démarre, ses phares pincent l'ombre de la mère et de l'enfant, bien seuls au bord du Rio Bravo.

Passé Casa Piedra, il surprend dans les phares un homme qui prie vers La Mecque, prosterné sur un tapis confondu au désert. La prière de la nuit, *al-'Icha*.

Big Brother vient d'ouvrir les portes de l'église qui découpe son ombre sur la boue gelée. Ciel bleu, jour neuf. Chaim sort du pick-up, traverse la rue, entre. Ni Stetson, ni flingue à la garde de Dieu dans les meubles ad hoc. Chaim s'assoit dans la nef. Le grand prêtre fait une génuflexion devant l'autel, disparaît. Chaim ne bouge pas, les yeux fermés. Si longtemps immobile. Lorsqu'il rouvre les yeux, une jeune femme en blanc et son futur mari sont agenouillés devant Big Brother. Il les unit. Chaim se sent témoin. Présent à la cérémonie. Elle dit oui, il dit oui. La petite noce s'en va. La mariée a dû économiser pièce à pièce pour s'acheter ses escarpins.

Dans la rue, Chaim entend un orchestre de mariachis. Il joue un peu faux mais c'est si juste. La nuit viendra tôt, suffit d'attendre. Ça vient toujours. D'ailleurs des bougies ont été allumées, des cierges. La cire a fondu, des chauves-souris volètent ici et là, bleues, grises, légères et grouillantes comme des péchés véniels. Et à la fin on n'y voit plus rien, qu'un seul péché peut-être. Chaim renverse une chaise, la redresse. Il ouvre une porte qui grince. Un rai de lumière l'éclaire un bref instant. Il tâtonne dans la pénombre et finit par pénétrer dans la cuisine de la cure. Le prêtre se retourne sans même sursauter. Il salue Chaim d'un mouvement de la tête et casse d'autres œufs : « Pour nous deux, il en faudra bien douze. » Il va chercher une bière dans le garde-manger sous la fenêtre. Décapsule la canette sur le coin de la table et la tend à Chaim. Il jette les coquilles, bat les œufs en buvant de la bière au goulot. Chaim hoche la tête et ôte sa veste.

Il fait chaud dans la cuisine hier froide. C'est le fourneau qui turbine. Chaim ôte sa veste, sa chemise blanche, se retrouve en maillot de corps à manches courtes. Le prêtre l'examine, hoche la tête puis se sépare de sa soutane. Le voilà en maillot de corps à manches courtes et caleçon long. Chaim est musclé, c'est sûr mais ce fichu prêtre a des biceps comme des cuisses de vache.

Ils boivent debout en se regardant. S'assoient en même temps. Posent leurs avant-bras droits sur la table. Ils s'observent. L'homme de Dieu attaque en premier, Chaim résiste. C'est parti pour un bras de fer post-conquête de l'Ouest.

– Une femme, s'enquiert le prêtre.

D'un signe Chaim répond oui.

– Tu as couché avec elle ?
– Non.
– Bien. Qu'est-ce que tu veux ?
– Elle.
– Et elle ?
– Je ne sais pas.
– Tu es timide ?
– Avant je ne l'étais pas…
– Entre nous, pour faire ce que tu faisais…

Chaim sue, sur son biceps les veines sont gonflées, à se rompre. Le prêtre, lui, semble dispos, un peu comme à la pêche.

– Je ne suis pas trop… moche avec ma gueule, murmure Chaim. Dites-moi.
– Ça dépend pour quoi faire… Des affiches de mode, oui t'es trop laid. Pour fonder une famille, ça va. Et puis tu n'es pas obligé de mettre la lumière.

Chaim tique, l'autre gros balèze rit. Un gros rire qui le secoue, fait trembler les vitres. Et en même temps qu'il rit, il rabat lentement le bras de Chaim qui fait tout pour ne pas céder, parvient à redresser son bras.

– Faut lui demander, dit le prêtre, comme ça tu sauras.
– Elle est mariée.
– Ah bon…
– Un mariage arrangé.
– Un mariage c'est un mariage. Ils sont allés à l'église ?
– … Je ne crois pas.

Chaim dévisage le géant : « Ça arrange mes affaires ? »
– C'est des détails qui comptent pour Dieu. Et pour moi. Demande-lui si elle t'aime. Si elle t'aime… On verra, j'irai parler au mari.

En grognant Chaim plaque le bras de Big Brother sur la table. Le grand prêtre se lève, sourit sous cape, coupe un morceau de lard qu'il met dans une poêle, la poêle sur le rond central du fourneau. Chaim le regarde suspicieux : « Vous vous êtes… Non… Vous avez fait exprès de perdre ? Ce n'est pas vrai ! Un prêtre qui triche… » Il soupire, dégoûté. Le lard fond, ça sent bon. Big Brother verse les œufs dans la poêle : « Il faut que tu apprennes à *le* dire, que tu répètes. C'est comme un rôle… Mets deux assiettes. » Il plie l'omelette en deux dans la poêle et parle autant pour lui que pour Chaim : « Tu veux une vie comme ça, une vie de rustre ? Avec les saisons, les petites habitudes ? Tu crois ? » Il fait glisser l'omelette dans un plat décoré d'un cheval cabré monté par un *cow-boy* qui lève son Stetson, au-dessus est écrit : *Neuvième rodéo de Saragosa*. Il pose le plat sur la table s'assoit, coupe l'omelette, sert Chaim. Il se signe et murmure le bénédicité. Ils mangent. Chaim dit que c'est la meilleure qu'il ait mangée.

– Tu la verras tous les jours, tout le temps. Toute une vie. Tu imagines un peu ?

Ils finissent de manger en silence, allument des cigarettes.

– C'est important le prénom, dit Big Brother. Elle s'appelle comment ?

– … Dallas.

Chaim accroche sa chemise blanche à une barrière. Un drapeau blanc de plus. D'une poche, il sort la casquette des *Pericos de Puebla*. S'en coiffe. Des stalactites pendent des balcons. Aux beaux jours des femmes s'y pencheront. Chaim s'installe au volant et démarre. Il a envie de voir une femme au printemps, en été, et maintenant en hiver. Il connaît son nom et ses mains. Plus loin vers le sud, il croise la noce derrière les joueurs de mariachi. Ils vont à l'est, vers le jour prochain. Vers l'avenir. La mariée aux épaules recouvertes d'une couverture semble si heureuse que Chaim se demande si tout ça n'est pas un rêve.

Sur la route froide, qui gèle bleue, sur la route un tenant de l'art brut a dessiné grossièrement le visage d'un Indien avec une plume et a écrit en grosses capitales maladroites : « ÉCRASE-LUI LA GUEULE. » Et en parlant de blues, la radio diffuse des bribes de *Dust My Broom* [1] :

« *I'm gonna get up in the mornin',*
I believe I'll dust my broom »

– Big Brother m'a soulevé par une oreille, murmure Chaim. Un grand type. J'aurais pu le tuer, mais il avait raison. Il m'a fait gagner au bras de fer, j'ai perdu en vérité…

1. De Robert Johnson, par Elmore James & His Broom Dusters.

Il grimace, pas très content de lui, nerveux comme le blues électrique. Allume une cigarette : « Ce n'est pas ça que je voulais te dire. Pour le fric, je vais voir. »

« … *I'm gon' write a letter, Telephone every town I know* ? »

Il tourne le bouton de la radio. Silence. Il écrase la cigarette dans le cendrier. *Elle* vient le chercher. Il la veut. Il se mord les lèvres. Il souhaite la mort de Dirk et c'est une sale façon de rendre tout le bien que Dirk lui a fait en lui sauvant la vie. À force de rêver et de répéter un rôle impossible, il a oublié qu'il conduisait, certes au Texas… Il voit la guimbarde au dernier moment. En guise d'éclairage un seul cataphote et une veilleuse comme pour la chambre de bébé. Gare à la casse ! Chaim braque tout à gauche, accélère pour contrôler le tête-à-queue.

Le pick-up sort de la route en virevoltant, en se dandinant et vite. Par chance c'est plat, de la tôle ondulée. Mais vite, c'est vite ! Faut pas lâcher le volant. Des cahots sans cesse mais il suffit de tenir en selle. La boîte à gants s'ouvre, crache un tournevis, un paquet de Marlboro. Chaim est brusquement très heureux. Il crie, comme à un rodéo. Et c'en est un. Il ne lève pas le pied et file plein sud. À la boussole des étoiles. Un des pare-brise se fendille : froid vitesse chocs répétés. Le ciel est exactement une paupière, la terre exactement sa prunelle, Chaim exactement un type mort et enterré. Exactement un type qui a une fille dans la peau. Ça tangue, ça saute. Vite, fais vite ! Le ciel rejoint la terre de partout, pense Chaim, je suis dans le ciel. C'est mon buvard. Le pick-up vole pendant quelques secondes, retombe. Mauvais si tu ne sais pas faire mais Chaim sait faire. Il ne veut pas de témoin à son hors-piste. Veut être seul. Libre. Roule plein pot sans phares. Blinde comme au poker, sans cartes sans tapis. L'enjeu, c'est lui, c'est elle. Sans lui pas d'elle.

Loi numéro un : un homme qui pisse dans un pistolet tenu par une femme est en son pouvoir. Il ne peut pas se soustraire à elle.

Comme un équilibriste en manque constant de vertige, il dévale une pente et découvre, dans une cuvette, sept coyotes morts pendus par une patte arrière à un arbre foudroyé. Chaim stoppe et contemple cette image, cette *photographie* sortie de l'album du Texas. Il se met à tourner autour de l'arbre et des coyotes pour animer la scène, la faire tourner. La rendre réelle. Il a du mal à croire ce qu'il voit. Il finit par rompre le cercle, s'arrache en reculant, phares allumés. La nature est mortelle elle ne fait que tuer, c'est pourquoi je suis fait pour elle.

Chaim s'arrête devant la porte de la chambre de Dallas, l'ouvre sans bruit. C'est obscur et froid. Elle n'est pas là. Chaim est déçu, comme tombant de cent mètres au moment de la joie attendue. D'une poche, il sort les pépites qu'il dispose sur la commode, à la suite des autres. Il quitte la pièce. Reprend le couloir en sens inverse, entre dans sa chambre. Elle dort. De dos, sous l'édredon. Des lueurs de chaleur colorent le mica du poêle, Chaim ôte ses bottes, évite une canette vide, une autre, fait le tour du lit vers la chaise… Elle siffle : « T'es revenu, gangster… »

– Je ne pouvais pas faire autrement…

Il avait d'autres choses à dire des tas, mais il ne sait pas faire *ça*. Il lui caresse la tête, du plat de la main. Le front, les cheveux.

– Je pue de la gueule ? demande-t-elle.

– Non. Tu ne pues pas.

– La bière. Je me suis soûlée… Viens. Mais on se tient bien, enfin tu comprends…

Non. Il ne comprend pas. Il ne sait plus qui il est à force de changer, dandy, Indien, gueule cassée, Lucky Luciano ou Big Brother : tueur ou enfant de chœur. Elle recule pour lui faire de la place dans le lit. Il hésite… « Allez à poil, *cow-boy*. » Il ôte sa veste, sa chemise, garde son pantalon. En levant l'édredon, il voit les jambes de Dallas, leur éclat, leur galbe, ça lui cloue la couenne. Elle a un chandail noir comme ses cheveux. Tourné vers elle, il n'ose pas bouger. Elle va à lui. Il la prend dans ses bras, il est embêté parce qu'il bande. Mais il oublie.

– Enlève ton pantalon, dit-elle, que je voie si t'es doux, pas trop poilu.

Elle rit. Il se débarrasse de son pantalon en se tortillant. Elle se serre contre lui. Avec ses jambes se noue à lui.

– Chaim…
– Oui ?
– … J'aime bien dire ton nom, ça me dessoûle. Dis donc, t'as la peau fine ! Et là, t'es fin ? Fais voir… Oh la la, l'engin !

Ils se regardent comme s'ils n'avaient que ça à faire. Si près que ça fait loucher. Le visage de Dallas tient le monde entier dans son emprise, Bobby 5 As, Vito Genovese, Lucky Luciano, toute la mafia et tous les souvenirs.

– Tu t'es mariée à l'église ?
– Non. Pourquoi ?
– … Tu crois en Dieu ?
– Oui.

Elle pose ses lèvres sur les siennes, entre doucement la langue, la retire. Elle suit le contour du visage de Chaim avec Kokopelli, le petit joueur de flûte bossu et bien pourvu. Elle dit qu'il faut qu'il connaisse Chaim, comme ça il le protègera.

– Il est marrant. Il fait la pluie, il rend fertile. Et puis j'ai besoin de croire. Il n'y a pas que des chevaux dans les prés, il y a des fleurs des loups et des coyotes. Des salauds et du pétrole. C'est pas un même dieu qui a eu toute cette imagination… Je crois mais je ne crois pas au premier amendement, c'est pas pour les Indiens… Et toi ?
– La loi pour le moment… Dieu, je ne sais pas. J'ai toi.
– Moi ?
– Je ne peux pas sans toi, j'ai essayé mais je ne peux pas.

Il bande à casser des briques. Attention-attention il ne faut pas déconner, sinon Big Brother enfer et damnation. Trois mille ans de confessionnal… Mais en douce une voix lui chuchote qu'il a tort. Il devrait faire l'amour là. Il devrait l'aimer maintenant, elle a envie, lui en crève. Il ne sait plus. Lui qui tire à l'instinct, il n'est pas capable de tirer son coup…

– Fais voir ta main.

Il la lui abandonne. Elle caresse la piqûre, referme la paume de Chaim sur sa vulve. Il tressaille.

– Et ça, ça te pique petit homme ? Dis-moi que je suis douce. Plus douce que toutes.
– Que toutes !
– Non ! Pas ça, touche pas là ! On n'a pas le droit. Tu me plais trop ! Ça me brûle ! Ça me fait…

Elle se frotte contre lui, le repousse, le reprend, l'embrasse.

– Dis-moi que je suis belle.
– Tu es belle, tu ne peux pas savoir.
– Mieux que ça. Ça n'importe quel Shoshone un peu bourré, n'importe quel Chumash un peu défoncé fait pareil ! Non, mes fesses, mes seins… Parle-moi…

Elle chuchote à l'oreille de Chaim.

– Pas facile, répond-il embarrassé, je dirais le… (Il hume sa main qui a touché…)… Je dirais l'ananas.
– L'ananas ? Mais j'en ai jamais mangé de ma vie… C'est bon au moins ?
– Très.
– Il va revenir, murmure-t-elle, il est allé chercher l'argent.

Il caresse ses cuisses, elle frissonne, dit : « Non. Je vais pas pouvoir résister. Tiens-moi bien je veux juste m'endormir comme ça, avec toi. Regarde-moi, je veux voir tes yeux, je veux te voir pour dormir… »

– Et si on se mariait, chuchote Chaim à Dallas qui dort. Ne te moque pas. Je sais, c'est idiot. On peut rester ici et ne pas se marier… Être tous les deux, quoi. Simple…

Il hume sa paume, ses doigts qui ont touché… Il aurait dû ? Une femme baisée n'a plus de valeur, comme une bagnole qu'on a conduite et qui n'a plus de mystère ? Trop compliqué mais elle sent bon, c'est sûr.

Un coup de sirène, comme un whisky avalé trop vite au comptoir.

– Fait chier, murmure Chaim. À bas les flics…

C'est comme ça qu'il s'éveille. Elle se rencogne dans le sommeil, s'agrippe à lui. Le matin elle est pâle avec de grosses lèvres. Il a envie de baiser ses paupières closes et bombées, imperceptiblement violettes. Il se lève, va à la fenêtre, soulève le rideau pour voir l'arrière de la Chevrolet du shérif. Chaim passe son blue denim GWG, sort en s'habillant de son tricot de corps. Arrive pieds nus sur la véranda. Feignant d'être un peu ébloui, encore mal réveillé, il se recoiffe avec une main. En vérité il est prêt. À tout. Le shérif Nick Corey sifflote. Assis sur une aile de sa voiture portière conducteur ouverte, il marmonne en guise de bonjour : « T'as bien une tête de mec qui a piné toute la nuit, toi. On peut dire que t'as trouvé la planque. » Il se sépare de son mégot, se lève : « T'as des godasses ? »
– Oui.
– Je te réquisitionne.

Il s'aperçoit que Chaim regarde le mégot, ça le contrarie, comme si le bout de clope était un pal enfoncé dans le fondement de sa conscience… Et donc, *l'air de rien*, il ramasse le mégot, explique la situation : « Il n'y a que le Magnifico et son fils, le bossu, debout dans ce patelin. Tous les autres sont au lit en train de grelotter. Le croque-mort y compris. La grippe !

Même les porcs ont de la fièvre ! Même ma femme, c'est dire ! D'après le vieux McBury c'est *un orage cytokinique*, exactement ce qu'il a dit. Comme en 1918, la grippe espagnole il a expliqué. Mais tu étais pas né alors tu t'en tapes.

Il ne sait pas quoi faire de son mégot et le met dans le galon de son Stetson, à côté d'un cure-dent qu'il prend en poursuivant : « Faut faire son trou à ce Jorge avant qu'il emboucane tout le quartier... Tu seras payé par le comté. Pas lourd. Pour une fois dans ta vie tu auras été du côté de la loi, t'es pas obligé de me remercier... »

Il est content de lui, remballe son cure-dent dans le galon de son Stetson, ajoute : « Prends une bagnole. Le comté te remboursera cinq gallons, ça te fera un petit bénéfice. » Il se redresse, s'étire, passe devant le capot : « Traîne pas, je t'attends. » Chaim pivote, va pour entrer dans le ranch...

– Eh, Chaim !

... Il se retourne.

– Pas besoin de peinture noire...

Le shérif Nick Corey s'installe au volant, satisfait de sa vanne. Chaim entre dans la grande pièce, Dallas surgit et l'enlace, l'embrasse sur la bouche, l'empoigne au bas du ventre : « Fais attention, je te veux toujours. Ne m'oublie pas une seconde. T'as pas le droit. » Elle ôte son bracelet porte-bonheur et le boucle au poignet de Chaim qui pense au coq de Goebbels et à son anneau rouge.

– Kokopelli te protègera de la grippe. Les dents du loup de la mort. Si tu me perds, elles t'aideront à me retrouver. On le dit. On dit qu'il faut souffler dedans et... Un conte peut-être mais je veux y croire. Ou c'est les transistors. Ne me perds pas. Sans toi, c'est plus rien maintenant.

Elle le pelote. Jamais une femme ne l'a manipulé comme ça : « Tu préfères qui, ce Lucky Luciano ou moi ? Moi, Dallas l'Indienne devant toi ? » Il rit : « Toi ! Lucky c'est un homme. » La sirène du shérif Nick Corey vient les séparer.

– Pense à moi, tout le temps, lui souffle-t-elle. Ça t'empêchera de reprendre tes lubies…

Dallas c'est mon *Dieu qui danse*, se dit Chaim… Mais il ne l'a pas baisée et il a peut-être eu tort.

Chaim passe devant le capot de la Chevrolet du shérif, noire et blanche comme un hiatus entre le yin et le yang. Il monte dans la cabine du pick-up. Hume la main qui a touché… Démarre. Le shérif lui fait signe d'y aller. Chaim sort de la cour, suivi par la Chevrolet. Un spray de sirène pour chasser le silence et les mouches. Le shérif, de la main, lui fait signe de mettre les gaz. De se presser. Chaim accélère. Le shérif vient coller son pare-chocs avant contre celui arrière du pick-up. Ça pousse méchamment. Chaim braque sur la droite, sort de la piste pour arriver en tête sur l'US 90. Fonce, soulevant de la poussière orange. Le shérif enclenche sa sirène, son phare rouge, et castagne. Mais Chaim arrive le premier. Coupe la route au shérif. Obligé de freiner, le roi des flics part en tête-à-queue. Redresse la situation, part à fond. Dépasse le pick-up, agite son Stetson. Un jeu entre hommes au Texas. En France, ils ont la pétanque. En Allemagne ils reconstruisent, on verra après.

Chaim tique, un pneu de niqué à l'arrière. Il ralentit, roule au pas, stoppe. Va voir les dégâts. Libère la roue de secours et le cric fixés sur l'aile droite. Desserre un premier écrou de la roue au pneu crevé avec la manivelle du cric. Quelqu'un tousse derrière lui pour attirer son attention. Chaim se retourne, découvre un homme d'une cinquantaine d'années qui sourit poliment et dit : « Une foutue panne d'essence. Vous pouvez nous dépanner ? »

Pas bruyant. Pas d'accent. Solide, banal. Un costume marron, de ce marron qui ne donne pas envie de manger du chocolat.

Trop banal en fait. Sauf le parfum. Un parfum de… Un parfum, quoi. Et une carte routière qui dépasse d'une poche pour la touche d'originalité nécessaire. Chaim décroche un des deux jerrycans et le tend au gars en disant : « Il y a une pompe à la sortie d'Alpine. »

L'homme remercie, s'éloigne retrouver une Chrysler Windsor noire, garée sur le bas-côté, à deux cents mètres de là en arrière, avant l'embranchement de la piste. Un gars du FBI n'aurait pas une Chrysler, pense Chaim. Mais ils sont deux, comme deux gars du FBI. Car un homme est sorti de la Chrysler. Un homme en bleu… Et trop d'imagination, se dit Chaim. Il regarde son bracelet, il est content de le porter. Il va l'aider à pas… À penser à elle ? Non. Il pense à elle. Elle ne s'est pas donnée à Dirk, c'est presque inquiétant. Elle s'est donnée à qui ?

C'est chiant de réfléchir à ça ! Taper sur qui maintenant qu'il faut tendre l'autre joue ?

Il finit de desserrer les écrous de la roue, met le cric en place, le monte. Fait l'échange de roue. Un premier serrage des écrous. Il entend la Chrysler démarrer. Il descend le cric. La Chrysler s'arrête. La plaque minéralogique avant est trop sale pour être lue. L'homme banal lui rend le jerrycan à moitié plein. Lui demande s'il veut être dédommagé. Non. Il sent le… ? Il s'en va, la Chrysler Windsor aussi. FBI ? Hoover est affilié au clan Luciano, c'est un *bon pote*, comme dit Frank Costello (traduction : un vendu, acheté au prix du marché en dollars et avantages en tout genre). Lucky n'aime pas Hoover. Il dit qu'on ne peut pas se fier à un nègre homosexuel (Hoover a paraît-il du sang noir). Lucky Luciano tient Hoover depuis 1939. Un film. Hoover en train de baiser un gamin. Un gamin payé par Lucky. Un gamin de treize ans. Clyde Tolson, le secrétaire et *la femme* de Hoover, est lui aussi un *bon pote*. Le clan Luciano lui paye une suite à l'année à La Havane. Lucky Luciano est persuadé que c'est Hoover qui a convaincu Don Calo de le faire assassiner chez son barbier, via Firenze à Naples. Lucky Luciano mort, Hoover aurait été libre d'utiliser la mafia, ce qui est impossible du vivant de Lucky. Chaim qui a sauvé Lucky est de fait, d'après Lucky, un des pires ennemis de Hoover. Lucky craint que Hoover ne finisse par gagner la partie, notamment en se rapprochant comme il le fait depuis 1946 de Vito Genovese. Au début de l'année, Lucky, très intéressé par *La théorie des jeux* [1], a demandé à Meyer Lansky de trouver un petit génie et de le faire plancher sur une stratégie pour abattre Hoover et Vito Genovese. Mais peut-être que Hoover qui est tout sauf débile a eu la même idée ? Comme Meyer Lansky, il a contacté Nash [2]. Prévenu, Lucky a déclaré que la troisième guerre mondiale avait commencé, *La guerre des jeux* (six caisses de Dom Pérignon pour J.K. Galbraith). Une guerre économique régie par la mécanique quantique, la théorie des nombres et celle de la relativité. Il faut remiser nos Typewriter a marmonné Meyer Lansky et s'acheter de l'intelligence artificielle. Lucky a dit à Chaim de faire très attention. Vito Genovese pouvait décider de le faire abattre juste pour commencer à abattre Lucky lui-même. Là-dessus Chaim s'est fait Bobby 5 As. Oui c'est bien la guerre des jeux… Des jeux à la con !

Chaim serre les écrous à bloc. Les types de la Chrysler Windsor ne sont pas des agents du FBI. Vito Genovese n'en est pas encore à marcher main dans la main avec Hoover. Et puis personne ne sait qu'il est là. Personne à part la mort à laquelle il a échappé. Et la mort ne donne pas ses relations d'affaires. Une crise de paranoïa. Chaim se débarrasse du jerrycan vide au milieu des cordes, à l'arrière du pick-up. Il s'essuie les mains dans un chiffon. Il regarde le grand pays. Il veut vivre dans ce grand pays avec une femme brune, une Indienne navajo née entre Indian Wells et Wide Ruins. Elle ne s'est pas donnée à Dirk, elle va se donner à lui. C'est un trésor. Elle a vingt et un ans. Il doit la protéger. Elle est jeune. Vivre avec elle toute la vie et travailler ? Chaim sourit. « Travailler c'est quand même le dernier des métiers », disait Lucky Luciano. « Travailler, disait Stefan, mais pour quoi faire ? »

1. Élaborée par John von Neumann et Oskar Morgenstern.
2. John Forbes Nash, prix Nobel d'économie.

Chaim pioche, la fosse fait déjà plus d'un mètre de profondeur. Lui aussi en tricot de corps, le shérif Nick Corey pellette la terre, la lance comme on écope un bateau qui coule. Chaim, lui, bosse en cadence, il sue, une vraie machine de démolition. Efficace, sans état d'âme faut voir. Il y a peu on l'appelait *Gravedigger*, Le Fossoyeur, alors quand même, c'est troublant. D'autant plus qu'il enterre l'homme qu'il a tué… Le shérif l'observe et sourit en coin.

– Paraît que t'as gagné un bras de fer avec Davy… Notre prêtre.

Chaim s'arrête et le regarde.

– Pourtant c'est un sacré morceau… On est potes. Parole. Qu'est-ce que tu veux que je te dise, un saint a besoin d'un enfoiré.

Il tend un paquet de Camel à Chaim : « Il aurait pu être champion du monde, mais il est tombé sur une femme, tu connais l'histoire… C'est pas original. Je vais le voir, on boit une bière et puis voilà quoi. » Chaim apprécie la cigarette. Sur une des tombes, un cavalier immobile dresse un mustang en pierre. Un vautour tombe d'une croix et se redresse en grimaçant, en se frottant les reins avec ses ailes. On voit bien qu'il en a ras la casquette. Vautour c'est nul comme réincarnation, songe Chaim.

– Il ne peut pas venir, dit le shérif. Mon pote… Davy, le prêtre. Il est pris, un enterrement et deux mourants… La grippe toujours.

Une buse rouge se pose sur une dalle, un caniche passe en chouinant, les yeux écarquillés, la bave au menton.

– C'est le chien de Susan Minuit, marmonne le shérif. Elle le baise tellement qu'il devient dingue. Si, je te jure. Des saloperies dans un petit bled, il y en a, ah oui il y en a…

Il pose sa main sur le poignet de Chaim et siffle : « Sacré bracelet ? C'est ton cadeau de fiançailles… » Il rit. Tous deux voient arriver un cortège pas signalé au codex de *l'American way of life* : El Magnifico dans son fauteuil, poussé par son fils infâme, les deux gosses qui traînent un landau…

– On n'a pas tiré le tonneau mais voilà la lie, marmonne le shérif Nick Corey. Et eux la grippe ils connaissent pas. Pourquoi ? Parce que la grippe faut être quelque part un peu *citoyen* pour se la prendre… Tu comprends pour avoir la grippe, faut être un minimum social, faut payer des impôts. En Chine, on dirait que c'est des *intouchables*… Mais là-bas tout est communiste…

Les Intouchables, balzaciens ou hindous, s'approchent du trou et du cercueil en bois blanc où repose le salaud.

– Bien le bonjour, shérif, dit El Magnifico.
– 'Jour.

Le tenancier littérateur à ses heures salue Chaim d'un mouvement de tête poli : « Tout va bien pour vous, monsieur, j'espère ? »
– Plutôt bien.

Les deux gosses sortent du landau des bouteilles et de la nourriture qu'ils disposent sur un drap de lit où quelqu'un est mort en saignant. La gamine tend un quesadilla à Chaim. Accroupie, elle le scrute les jambes écartées, exhibant une culotte en dentelle un peu grande pour elle et murmure : « Tiens, un ticket gratuit, pépé. » Elle referme les cuisses : « T'es content ? »

– Drôlement, répond Chaim en mordant dans la galette.

– Mais un petit coup c'est pas gratos. Il va falloir que tu casques, l'Indien.

– Je m'en doute.

Elle se redresse, Chuy tend une canette de bière au shérif, qui le remercie d'un mouvement de la tête. Chaim a fini le quesadilla (poulet guacamole piments = fortissimo), il reprend la pioche. Cogne, creuse. Le shérif Nick Corey rote et s'y remet en crachant dans ses mains : « Je suis né ici et j'y mourrai, je suppose. Et toi, Chaim ? »

– … Je mourrai, c'est sûr.

– Ici ?… Tu veux que je te dise ?

– Je veux bien shérif.

– Je t'ai plutôt à la bonne.

– Merci bien.

Une furtive odeur d'écorce, d'huile essentielle, lui fait penser au parfum de l'homme de la Chrysler et à un ancien de l'Abwehr. Un champion de l'anonymat qui disait : « Je me parfume pour me reconnaître sinon j'aurais des doutes. » Quant à sa main, elle ne sent plus que le poulet et les épices. Sa main est bête, elle a oublié Dallas.

– Le Texas ça veut dire « les amis », dit la gamine en se penchant dans la tombe. Un mot indien…

Elle déplie une page arrachée à un catalogue de vente d'armes et sur laquelle elle a écrit dans les marges, d'une écriture enfantine qui monte et descend. Elle est un peu trop jolie et dévergondée, songe Chaim.

– Les amis vont et viennent, dit-elle en lisant avec application. Sur des chevaux et parfois en bagnole. Décapotables, des fois en Mercury verte puis noire. Les amis sont pas tout le temps des amis. Mais les amis regrettent les amis. Les amis du Rio Bravo, les amis d'El Paso, les amis, tous les amis. Les amis meurent, les amis vivants s'occupent d'eux.

Elle se signe. Son frère se penche à son tour et à son tour y va de son oraison funèbre : « Jorge était méchant, il m'a donné de l'argent. Merci Jorge, continue de mourir puisque tu es mort. »

Depuis son fauteuil, invisible et tout-puissant comme un microbe, El Magnifico, le primo de *la biofictionès et de l'automobilo-grafique*, scande comme un ténor : « La première balle pour comprendre, la deuxième pour savoir. Une balle pour tuer, une autre pour s'assurer de la mort… C'est ce que disait Jorge certains soirs. »

– Et il est mort, poursuit Chuy en apparaissant dans le ciel comme une vierge. Grâce à lui j'ai baisé une blonde et je me suis parfumé quelques jours de fête. Il touchait ma bosse pour avoir de la chance mais l'ennemi mortel l'a rencontré à son heure. On ne peut plus rien dire, sinon honneur aux hommes morts en hommes.

– Amen, dit Chaim.

Chuy lui rend grâce d'un hochement de la tête, se signe. Chaim et le shérif Nick Corey sortent de la fosse. Ils se rhabillent. À l'aide de cordes, ils descendent le cercueil dans la fosse. Chacun jette un peu de terre, la gamine une rose en plastique. Dans le vent qui sent la créosote et le désert, El Magnifico se dresse comme il peut et inspiré par Marcel Cerdan qui aimait tant Piaf, il chante *La Vie en rose* :

« Quand il me prend dans ses bras
Il me parle tout bas
Je vois la vie en rose
Il me dit des mots d'amour
Des mots de tous les jours
Et ça me fait quelque chose… »

Il cache son visage dans ses mains, pleure son secret. Chaim se dit que désormais il évitera de tuer, même un salaud. Il cherche une cigarette. L'odeur à nouveau lui fait penser… Une odeur d'orange amère. 4711, *Aqua Mirabilis*, l'eau de Cologne de ceux qui ne savent plus qui ils sont à force de dissimuler leur identité. Il n'a pas croisé des gars du FBI, parfumés au chewing-gum et à la blonde, mais des Européens plus raffinés : les racketteurs de Chicago, les ex-agents infiltrés reconvertis dans le petit commerce du chantage.

Chaim stoppe dans un nuage de poussière gelée. Il sort de la cabine, entre dans le ranch, voit le téléviseur les jambes en l'air, plus vain encore. Du café renversé sur le sol. La porte de la chambre de Dallas est ouverte, les gonds arrachés. Ça sent le 4711. Tout est saccagé, un peu de sang sur le sol. Chaim blêmit. Il voudrait partir tout de suite mais il sait qu'il faut enregistrer, observer. Il se souvient d'une phrase d'Edgar Allan Poe : « L'important, le principal est de savoir ce qu'il faut observer [1]. »

Le téléphone est invisible. Du sucre en poudre sur le plancher.

Chaim entre. Un des deux salauds a laissé une empreinte de chaussure dans le sucre. Chaim se baisse. Des chaussures à semelles de caoutchouc, avec des dessins marqués. Des chevrons. Il ne bouge pas, regarde le poêle. Il se lève. Le poêle est tiède encore. Chaim l'ouvre. Le téléphone est là, en partie fondu. Inutile… Il a servi à faire des signaux de fumée. Chaim pivote. Sur la commode les pépites ont disparu…

Quelques gouttes de sang sur l'appui de la fenêtre, qu'il ouvre. Dehors, d'autres empreintes, des semelles de crêpe sûrement. Chaim remarque la brosse à cheveux près du lit. Il s'en empare, l'examine. Du sang sur quelques loquets en soie de sanglier. Maintenant il sait ce qui s'est passé. Il voit la scène. Elle est dans la chambre, se brosse les cheveux. Les deux salauds se sont garés

1. Dans *Double assassinat dans la rue Morgue*.

en vue du ranch. Venus à pied. Elle entend quelqu'un marcher dans le couloir, Dirk ? Elle va ouvrir la porte, voit l'inconnu. Ferme la porte au verrou. Réfléchit. L'inconnu frappe, ordonne d'ouvrir. Elle enfourne le téléphone dans le poêle, ferme et referme la porte. Pour faire des appels d'air. Des signaux de fumée noire. Attirer l'attention de Hardy ou d'un autre. Prend les pépites. Elle a donné son porte-bonheur à Chaim, il lui en faut un autre. Puissant. L'inconnu se met à défoncer la porte. Elle s'apprête à sortir par la fenêtre mais l'autre type s'y encadre. Le sang est le sien. Elle l'a frappé à coups de brosse.

Chaim sourit, pas longtemps. Dans le couloir, il décroche le Browning, prend des cartouches. Voit le comprimé sur le sol, du Véronal… Pour l'endormir.

Il traverse la baraque. La porte du bureau de Dirk pend à ses gonds elle aussi. Tout est retourné. Ils ont découvert le coffre mais ne l'ont pas ouvert. Une lampe à pétrole est allumée. Chaim se baisse, contemple les photographies d'elle éparpillées sur le parquet. Il en prend une mais il les veut toutes. Il se relève en la glissant dans une poche intérieure de sa veste. À cet instant seulement il prête attention à la lampe allumée. Il rejoint la console sur laquelle elle est posée, mettant en évidence une feuille de papier sur laquelle est écrit en capitales :

« C'EST 40 000 $ DÉSORMAIS. DANS DEUX JOURS ICI EN COUPURES USAGÉES. »

Chaim fixe le papier de soie ensanglanté, froissé dans le compotier en terre cuite. Il finit par le déplier. À la place d'une mandarine, il trouve un petit doigt délicat.

Lorsque Chaim apparaît sur la véranda, impassible, Hardy descend d'un petit cheval gris qu'il montait à cru. Il le chasse, le cheval s'en retourne. Hardy s'approche. Il porte une cage recouverte d'un épais tissu noir. Il a un bandeau dans les cheveux. Une grosse veste en velours marron, découvrant une machette à la ceinture. Dans un étui, une lame de quarante centimètres.

– J'ai vu la fumée noire, dit-il. Mais j'étais loin. À plus de deux heures.

Chaim lui montre le petit doigt. Hardy ne cille pas. D'un signe il dit à Chaim de le lui confier. Chaim le dévisage d'un regard inquiétant comme s'il jugeait le bien-fondé de la demande de l'Indien. Il lui met dans la main le petit colis qui coûte cher. Hors de prix. Sans se concerter, ils traversent la cour, prennent la piste, chacun d'un côté. Attentifs. Chaim ramasse un mégot de Cavalier, *king-size*. Quelques pas plus loin, il se baisse à nouveau. La Chrysler a été garée là, elle a perdu un peu d'huile. Hardy rejoint Chaim, ils examinent les traces laissées par les pneumatiques, des Goodyear pour trois d'entre eux, un Firestone à l'arrière droit. Sculptures différentes, elles peuvent aider à suivre la piste des salauds. Ils reviennent au ranch. Chaim monte dans la cabine du pick-up, accroche le Browning au râtelier. Hardy pose la cage sur le plancher. Chaim met le contact et démarre, fait demi-tour. Arrivé au croisement des pistes, près de l'arbre où des hommes avaient pendu un mannequin à l'effigie d'une femme si rare, Hardy fait signe à Chaim de stopper. Il descend, examine le sol, revient dans la cabine. D'un signe montre la direction de Marathon. Chaim envoie la sauce. Ça secoue, ça bringuebale. D'un coup de pied Chaim chasse le tournevis qui s'était glissé sous son talon droit. Un nuage ténébreux couche tout sur son passage, projette son ombre sur la pauvre terre.

– Trouve-la, dit Hardy. C'est ta femme. Trouve-la, son doigt reviendra à sa place.
– C'est pas possible.

Hardy s'exclame. Tape sur ses cuisses. Rit, radote en apache.

– Tu me gonfles, murmure Chaim.

Hardy rote et rit encore plus fort. Chaim s'interdit de le buter. Il évite un trou et se rend compte que Hardy ressemble à Hardy (de Laurel & Hardy). Hardy le toise comme Hardy toise Laurel.

Parfois ils perdent la trace. La retrouvent. Un mégot de Cavalier, une empreinte de Firestone. Un vieillard aveugle et solitaire voyant tout, un Apache chiricahua rencontré à la sortie d'un canyon. Ils sont allés de Marathon à Sanderson, s'approchant du Pécos.

Rouge et cordé à l'infini, tel est le ciel à cette heure. Un ciel pour cette terre. Des longhorns maigres clouent leurs silhouettes sur les mesquites. À travers les saules du désert, les buissons de créosote, les agaves, des centaines de moutons avancent sur la mésa, suivis par un cavalier et son chien. Hardy pose la main sur le poignet de Chaim, qui ralentit et stoppe. Hardy sort, se fige sur la piste défoncée. Il attend. Le cavalier s'arrête à sa hauteur, son cheval renâcle, vire au violet dans l'immense rêve qui vient de tous côtés. À la nuit bien des choses auront disparu, bien des nuances, des faits. Le cavalier se penche et parle à l'oreille de Hardy qui éclate de rire et se tape sur les cuisses. Le chien lui saute au cou. Hardy le prend dans ses bras, le berce comme un bébé.

Chaim respire l'odeur de Dallas en contemplant le bracelet. Ça lui fait grincer les dents.

Hardy se sépare du chien et du cavalier, rejoint Chaim. Ils roulent à nouveau, lentement. Plus vite ça casserait. La piste s'élève, disparaît sur une aire sans fin semble-t-il. Le ciel et les sueurs nocturnes de Del Rio s'y reflètent comme le miroitement du Pécos et du Rio Grande qui se rejoignent là. Chaim roule sans savoir, il roule guidé par le destin lui-même, l'appel de Dallas peut-être. Chaim ralentit pour traverser une sorte de cuvette, dans les phares il voit une forme, un corps ? À trente mètres. Il stoppe. Hardy, sans le regarder, lui dit de ne pas bouger. Il chantonne à mi-voix une mélopée criarde en scrutant la scène. Finit par sortir, s'approche. De son pas souple. S'arrête. Sans se retourner, d'un geste il invite Chaim à le rejoindre. Des traces de parfums dans l'air comme si les deux cours d'eau confondaient les souvenirs amassés sur les milliers de kilomètres de leurs trajets.

La momie que Chaim découvre, elle, ne sent rien. Un corps d'homme desséché, cheveux bruns et blancs, très longs, retenus par un bandeau rouge. Le visage noir, dents jaunes, les orbites béantes. Un regard qu'on n'oublie pas. Sa main droite semble désigner quelque chose. Ses vêtements sont en bon état, c'est un Indien, il est pieds nus, ses ongles sont longs.

Il est mort là il y a…

Hardy empoigne Chaim par le bras. Il parle à la momie, la momie ne répond pas. Hardy incline sa tête, recule entraînant Chaim.

– On est arrivé au bord, dit Hardy.

Au bord de quoi ? s'interroge Chaim. Hardy coupe le contact. Chaim se demande ce que la momie joue comme rôle dans la recherche de celle qu'il aime sans oser se l'avouer. Comment se fait-il que personne ne soit tombé sur cette *chose* ? Même pas un coyote pour la bouffer… Ou un vautour, il y en a tellement…

– Le pays est si vaste, dit Hardy en réponse à la question muette de Chaim, qu'on peut passer là où personne n'est passé, mourir sans être accompagné, ce qui est une triste fin. C'est une grande offense que de ne pas avoir de sépulture… (à voix basse)… Mais ça doit être un sacré fils de pute ! Un *trickster*, un malfaisant. Les bêtes ne l'ont pas touché pour ne pas s'empoisonner. Et il a perdu les yeux pour ne pas se voir mort. Crois-moi, c'est pas quelqu'un de fréquentable et il a eu ce qu'il méritait.

Il rit sans bruit, Chaim pense qu'il ne comprendra jamais Hardy.

– Mais on l'a croisé, reprend le vieil Indien, c'est comme ça…

Sans attendre la réponse de Chaim, il retourne vers la momie, la soulève, la porte sans répugnance, l'adosse au marchepied du pick-up. Chaim a le sentiment que tout lui échappe, que tout est tordu et ombreux. Hardy parle en apache, il regarde Chaim puis se tourne vers l'est et tend les bras. Il fait penser à un druide paumé loin de Brocéliande. Puis il ôte le tissu qui recouvre la cage en bois. Dedans l'oiseau est si noir qu'on le distingue à peine. Un palimpseste du *Faucon maltais* réécrit par Waterman ou un autre. Hardy s'en saisit et lui chuchote on ne sait quoi. L'oiseau s'envole, disparaît immédiatement dans l'obscurité. Hardy s'assoit, fait signe à Chaim de l'imiter. Il bourre une pipe, l'allume et la tend à Chaim. Chaim ne pose pas de question. Il fume, c'est âpre et fort. Il tend la pipe à Hardy qui l'invite à fumer encore. Chaim a la tête qui tourne. La compagnie de la momie ne le réjouit pas et pourtant il rit. Hardy lui parle en apache ou en allemand, Chaim ne sait plus. Il répond en russe, en polonais. La momie s'en va, Hardy aussi. Tout s'en va. Plus de lignes et d'angles, de terrains de tennis, faut réfléchir. Tout est en dehors du temps, *là* Chaim est entré sans le vouloir. Il n'est plus lui. Il a une autre existence, il est quelqu'un d'autre. Dans les ténèbres, il voit désormais en relief. C'est angoissant au carré. Chaim s'élève. Il vole et voit par les yeux de l'oiseau, pense-t-il. Avec une acuité affolante. Il a peur. Mal aux oreilles. Froid.

`Une route, un bout de piste. Un groupe de maisons. L'une d'elles a les vitres éclairées. Des voitures garées. Une Chrysler Windsor. Un arbre au tronc énorme, haut de plus de trente mètres.`

Plus rien. Chaim tombe, il est aveugle. Ses os, ses muscles le font souffrir. Il a affreusement mal à la tête, il dégueule. On lui parle (en apache ?). Il répond. Il ne sait pas ce qu'il dit. Il voit un rond rouge, bleu, magenta, vert. Il voit le ciel, le visage lugubre de la momie. Celui de Hardy penché sur lui. Hardy se marre : « T'as apprécié ma pipe enchantée ? Sacré tabac, non ? Ça t'a secoué, tu sais ! T'es plus blanc qu'un navet, on dirait un bâtard de Robert E. Lee. »

Chaim n'écoute pas trop le radotage de ce sorcier en solde. Cette carne ridée et ridicule lui a fait fumer du peyotl ou une saloperie dans ce genre. De la merde de bison, va savoir. Sa vision est troublée comme après une cuite sévère. Hardy-Le-Champignon-Hallucinogène arrose le tissu noir qui recouvrait la cage et la cage elle-même d'essence. Il craque une allumette. Dans les flammes, Chaim entrevoit des démons. Mais tous les mecs ivres ou défoncés voient des démons, en général ce sont leurs femmes avec des rouleaux à pâtisserie. Chaim entend le bruit de l'eau, il rampe. Trouve le filet clair et boit en pleine terre. Reste la face dans l'eau pour oublier l'oiseau. Se relève tant bien que mal. La momie ne fume pas, ne bâille pas. La momie est pourtant réelle. Hardy tend une fiasque. Du Red-White. Pas de refus. Une cigarette, pourquoi pas. En l'allumant, Chaim murmure : « Un grand arbre, gros, haut. Plusieurs maisons. Ils sont là… »

– The Silver Spur Motel, dit Hardy. L'arbre c'est un pacanier, il est connu.

Il étouffe le feu en marchant dessus, assoit la momie dans la cabine, s'installe au volant. Démarre. Chaim monte en marche. Hardy était capable de partir sans lui. Il évite de se serrer contre la momie, se souvient d'une scène d'un film, dans une scierie. La voiture de Laurel & Hardy coupée en deux, ça le fait sourire. Hardy le dévisage, et repoussant la momie qui pique du nez contre le dossier de la banquette, parle en apache, traduit : « Toi aussi, tu me les gonfles. »

Il se permet un pet, ça le fait rire. Un homme ordinaire à la seconde moitié du vingtième siècle, il a une machette quand même. Il pilote plutôt n'importe comment, et beaucoup trop vite. Chaim n'a pas la force de protester. Parfois il pousse la momie du coude, elle ne cesse pas de vouloir se coucher sur lui.

C'est chiant. Il se dit qu'il va penser à Dallas, sans cesse. Comme ça, il la fera vivre. Il ne faut pas qu'il cesse de penser à elle, qu'elle vive. Cette fiction va la sauvegarder. Il regarde le bracelet qu'elle lui a offert. Elle lui a dit qu'il la conduirait à elle. Il souvient de ses cuisses, de ses tétons durs. Ça lui fait penser à son petit doigt et ça le rend méchant. Putain il ne l'a pas baisée. En coupant le petit doigt de l'Indienne, ils lui ont coupé la bite ! La momie se vautre sur la planche de bord, Hardy éclate de rire, chante en apache, le pick-up vole de bosse en bosse…

Chaim s'éveille sans s'en rendre compte comme s'il contemplait ce paysage depuis des heures. Gris marron et bleu, des éclats d'humidité. Des traînées vertes près des maisons à cinq cents mètres de là, tout juste visibles. À côté de lui, la momie est renversée en arrière la tête contre la paroi de la cabine. Hardy fume, c'est quatre heures quinze à l'horloge de bord.

– Je vais aller voir, dit-il sans regarder Chaim. Réveille-toi, prends le temps. Après il faudra s'occuper de ta femme.

Il sort et disparaît instantanément. Chaim regarde la photographie de Dallas. Il s'empare du tournevis qui traîne sur le plancher, quitte la cabine. S'étire. Vérifie son .45, le poignard dans l'étui, l'étui attaché à sa cuisse. Hardy surgit. Un tueur, se dit Chaim, un bon vieux tueur comme on n'en fera plus.

– Pas de chien, dit Hardy. Il faut faire vite, le jour ne va pas tarder.

Il s'empare de la momie : « Il va nous aider, tu vas voir. » Chaim baisse les yeux sur le bracelet, il espère. Hardy s'éloigne déjà vers le sud, la momie dans le dos. D'un geste, il indique le nord à Chaim. Qui court silencieusement. Prêt, prêt à tout. Pas de plan préétabli. L'Indien sait, mieux que Chaim. Chaim lui fait confiance. Hardy est un guerrier, c'est sûr. Chaim souffle dans les dents du loup pour prévenir celle qu'il aime. Pourquoi pas ? Il passe devant un panneau de bois où est gravé le nom du motel : « The Silver Spur Motel ». La ligne téléphonique, il se la paye, l'arrache. Le pacanier l'accueille dans son ombre mouvante et argentée. Chaim avance sans aucun bruit. Il sait faire. D'un coup de poignard, il crève un pneu du pick-up Chevrolet, un autre de la De Soto. Il suit les contours d'un grillage qui relègue trois paons. Ils dorment debout comme des chevaux, l'un d'eux rêve et agite sa parure.

Là-bas, Hardy désigne d'un geste un des pavillons modernes, à trois portes. Style ranch gréco-romain. Garée devant, la Chrysler Windsor. Chaim s'en approche. Continue vers le pavillon bordé d'une véranda, deux marches. Ça grince. Chaim se fige. Attend, se remet en mouvement. Sur le bracelet, l'ampoule semble s'éclairer. Chaim avance sur les planches, s'arrête. Dans une chambre quelqu'un ronfle. Hardy est maintenant sur la véranda, à trois mètres avec la momie sagement dans le dos. Devant la porte de la chambre contiguë.

Le ronfleur tousse. Des rais de lumière filtrent à travers les persiennes. Chaim ne bouge pas, pas plus que Hardy. Le type qui s'est réveillé se lève. Pour pisser sûrement. Ils ont établi un tour de garde, l'un veille dans la chambre où est Dallas. L'autre peut se reposer. Si le type est allé dans la salle de bains… C'est le moment. Chaim d'un geste prévient Hardy qu'il passe à l'action.

Il enfonce le tournevis dans la serrure. De l'autre côté, dans la chambre, la clef tombe. Sans bruit, il y a de la moquette. Ou un paillasson. Chaim manœuvre le tournevis, la serrure à trois dollars cède. Chaim pousse la porte centimètre par centimètre, entend de l'eau couler. Il entre, la chambre est vide. Éclairée par deux appliques murales. Deux lits. Un seul défait. Un portefeuille et les clefs de la Windsor sur une des tables de chevet. Chaim les empoche. Murs verts, moquette rouge. Deux petits fauteuils club recouverts de matière synthétique brun banane. Des fleurs artificielles dans un vase, une reproduction maison de *La Femme au tub* de Degas, le copieur a mis un linge transparent sur les fesses de la dame de dos. La porte de la salle de bains est entrebâillée. Hardy rejoint Chaim avec la momie et quelques chauves-souris qu'il a dans les mains comme un bouquet. L'eau coule. Hardy chuchote. Se sépare des chauves-souris. Elles se faufilent dans la salle de bains sans lumière…

Dans la douche, l'homme se laisse aller sous l'eau chaude. Un grand baigneur nu sans Cézanne pour le peindre. Les paupières closes, il profite de ce plaisir. Quelque chose le heurte, il ouvre les yeux. C'est une chauve-souris. Il la chasse et tire le rideau en plastique. Aperçoit une autre sale bête. L'insulte à voix basse en russe. Sort du bac à douche. La porte s'ouvre. La momie apparaît vraiment effrayante. Elle ricane… Enfin, c'est Hardy invisible qui la manipule comme une putain de marionnette. Un méchant cauchemar. L'homme nu panique. Il n'arrive plus à respirer. Il porte la main à sa gorge, vacille, très fatigué, très lourd. Son cœur passe la main. Il s'écroule, s'ouvre le front sur le lavabo, meurt lentement sur le carrelage. Hardy entre, la machette à la main. Il parle en apache non sous-titré mais Chaim sait ce qu'il dit. Hardy scalpe le grand baigneur. L'homme banal apparaît dans la chambre, un Smith & Wesson .38 Special canon court dans la main droite. Chaim lance son poignard. En pleine gorge. L'homme s'effondre en appuyant sur la détente. Le coup part, la balle fait un trou dans la moquette rouge, ça sent l'*Aqua Mirabilis*.

Chaim arrache le poignard. Il enfonce la porte de la chambre mitoyenne. Dallas est étendue sur un des lits, livide. Droguée, pleine de Véronal. Son pantalon baissé sur les chevilles, la culotte aussi.

La culotte aussi.

Chaim perd la tête, veut arracher la gueule des types. Tuer la mort, les faire bouillir. Il est disloqué, elle est si belle si fragile, martyrisée dans la pénombre du Silver Spur Motel.

S'il déconne c'est fichu : les flics la tôle la honte la mort.

Elle est menottée au bois du lit. Chaim fait feu avec son .45. Libère la menotte. Dallas entrouvre les yeux. Il remonte son pantalon, lui dit que c'est lui, Chaim. Il ne veut pas voir sa main mutilée. Il doit l'arracher à ce baisodrome. Il doit être calme. Il la prend dans ses bras, la soulève.

– Je suis là, tu ne risques plus rien, je suis là… Je ne les ai même pas tués comme ils le méritent, balbutie-t-il.

Il sort sur la véranda, le motel se réveille. Des fenêtres se sont éclairées, s'éclairent. The Silver Spur Motel : deux morts. The Silver Spur Motel, The Silver Spur Motel. Chaim bégaye le nom du drame. Ses synapses radotent. Il n'est pas loin du court-circuit. Du massacre général. Pour éviter le pire, il tire en l'air : « PERSONNE NE BOUGE. JE LE TUE SINON. ATTENTION À VOTRE VIE. PERSONNE NE SORT, JE RÉPÈTE. RESTEZ CHEZ VOUS, NE FAITES PAS LES MALINS. NE MOUREZ PAS POUR RIEN. » Il tire en l'air. Ouvre la portière conducteur de la Chrysler.

Dans la chambre du motel, Hardy finit de scalper l'homme banal, quand on commence on finit.

Chaim couche Dallas sur la banquette arrière, lui baise les lèvres, lui dit de ne pas bouger : « Ne te redresse surtout pas. Ça va canarder. Fais-moi confiance, on va se tirer de là. » Il ferme la portière et tire en l'air. S'installe au volant.

Hardy met un scalp dans chacune des mains de la momie vautrée dans un des fauteuils et lui dit en apache : « Te voilà vengée. Tu peux aller rejoindre les ancêtres. Laisse-moi tranquille… »

Chaim démarre, à bloc. Phares éteints. Les roues patinent, la Chrysler bondit. Part en vrillant. Arrache une partie de l'enclos qui garde les paons… The Silver Spur Motel : deux morts.

Hardy se retourne, l'homme banal n'est même pas mort encore. Hardy lui coupe le petit doigt.

Le propriétaire du motel, sorti, épaule son fusil Garand et tire sur la Chrysler. La lunette arrière vole en éclats. Dans la voiture Chaim rassure Dallas, l'aiguille du compteur de vitesse est déjà à 60 miles.

Un des paons étale son diadème comme une danseuse des *Folies-Bergère*.

Le propriétaire pivote et fait feu sur Hardy qui apparaît à la porte de la chambre. Hardy encaisse une balle dans l'épaule, il en recule d'un mètre. Son sang éclabousse les phalènes. Le vieux dingue rit et disparaît. Le propriétaire continue de tirer sur tout ce qui bouge, sa femme lui dit : « Arrête un peu ! Tu vas faire une connerie ! »

Le paon s'en prend une en pleine poire.

Chaim braque à droite et sort du chemin en dérapant. Il corrige la trajectoire en accélérant, la lune est bleue. Chaim évite un daim. Bastonne, fait suer le vilebrequin.

Hardy se met au volant du pick-up et démarre. Sans phares. Il conduit d'une main, verse du Red-White sur le sang qui sort du trou qu'il a dans l'épaule. Sur ce fichu trou il plaque le chiffon avec lequel Chaim s'est essuyé les mains après avoir changé de roue. Il boit au goulot. Se met à chanter. La piste arrive sur une route. Il stoppe.

Chaim aperçoit le pick-up dessiné à main levée dans le décor d'agaves. Il fait un appel de phares, freine. Hardy rigole. Il laisse passer Chaim, le suit. Dans le pare-brise, ce point de lumière c'est le soleil. Chaim ralentit, de la main il dit à Hardy de passer. Il règle le rétroviseur intérieur et surveille Dallas, les mecs ont dû la prendre. Ils l'ont caressée, ils l'ont baisée. Ou un seul ? Peut-être qu'il n'a pas pu. Les pépites d'or lui ont jeté un sort. Ça arrive qu'un sale type débande. Même pas des mecs de la mafia, des communistes ! La main sur le cœur pour le prolétariat, et ça viole et massacre. À Katyn ou ici au Texas.

Tout ça c'est la faute de Dirk. Ce vieux con a merdé. Chaim a envie de le tuer. Il va le tuer peut-être. Il hait Dirk. Il regarde Dallas, elle est perdue dans le Véronal mais elle va se réveiller et souffrir. Oui faire payer Dirk. On ne peut pas avoir plus de soixante ans et ne pas protéger sa femme. On doit la mettre à l'abri des coups durs. Devant Hardy conduit comme une patate, slalome sur le filet de goudron. Chaim lui fait un appel de phares. Dallas murmure, s'agite, dit : « non ! » Chaim serre les dents. Devant Hardy oblique brusquement à droite, pour éviter Langtry peut-être et le fantôme du juge Roy Bean, *Justice of the Peace, The Law West of the Pecos* [1].

La piste est pourrie, la Chrysler morfle. Touche du pare-chocs avant, du carter d'huile moteur. Déjà plus que d'occase, en route vers la casse. Le pick-up soulève de la poussière qui vient se coller au pare-brise. Chaim enclenche les essuie-glaces, pour balayer ça. Histoire rouge sang, meurtres et viol. Une vingtaine de minutes de tape-cul, Hardy stoppe dans un creux. Chaim l'imite, sort en jetant son poignard sur le siège passager, comme s'il en avait rien à fiche des pièces à conviction. Hardy apparaît ensanglanté : « Le 30-06, ça secoue. Je dois avoir un gros bleu. » Il allume une cigarette : « Il m'a eu au Garand ce singe. Je vais lui faire dessécher une breloque, je sais faire. » Il se marre. Chaim soulève Dallas, elle bredouille deux ou trois mots. Elle veut déboutonner son pantalon, n'y arrive pas. Chaim comprend. Déboutonne le pantalon, baisse la culotte, l'aide à uriner en la soutenant. Hardy dévisse le bouchon du réservoir d'essence, arrache son pansement improvisé, essaye d'y mettre le feu avec

1. « La justice de la paix, voici la loi à l'ouest du Pécos. »

son briquet, ça ne veut pas. Chaim rhabille Dallas. Hardy ouvre la malle arrière de la Chrysler, marmonne son contentement lorsqu'il découvre le jerrycan. S'en empare, verse de l'essence sur le chiffon et dans le coffre. Enflamme le chiffon. Chaim porte Dallas dans ses bras. Derrière lui la Chrysler s'embrase dans un grondement. Il fait très chaud brusquement. Une buse tombe, carbonisée. Un lièvre zigzague en brûlant. Chaim voit le petit doigt de sa femme, il ne peut pas pardonner. Mais s'il tue Dirk, il perd Dallas qu'il vient d'installer sur la banquette du pick-up. Il se met au volant, Hardy referme la portière. Chaim démarre. Hardy d'un geste lui dit de continuer sur la piste. De pas traîner. Dallas pleure. Chaim ne supporte pas. Il freine. Il veut l'enlacer…

– Laisse-moi, murmure-t-elle.

Hardy grogne, parle en apache, rigole. Dallas pleure, puis rit avec le vieux.

Elle s'est endormie sur l'épaule de Hardy, Chaim en veut à ce pitre. Il découvre la baraque au dernier moment… Et encore s'il n'y avait pas eu le cheval sur le toit, il serait passé devant sans la voir du tout. Mais c'est là, forcément chez le bouffon. Une maison en adobe, couleur du sol, adossée à la pente, enfoncée dedans. Un toit en pierres grises au même niveau que la terre. Le cheval dessus comme sur un plongeoir. Une véranda en planches blanchies par les années et sur la rambarde, comme des pâtes à la ficelle, une centaine de serpents à sonnette, morts et mous comme les montres molles de Salvador Dali. Plusieurs de ces saloperies font deux mètres.

Le cheval hennit, quitte le toit, se baguenaude dans cet océan sans voiles. Hardy sort. Dallas se tourne vers Chaim et l'enlace. Il sent son cœur qui tape contre le sein. Ils battent trop vite, des tambours de guerre pas de paix. En sortie des missions impossibles, se souvient Chaim, la rage éclate. On n'en peut plus de s'être contrôlé, on n'en peut plus d'une victoire trop cher payée. Il sent l'odeur de l'homme sur elle, c'est insupportable. Et injuste. Elle *était* à lui, *c'était* sa femme. Et maintenant… Il tente de se parler, de comprendre. Elle n'y peut rien et lui. Lui… Les muscles contractés, il bouge pour lâcher la pression, pour que la fureur s'échappe un peu. Par maladresse, il lui tire les cheveux avec le bracelet, elle s'écarte de lui : « Fais attention. » Ça lui verse du vinaigre le long des nerfs. Pour souffler sur la mèche du bâton de dynamite, il joue avec le bracelet, murmure que la lampe s'est éclairée quand il a vu…

– Vu quoi ? Comment tu veux qu'elle s'allume sans pile ?

Chaim est décontenancé, elle hausse les épaules : « T'es un peu… »
– Un peu quoi ? répète Chaim, dégoupillé et prêt à exploser.
– … Rien.

Chaim essaye de la consoler. Elle se dérobe puis cède. Contre lui, pleure. Il la caresse : « Tu vas voir, tu vas oublier. »
– Oublier quoi ?
– Ce qu'ils t'ont fait…
– Tu crois ça toi ?
– Je ne sais pas, ça dépend quoi…
– Ah ça dépend quoi ! Il y a plus ou moins grave, c'est ça ? Tu veux les détails pour savoir si tu peux me pardonner ?

Elle sort de la cabine, s'en va. Il la rattrape, la fait pivoter. Elle le repousse : « Je m'étais gardée, tu comprends ? Mais non, t'es trop con ! »
– Merde ! Tu me fais chier !

Il ne la lâche pas, elle le mord : « Je t'intéresse maintenant parce que je me suis fait baiser, c'est ça ? T'aimes passer derrière les autres ? » Chaim est interdit. En caleçon militaire, Hardy s'encadre dans l'embrasure de la porte de sa cabane, une guitare dans les pattes. Il apprécie la discorde, pose un pied sur une batterie qui alimente un gros phare éteint.

– Pourquoi tu m'as pas prise l'autre nuit ?

Hardy plaque un accord, mais sa guitare n'a que trois cordes, alors c'est faux.

– Un homme l'aurait fait. Dégage !

Hardy se met à jouer et psalmodie : « Une nouvelle fois on n'est pas morts, pas morts. Au Silver Spur Motel, pas morts. Les autres sont morts. Morts. Tout à fait morts. Au Silver Spur

Motel, ho hoho ho hoho ! » Une corde pète, Hardy persiste à malmener sa gratte en sapin gagnée à la tombola des marchands de guignols. Chaim saisit Dallas à la taille, la dévisage de force.

– Me regarde pas ! Tu me salis ! Lâche-moi, t'es trop laid.
– Je te veux, je veux que toi.

Il dit ça calmement en la regardant, c'est elle. Il n'y a qu'elle. C'est comme ça. Dallas lit dans les yeux de Chaim que c'est vrai, 100 % vrai. Il la veut, ça la brûle. Elle tente la sortie de secours : « Faut pas. Je suis sale. Et je suis la femme de Dirk… »
– Il t'a perdue en te laissant à ces salauds. Tu es ma femme, moi je ne te laisserai pas.

Il l'embrasse. Elle lui rend follement le baiser, rit comme une dingue : « Il m'a pas eue, le type ! Il n'a pas pu. Il m'a pas eue ! »

Elle le serre contre elle : « Je voulais te faire souffrir, me venger. Tu l'as tué, cette ordure ? »
– Oui.
– C'est bien. Et l'autre ?
– Il est mort.
– C'est ce qu'il fallait. Leurs vies pour payer ma honte.

À l'arrière-plan, Hardy après un solo reprend le refrain : « Une nouvelle fois on n'est pas morts, pas morts. Au Silver Spur Motel, pas morts. Les autres sont morts. Morts. Tout à fait morts. Au Silver Spur Motel, ho hoho ho hoho ! » Chaim veut embrasser la main mutilée de Dallas. Elle la retire : « Surtout pas de mièvrerie, me fais pas chier avec ce doigt. Laisse-moi l'oublier. »
– Mais Hardy m'a dit…
– Hardy dit n'importe quoi. Il faut que je m'en occupe sinon il va mourir. Et toi, il faut que tu trouves Dirk.
– Pourquoi ? Pourquoi je ferais ça ?
– Pour que je puisse lui dire que je divorce.

Elle le dévisage avec une attention extrême qui peut faire peur : « Toutes celles que tu as eues avant moi, je les vois. J'aime pas ça. Faudra les… Je te veux à moi, entièrement. »

Adossé au mur, sous la véranda, Hardy le Périmé fume derrière son rideau de crotales : « Ça y est ? Vous en avez assez de vous peloter et de glousser ? On peut passer à la suite ? »

Chaim s'aperçoit là que les serpents à sonnette ne sont pas morts. Ils frétillent comme des goujons fraîchement pêchés. Hardy se marre : « Sont juste endormis. Comme ça, la nuit, si une satanée momie ou un shérif à la manque rappliquent sans prévenir… »

… Et le phare branché sur batterie, pense Chaim, c'est pour les aveugler et les tirer comme des lapins. La fameuse hospitalité apache, quoi.

Chaim se gare devant la pompe à essence. Les néons s'allument en grelottant comme des osselets. Les gamins rappliquent avec un coyote empaillé dans une poussette à trois roues et un baigneur en celluloïd, un *baby* nègre. La fille console le petit négro en le bécotant, elle dit à Chaim que s'il veut lui en faire un comme *çui-là*, c'est…

– 1 000 $. Mais tu pars avec. Je l'élèverai pas.

Elle se remet une couche de rouge à lèvres. Chaim lui répond qu'il va réfléchir. Il leur dit de faire le plein, de remplir les jerrycans. Il entre dans la *cantina*. Plutôt déserte. Sur une ardoise on a écrit à la craie blanche : « IJODER GRIPE ! PUTA ! » Derrière le comptoir, voyant apparaître l'Indien criminel, Chuy se signe avec une indigne ferveur. La chaleur assomme Chaim, ça fait trente-cinq heures qu'il n'a pas dormi. À la télé, une blonde, Marilyn Monroe, fait la retape pour une marque d'essence, *Royal Triton*… De la neige sur l'écran. Le singe, un crêpe noir au bras, pouffe, siffle en douce le whisky d'un client. Chaim s'assoit. El Magnifico pose son poste de radio, fait signe à Chuy. Le fils pousse le père vers Chaim. Le guitariste a une chemise rose luisante, il se met à faire un petit coup du *ranchera*, tralala. Chaim allume une cigarette.

– Comment va, maestro supérieur ? s'enquiert le magistral infirme.
– Je vais, répond Chaim en français.

El Magnifico semble charmé : « Vous pourriez me donner des leçons ? »

– Faut voir. Mais là j'ai faim et soif.

– Il faut manger pour vivre, déclare El Magnifico dans son français épouvantable. J'adore Corneille.

Chaim n'a pas envie de le reprendre. En espagnol, l'homme sans jambes exhorte son fils à se remuer le scrotum et aller chercher bière et nourriture variée pour le tueur. Qu'il fasse surveiller la bagnole de l'égorgeur, que le premier qui lui vole ne serait-ce qu'un pou soit pendu par les burnes, et il ajoute en français : « Dépêche-toi, faquin ! » Il sourit à Chaim, se tourne vers le guitariste et lui dit de changer de disque, de jouer pour leur hôte francophile *El Rancho Grande*[1]. Le pauvre type s'y colle avec courage et en français donc :

« J'ai mon rancho dans la pampa
C'est le plus beau de la sierra… »

On ne parle pas de l'accent…

– C'est beau Tino, déclare El Magnifico. N'est-ce pas ?

– Je cherche Dirk.

– Pour le…

– Non.

– Ah merci ! Ça m'aurait mis dans une situation… C'est pas que je suis fondamentalement opposé au crime mais il y a des conséquences… Et puis Dieu, c'est lourd. C'est très lourd de prier, de prier sans cesse.

Chuy survient avec un plateau chargé de tacos, de quesadillas et de quelques canettes glacées. Quant au chanteur, il écourte :

« Dans mon rancho magique
Les beaux jours font la ronde… »

1. *El Rancho Grande (Give me my ranch)*, interprété par Tino Rossi.

Il siffle, plaque un accord final, amputant le poème de ses derniers vers si profonds pourtant et sourit à Chaim qui mange un tacos, boit au goulot. El Magnifico lui déclare qu'il est splendide lorsqu'il mange, que pour l'Allemand il va se renseigner. Il hèle son fils…

– Tu te souviens du baba au rhum, lui susurre Chaim. Alors bouge-toi.

Chaim regarde l'horloge, l'aiguille des secondes va si lentement… si lentement. Chaim a du mal à rester éveillé. Par mesure de précaution, sous la table il prend le .45 dans la main gauche. Il s'endort dans ce geste, comme au ralenti, il ne peut pas résister. Lorsqu'il ouvre les yeux, il voit le shérif Nick Corey, blême. Avec une canette de bière et un verre de mezcal, en guise de boussole et de gouvernail.

– Je te cherchais, dit-il, j'ai vu la bagnole. Me voilà.

On est bien avant minuit mais la *cantina* est sage, les chrétiens sont nazes. El Magnifico dort sur sa chaise, son poste de radio plaqué contre son oreille. Chuy s'est effondré sur une table. Le singe, lui, joue aux dés, de temps en temps il se gratte et bâille.

– J'ai 40, dit le shérif Nick Corey, au moins. Et ma femme à l'hôpital, pas loin de claquer à cause de cette putain de grippe.

Dans le galon du Stetson de Corey, en plus du cure-dent réglementaire, Chaim compte huit mégots, c'est là qu'il les stocke désormais. Le shérif Nick Corey se réincarne de son vivant en cendrier. En attendant la mue définitive, il boit de la bière, marmonne : « Tu peux ranger ton .45 ? »

Chaim remet le cran de sécurité, pose le Colt sur la table.

– Un .45 ça m'étonne de toi, dit le shérif Nick Corey.
– Je n'ai trouvé que ça.
– … Un poignard et une lampe de poche aussi.

Le shérif pose sur la table un sac en toile de jute frappé de la mention « US Government ».

– Le fric du contribuable, dit-il, à cause de la grippe plus rien ne marche. Les convoyeurs sont tous au lit ou morts. Alors c'est nous. Il y a déjà un marshal qui s'est fait plomber près de Salt Flat. Plein de gamins se mettent à rêver au gros lot. Faut être vigilant et le problème, c'est qu'à cause de la fièvre, je vois quasiment plus rien.

Il tapote le sac : « On l'emmène à Sanderson, via Marathon. Oui ! *On* ! T'as gagné ton étoile en chocolat. »

Chaim est plus que surpris, il n'y a pas longtemps encore il était un des notables de la mafia…

– T'étonne pas ! Qui dans la région est plus habilité que toi à convoyer du blé ? Personne. Donc tu es mon adjoint. Là-bas un autre con de shérif s'en occupera. Presque quatre-vingt-dix miles et faut faire vite… (en consultant sa montre) Très vite. »

Il prend son pouls sur son cou : « Cent dix à l'arrêt. Tu parles d'un excès de vitesse ! » Il soupire, insulte la grippe, boit son verre de mezcal, allume une clope : « Tu l'aurais cru ?… Trimballer du fric avec un flic ? Attends j'ai oublié le protocole… Faut que tu jures. Tu lèves la main. Je dis le baratin… C'est fait. Et tu jures. »
– Je jure.
– Bon, t'es engagé et t'auras un peu de blé du comté mais tu as l'habitude maintenant. À la fin des fins, tu deviendras shérif…

Le voilà avec un permis de tuer, Stefan et Lucky ne le croiraient pas. Le shérif hume autour de lui, devient suspicieux, approche le visage de Chaim : « Tu sentirais pas la chatte à plein nez ? »
– … Non… Vous savez j'ai une vie très rustique.

Le shérif Nick Corey se lève, rectifie la position de son Stetson, examine Chaim : « Dis-moi. Comment tu fais avec les femmes ? T'es pas beau, t'es pas… Dis-moi ? »
– J'ai mon petit truc à moi…

Le shérif Nick Corey s'esclaffe, ils partent. Chaim sait qu'il y a autre chose. Le shérif n'est pas venu que pour l'engager. Le singe lance les dés, ils roulent sur la piste.

– Je te parie qu'il sort les as, dit le shérif à Chaim en poussant la porte. Ce singe a ça dans le sang.

Les deux gringos sont sortis. Le singe se voit dans la glace et ça le perturbe. Il sait que c'est lui, mais c'est qui l'autre ?

– Shérif adjoint, c'est bien… Mais vous n'êtes pas venu que pour ça, il y a autre chose, dit Chaim en se tournant vers le shérif Nick Corey qui s'installe sur le siège passager de la Chevrolet Deluxe, le fric sur le bide.

– Oui mon vieux, il y a autre chose… Dirk a avalé son extrait de naissance. Ça te fait de la peine ?

Dirk n'a pas manqué à Dallas, il a manqué de bol. Le shérif Nick Corey se frappe les cuisses avec les mains.

– *Ah la vie*, dit-il en français comme l'aurait fait El Magnifico lui-même. Démarre, petit gars, il y a le feu. C'est pas la grippe qui l'a eu, Dirk. C'est sa Willys. Il est sorti de route, elle s'est renversée… Et salut. Mort entre Van Horn et Lobo, voilà ce qu'on pourrait graver sur sa pierre…

Chaim sort du parking et met la sauce sur l'US 90, direction Marathon.

– C'est qu'un six cylindres, explique le shérif, j'aurais préféré un V8 mais les ploucs du comté sont radins… Heureusement il est bien affûté. Pour en revenir à Dirk, il est à la morgue de Lobo. Devant la ligne du *Sunset Limited*, à compter les trains. La Nouvelle-Orléans/Los Angeles, sans retour donc pour notre vieux copain. Il va falloir que tu fasses comme le singe, que tu te mettes aux crêpes. Et si ça se trouve tu vas être obligé de creuser le trou…

United States of Crime, ça bastonne. Phare rouge distribuant sa lumière aux coyotes futiles. Phares blancs démasquant le bitume. La radio de la police marmonne comme un type un peu idiot et seul, le shérif Nick Corey picole pour faire tomber la température : « Enfin la morgue de Lobo… C'est une des chambres froides de l'abattoir. Au cul des rails. L'ex-abattoir. Lobo c'est une ville fantôme. Tu peux la traverser à fond la caisse et les yeux fermés. Tu tueras personne, il n'y a personne. C'est les services sanitaires de l'état qui ont décidé ça. Ils savent plus que faire des macchabées, alors on les stocke à Lobo. Qui se plaindra là-bas ? Tout ça pour te dire que j'ai bien dans l'idée de me reconvertir dans le sapin et les fleurs artificielles… Si je vis… »

Le shérif Nick Corey tousse et allume une cigarette en débranchant la radio : « Font chier avec leur baratin ! Qu'est-ce que je disais ? »

– Vous vouliez vous reconvertir dans l'enterrement en gros.

– … Tu connais le Silver Spur Motel ?

– … Pas du tout.

– Ça ne m'étonne pas. C'est entre Sanderson, Sonora et Loma Alta, entre rien du tout quoi. Cinq six baraques, un pacanier et des paons. Hier après-midi, voilà une Chrysler Windsor noire qui se pointe là-bas, de Chicago. Deux mecs et une nana qui dort dans la bagnole. Les mecs veulent deux chambres. Deux mecs ordinaires. Plus tard ils sortent la nana de la Chrysler. D'après la proprio c'est une Indienne, une Navajo. Une Navajo à Chicago, tu vois ça toi ?

Chaim voit bien. Même très bien. Le shérif lui tend sa fiasque. Chaim refuse. Il n'est pas Sierra Sam, un simulacre d'être humain qui essaye les sièges éjectables. Grippe + manque de sommeil + whisky = frigo. Le shérif s'envoie une gorgée, rebouche son joujou et sourit en regardant la route ou un rêve : « T'imagines pas ! »

– C'est sûr, répond Chaim en regardant dans ses rétroviseurs comme un bon shérif adjoint qui trimballe des tonnes de dollars.

– À l'aube, un coup de feu réveille les proprios, un ancien major de la Cavalerie et sa moitié. Je te fais grâce de toutes les péripéties. Retiens que le proprio se paye un Indien au Garand. Ce qui fait deux Indiens dans ce *comic*. Mais il ne fait que le blesser. Il va voir un peu de quoi il retourne et trouve une momie dans un fauteuil, la momie a dans les mains les scalps des deux gars de la Windsor… Ed Dawson, le shérif de Loma Alta, n'a jamais vu ça… D'autant qu'un des scalpés est mort d'un infarctus… Tu imagines les gros titres ?

« Sanglant règlement de comptes entre une momie et deux espions communistes… L'énigme du Silver Spur Motel : qui a tué la momie ? »

– Si j'étais écrivain, dit le shérif Nick Corey, chahuté par la vitesse, je commencerais comme ça : « Vers les une heure du mat, sur l'US 90 en direction de Sanderson. Un dur conduit la Chevrolet du shérif… Ça te va ?
– *Dur…* Je ne suis qu'un type comme les autres.
– Comme les autres ! Elle est bien bonne ! Qu'est-ce que tu proposes à la place ? Gangster, prêtre, ingénieur ?
– Un shérif adjoint…

Le shérif Nick Corey apprécie, tend sa main pour toper. Chose faite dans un claquement sec. C'est vingt-trois heures cinquante. Chaim surveille ses rétroviseurs comme s'il était suivi…

– Des bagnoles, il y en a, marmonne le shérif. Ça manque pas. À toute heure. C'est pas interdit de rouler la nuit, même en cas d'épidémie de grippe.
– Sans phares ?
– Peut-être un aveugle ?

Ça les amuse. On est au Texas, il faut distraire le plomb qui attend dans les barillets le moment de tuer.

– Si c'est mes dernières heures sur terre, dit le shérif Nick Corey en jetant un œil à l'horloge de bord, je suis content de les passer avec toi. Pour en revenir au Silver Spur Motel, à mon avis il y a une ressemblance avec la mort de Jorge…

– La momie a tout peint en noir ?

Le shérif Nick Corey rigole : « Non. Mais celui qui n'est pas mort d'un arrêt du cœur est mort d'un coup de couteau… »

– Des types qui manient le couteau il y en a…

– Qui le manient comme ça ? Pas des bataillons. Mais il y a autre chose, le décor, la mise en scène. C'est pas des affaires ordinaires. Il y a de la passion. Qu'est-ce que tu en penses ?

– De quoi ?

– Des mecs qui nous suivent…

– Ah… Je pense qu'ils veulent se payer du bon temps avec votre fric…

– Qu'est-ce que tu proposes ?

– Rouler plus vite, je ne peux pas. Eux ils doivent avoir ce bon V8 qu'on ne vous a pas voté…

Chaim ralentit pour allumer une cigarette qui lui paraît formidable.

– T'es amoureux, dit le shérif Nick Corey qui regarde une nouvelle fois l'horloge de bord, tu souris tout seul ?

– Moi ?

– Il vient de New York pour tomber amoureux d'une Indienne !… Alors ? On en est où ?

Chaim consulte les rétroviseurs : « Ils se tâtent. C'est leur premier coup. Mais à un moment ou à un autre ils vont se sentir obligés d'y aller… »

– Qu'est-ce que tu proposes ?

Chaim éteint les phares, sort de la route sans prévenir. La Chevrolet proteste. Ça saute, ça grince, ça s'arrête derrière un paravent de cactus. Dans la pluie de poussière qui retombe, Chaim aperçoit quelques bisons immobiles. La bagnole qui les suit surgit. Jaune. Une Oldsmobile 88, *la voiture la plus chaude depuis la fin de la guerre* comme dit la presse. On peut remplacer voiture par fille et on a une Indienne nommée Dallas. Le shérif Nick Corey marmonne qu'avec une bagnole de cette couleur, ils feraient mieux de beurrer des tartines. Chaim redémarre piano, il chantonne :

« *You women have heard of jalopies,*
You heard the noise they make,
Let me introduce you to my Rocket 88. »

Le shérif Nick Corey le dévisage puis s'intéresse à l'horloge de bord, susurre que Einstein tout malin qu'il est n'a rien trouvé pour remplacer les calendriers, que cette année 1951 se termine et que sur le calendrier de l'année prochaine, celui de l'amicale des flics cocus, on verra Chaim en robe de mariée. Chaim écoute d'une oreille distraite les élucubrations du shérif Nick Corey. Il pense à la suite, comment stopper un braquage qui n'a pas encore eu lieu. Phares toujours éteints, il revient sur la route, met la sauce, pied enfoncé dans le châssis. La Chevrolet renâcle, se lève pratiquement sur ses pattes arrière, retombe. S'élance les bielles fumantes, creuse des sillons dans le goudron. Bientôt l'arrière de l'Oldsmobile apparaît, plaque minéralogique arrière illisible, la Chevrolet arrive dessus comme un V2. Les futurs braqueurs doivent être dans l'expectative… Où est passé le shérif ? Ils ont ralenti pour se gratter la tête, c'est…

– C'est minuit, dit sobrement le shérif Nick Corey. Le moment de leur souhaiter la bonne année.

Chaim le regarde sans comprendre…

– Eh oui, t'as tellement le nez dans le guidon de ton Indienne que tu sais plus où t'en es.

Il s'empare du micro du haut-parleur et gueule dedans : « Ici le shérif Nick Corey, bonne année 1952, les gars ! »

Il se marre. L'Oldsmobile fait une embardée. Chaim déclenche tous les phares, la sirène, dépasse la bagnole.

– Bonne santé, crie le shérif Nick Corey dans le micro. Bonheur et fric !

Chaim se rabat sur la droite, coupe sauvagement la route aux quatre ploucs qui étaient partis à la chasse au trésor. L'Oldsmobile quitte la chaussée en perdant un enjoliveur, file dans le sable, entre les cactus et les cactus, balayant le désert avec ses pare-chocs. Ça fait bicher le shérif Nick Corey qui se tourne vers Chaim : « Bien joué ! Il y a pas à dire on fait une bonne équipe… Et bonne année à toi. »

– Bonne année à vous, shérif.

– Peut-être qu'ils ne recommenceront pas. Toi tu t'es bien arrêté. Mais bon on n'a tué personne, pas de mères en larmes à Balmorhea ou à Sierra Blanca… Ça se fête !

Il propose sa fiasque à Chaim qui oublie Sierra Sam et s'adjuge une lampée pour chasser la grippe et les mains moites : pendant quelques secondes il a craint que ça tourne au massacre, que lui et le shérif Nick Corey soient contraints de plomber quatre gamins dans les premières minutes d'une nouvelle année, vraiment nouvelle avec tout ce qu'il n'ose même pas imaginer. Il ne sait pas ce que c'est une vie *normale*, une vie d'homme classique. Il pourrait avoir peur mais il a tellement envie de cette femme, envie de choses simples qu'il n'a jamais connues et qu'il imagine. Choisir la couleur d'un tapis, acheter à manger. Au fond prévoir l'ordinaire, songe Chaim, c'est une aventure incroyable.

Le shérif Nick Corey essuie sa sueur d'un revers de main, allume une cigarette, se lance : « Une femme aimée, c'est une sorte de… fable. Un conte qui se transforme sans cesse, change sans cesse : blonde, rousse, goût chocolat, goût banane… »

Le shérif Nick Corey sourit à un vieux souvenir et reprend : « Une femme aimée est comme un caméléon, elle prend la couleur de tous tes rêves, de tous tes tourments. Et de tes cauchemars, fils. De tous tes cauchemars, t'as bien entendu. C'est une réponse à toutes tes pensées secrètes. Voilà dans quel traquenard tu t'es fourré mon gars. »

Une pancarte « Sanderson, 3 miles » apparaît, trouée d'impacts.

– Tu l'inventes et la réinventes tandis qu'elle mue… Et remue dans tes rêves. L'amour c'est la lubricité plus le gros lot à la loterie, le péché pardonné par le péché lui-même. L'Esprit saint a une queue mais faut pas le dire à Davy…

Ils entrent dans Sanderson, de la poussière, des poteaux électriques, des câbles, des fils téléphoniques, de partout, dans tous les sens, quelques rares baraques en briques, en parpaings peints, des enseignes « Kerr General Store » « Drugstore » « Hotel ». Des poteaux, des bagnoles, de la poussière dans la nuit. Une tristesse grande comme le ciel, sans bornes. Un bled au Texas en 1952, se dit Chaim. Une femme ivre, assise les jambes écartées, son *cow-boy* debout comme il peut, un chien qui tourne la tête, les rails désolés, la gare au toit en tôles ondulées, le Texas sans fard sans cesse. C'est là que j'ai envie de vivre, pense Chaim. Partout, il voit la trame du temps, visible cette nuit.

Le shérif de Sanderson dort dans sa Dodge police cruiser dont le moteur tourne, se sépare de ses gaz d'échappement qui rampent gris avant de se mélanger à la peinture de ce tableau pas tranquille. Une attente générale. D'espoir, de fric. De sommeil. Odeur d'essence, de combustion, de sueur froide. La Ford est garée devant le bureau du shérif, placardé d'avis et d'affiches. Nick Corey tapote sur la vitre. Le dormeur s'éveille, descend sa vitre en allumant simultanément une cigarette avec laquelle il roupillait, comme un bébé avec sa tétine. Nick Corey lui donne le sac avec le fric. Un coyote aboie. Des ombres passent sur la chaussée. Nick Corey vient s'assoir à côté de Chaim sur l'aile de la Chevrolet. Une enseigne métallique grince, et là-bas, un chat s'arc-boute. Les bagnoles murmurent, les trois hommes attendent ce qui ne s'attend pas. Ils semblent être les témoins impuissants de l'action des choses et des faits. Écartés, fatigués. Le shérif de Sanderson fume en regardant devant lui. Il fait un vague geste d'au revoir, s'en va lentement dans sa bagnole dont les veilleuses s'éclairent à l'instant où elle passe le coin de la rue, disparaît. Comme si tout ça n'avait qu'une existence aléatoire, n'était qu'un songe. Chaim et Nick Corey restent comme ils sont, engourdis, ici et nulle part. Chaim a le sentiment que plus rien ne sera comme avant, que quelque chose de très important s'est passé et il ne sait pas quoi. Et même il pense que cela n'a aucune importance. Il ne sera plus le même pour une raison inconnue. Il oubliera d'heure en heure qu'il n'est plus le même et finira par penser qu'il l'est. Il sait que tout disparaît comme la Dodge du shérif et que l'image de sa disparition disparaîtra. La mémoire est organisée pour oublier. La mémoire fait ce qu'elle veut et obéit comme elle veut à nos injonctions. L'être d'un côté, sa mémoire de l'autre. L'oubli est beau, se dit Chaim. Mais l'amour ne s'oublie pas. Même si on lui crache dessus, il résiste. Chaim veut sous ses doigts la peau de Dallas, il veut ses yeux car elle en a bien deux. Le disparu luit dans l'œil de verre.

L'Indienne qui lui a tapé dans l'œil avec son œil de verre qui compte pour deux.

Le shérif Nick Corey écrase son mégot, le ramasse pour le glisser dans le galon de son Stetson. Chaim braque, fait demi-tour. Entend la tragédie simple de cette *ville*. Il lui semble qu'elle se meut, les accompagne, adhère à la Chevrolet. Finalement elle cède, tendant ses bras blêmes comme pour implorer Chaim de revenir. Non. Mais comment faire pour vivre ? Jamais il ne s'était posé cette question, il vivait. Mais en fait il ne vivait pas. Et puis il était seul. Toute cette plaisanterie ne concernait que lui. Comment être deux et un, retour aux maths. Mais Dirk est mort et ne répondra plus.

Chaim freine pour ne pas se payer un coyote. Le shérif Nick Corey le regarde comme s'il savait pourquoi il avait freiné, devant l'obstacle de l'évidence. Le shérif Nick Corey rabat son Stetson sur son nez. La route avale la Chevrolet. La route dans les phares blancs. Des ruines, des cactus, quelques arbres. Jadis lorsqu'il roulait Chaim se disait qu'il pouvait vivre là ou là. Un peu partout si la demeure était belle.

– Dès que je ferme les yeux, je vois, dit le shérif Nick Corey. Mais je ne sais pas si je vois ce que je verrais les yeux ouverts. Tu comprends ?

– Je crois.

– Là je vois un type qui a piqué du fric à la mafia. Et toi ?

– Un chien mort, des étoiles, et le goudron bien sûr.

– Mon type voulait passer au Mexique, mener la belle vie en Argentine ou ailleurs. Mais il a eu un coup de cœur en route, c'était pas prévu. L'amour tu sais bien, ça sent si fort que ça te colle à la peau, tu peux plus t'en débarrasser. Vrai ?

– On dirait.

– Alors mon type et sa chérie vivent leurs jours tranquilles au Texas… Ah oui parce que mon type, il ne va plus au Mexique, il s'est fait piéger par la fille et par le pays. Qu'est-ce que tu en dis ?

– Ça sonne juste, répond Chaim.

Il n'a plus envie de fuir, pas envie de changer de nom, son nom d'origine est resté à Monte Cassino. Les coquelicots rouges poussent dessus. Quelles fleurs pousseront sur ce nouveau nom, il est encore temps ? Il a encore de la sève ? Il n'est pas trop pourri ? Des fleurs pour eux deux ? Quelles fleurs pourraient remplacer les coquelicots rouges ? Des fleurs qui raconteraient une autre histoire, une histoire d'amour en pleine guerre des jeux.

– Je te dis que je vois comme en plein jour, poursuit le shérif. Et je vois les gars de la mafia qui se pointent un de ces quatre. Sans prévenir. Tu sais bien, on oublie toujours un détail. La perfection n'existe pas plus dans le crime que dans l'ordinaire. Et mon type il avait oublié que sa femme a la peau fragile.

Chaim encaisse mais ça fait mal. Il *voit* Dallas s'écrouler, le sang. Ce n'est pas possible. Elle a perdu un doigt par la faute de Dirk, les envoyés de Vito Genovese, eux, la tueront au mieux…

– Mon type, dit le shérif Nick Corey, il n'a qu'une seule solution s'il veut que sa femme vive comme elle le mérite.

Le shérif relève son Stetson et tourne la tête vers Chaim. Il le scrute longuement sans rien dire. Chaim conduit, il ne pourrait pas soutenir ce regard. Rendre le fric, bien sûr. Mais le shérif ne sait pas ce qu'on peut faire avec deux cent quinze mille dollars. Et puis…

– Ce n'est pas si simple, dit Chaim.

– Ah bon, s'étonne le shérif en remettant son Stetson sur son nez.

– Ils veulent peut-être faire un exemple. Punir ce type. Pour eux quelques dizaines ou centaines de milliers de dollars, c'est rien.

– Faut essayer. Mon type je le vois dangereux. Vraiment. Et malin. Il peut les impressionner… Et puis faut savoir ce qu'on veut dans la vie, non ?

Chaim pense à Vito Genovese. Pour le traumatiser il faut y aller fort. Bien sûr, Lucky aurait son mot à dire. Et Frank Costello, Meyer Lansky. Mais si jamais Vito Genovese retrouve sa trace, Lucky n'y pourra rien car il sera mort et Dallas morte. Ils les tueront, le fric c'est accessoire. Presque un pourboire. Qu'est-ce qui pourrait effrayer Vito au point de le faire renoncer ? Chaim ne sait pas et se dit qu'il n'en est pas là. Qu'il fera tout pour ne pas en arriver là. Il aime Dallas, ils vont vivre peinards. S'il faut quitter le pays… Mais avant il faut convaincre Dallas de profiter du fruit de son travail, parce que c'est de ça qu'il s'agit. Les deux cent quinze mille dollars, c'est son capital, ce qu'il a gagné. Sa récolte…

– La soupe au cheddar, dit le shérif Nick Corey, c'est ce qu'il y a de mieux pour la grippe, avec cinq aspirines pour suer. Tu vois ?

– Presque.

– Il y a un bouillon de bœuf chez moi dans une casserole. Un vrai de vrai, parole. Fait maison avec des os et du gras de bœuf. Le cheddar tu le trouves dans le frigo avec la bière. Faut de la bière. En chauffant elle donne du goût… Pas oublier la sauce au chili et la Worcestershire. On s'envoie ça bien brûlant avec une ou deux canettes. Et au pieu. Si j'y arrive pas tu m'aides à quitter mes bottes. Et après tu fais comme tu veux, il y a une chambre pour toi ou tu peux prendre mon fric et te tirer. J'ai deux cents dollars dans le tiroir de ma table de nuit.

Le shérif Nick Corey habite sur la 118, à trois miles du centre-ville. Autant dire en pleine brousse. Une maison des années quarante, comme un décor de film jamais tourné. Crépi orangé, massifs de roses jaunes, cactus et faux champignons en faïence poussant dans le petit bout de gazon. Triste. Le voisin le plus proche à trois cents mètres.

Potage au cheddar brûlant, épicé à chialer. Avec deux canettes de bière gelée et des clopes. La bonne affaire, quoi.

Le shérif Nick Corey lui a signé un formulaire officiel pour réclamer la dépouille de Dirk Dinkelbauer. Il lui a demandé d'être à son enterrement s'il passait l'arme à gauche. Si possible avec les Intouchables. Là il dort. Chaim lui a retiré ses bottes. Il a laissé une lampe de chevet pour le veiller, lui il a trouvé la chambre. La chambre du fils, mort. Sur une photo avec ses copains du 16e régiment de la 1re division d'infanterie, the Big Red One. Ils ont débarqué à *Bloody Omaha*… Il faut bien mourir quelque part.

Chaim s'allonge sur le lit, contemple le ciel à travers la fenêtre. Il vit. Une chance. Il y a de cela six mois, il aurait rigolé de ce genre de pensée, qu'il réservait aux cathos, péquenots, représentants de commerce, ouvriers de tout poil, mères de famille, pasteurs. Chaim, à cette époque, ne reconnaissait que l'absurde. Il avait traversé la guerre en laissant son sang sur le sol, son nom dans la tombe, pour des idées dont il n'avait rien à foutre. Et même qu'il dédaignait. Chaim n'était pas *monté* à Monte Cassino pour la liberté ou la grandeur de la Pologne. Il s'était battu par ennui, pour passer le temps.

Il regarde le bracelet, le touche. C'est *elle*. Il ne s'en séparerait pour rien. C'est affreux d'aimer. L'amour heureux c'est des conneries, comme le beurre allégé.

Dans la chambre du fils, Chaim comprend que la nuit est faite pour se reposer, si possible à côté de celle que l'on désire. La nuit succède au jour et le précède. Dans son calme et ses ténèbres on se repose, on retrouve au pays du rêve son autre face. On essaye d'y puiser un peu de génie. On renouvelle sa force pour le jour nouveau…

La vie, se dit Chaim, c'est l'espace. L'action. L'air le ciel. La vie c'est aimer. C'est les odeurs, l'ananas la résine le cuir. La vie c'est affronter les éléments. La vie, se dit Chaim, c'est chercher le bonheur. La vie c'est *son* corps. *Sa* voix. La vie, c'est elle. Il veut allumer une cigarette mais ne le fait pas. Par respect pour le fils. Il demeure sur le lit, la cigarette dans la bouche. Tourné vers le ciel comme une plante vers le soleil. C'est ainsi qu'il s'endort et retrouve son mystère.

Au soir.

Des milliers de coquelicots rouges, des dizaines de milliers sous le ciel rouge. Chaim marche, il est anxieux. Il faut qu'il retrouve quelque chose. C'est primordial. Il se baisse. Dans une corolle, il cueille le petit doigt de Dallas. Il se redresse, se retourne et l'enlace. Elle est là, vêtue d'un chemisier en dentelle blanche et d'un pantalon en peau. Coiffée d'une tresse. Il n'a jamais vu une femme aussi belle. Il saisit sa main, il remet le petit doigt à sa place. Ils sont unis par l'amour tout-puissant ; ils s'enlacent, leurs lèvres se mêlent, leurs corps. Le vent chasse les coquelicots, le ciel et Chaim. C'est l'aube grise et bleue. Sur son beau cheval, Tacheene, Dallas semble attendre en tenant par la bride -Ieezh, l'appaloosa que Chaim a élu. Chaim est profondément ému. Ce tableau qu'il contemple est pour lui celui de la fidélité, de l'union, de la grandeur. Des halos de phares au loin ferment le rêve. Chaim s'éveille, il pose le front contre le bracelet, il espère.

Bienvenue au Texas fabuleux. Direction Lobo, dix heures quinze. Grand soleil froid. Trois heures de sommeil. Deux millions de poteaux électriques, sans eux le ciel tombe. Juste entrevus quelques arpents de champs de coton qui attendent de l'eau, la saison et les nègres. Mais l'esclavage a été aboli. Pas la misère et la connerie. Le temps retrouvé ne peut l'être ici. Ici on ne retrouve pas le temps. Ici Proust est empêché par l'immensité. Par ces moutons qui broutent le désert. Par ce cheval qui galope seul vers on ne sait quoi. Pays hors-la-loi, se dit Chaim. Pays pour moi. Il ne faut pas que je contrarie trop ma nature. L'amour n'est pas une entrée dans les ordres. L'amour est sale, criminel. Le crime est toute notre vie. Notre sang nos yeux et nos os, nos rêves. Désirer est tuer. Jouir est mourir. Le vent glacé entre dans la cabine du pick-up par la vitre perdue.

Comme un mirage, un *dust devil*, un tourbillon de poussière rosâtre se déplace par la volonté d'un sortilège. Une sorte d'ectoplasme inquiétant. Qui brasse la terre et l'unit au ciel par un cordon diaphane. Assis sur une chaise pliante, vêtu d'une veste en lainage rougeâtre, un homme lit le journal devant les pompes de la station-service abritées par un toit. Tout autour le désert, le sable qui tournoie. Des herbes pauvres, une piscine vide. Le Thunderbird Motel qui part en ruines, voilà Lobo. Lobo, comme lobotomie sûrement. Sur le mur de la poste fermée, quelqu'un a écrit en très grosses lettres « VILLE À VENDRE ». Pas âme qui peine, un chien si. Ville fantôme, c'est sûr. Et les rails, la gare. Déserte. Quelques bagnoles, comme abandonnées ; et la jeep.

Chaim stoppe, va voir : capot et capote arrachés, pare-brise pété, volant déformé. Du sang séché un peu partout sur les sièges, le tableau de bord. Chaim fait le tour de la Willys, deux pneus crevés, une portière manquante. Il s'installe sur le siège conducteur, il regarde les instruments de bord au verre fêlé. Il met les mains sur le volant, puis déplace la main droite vers la droite. Trouve. En haut du siège passager, entre le revêtement de toile et le dossier métallique… Il glisse la main dans l'interstice et sort une enveloppe en papier kraft. Dedans les vingt mille dollars de la rançon. Dirk voulait payer mais le destin voulait qu'il paye d'une autre façon. Chaim met l'enveloppe sous sa chemise. Pour lui piquer le fric là… Il se réinstalle dans le pick-up, démarre. Derrière la gare, les abattoirs délabrés et un improbable cabriolet Cadillac des années quarante, vert émeraude. Son moteur tourne, quelqu'un à l'intérieur.

Chaim s'approche, frappe à la vitre. La femme au volant continue de se plonger dans *No Pockets in a Shroud*[1] que Chaim a lu dans la version anglaise, non expurgée. Chaim est surpris. C'est presque impossible qu'une femme (rousse) lise ce bouquin ici. La lectrice, sans quitter le roman des yeux, baisse la vitre : « Oui ? »

– Je viens chercher un ami.

– Il a froid alors.

Elle marque la page, se sépare de l'histoire qui la captive et sort. Pas grande. Un manteau en cuir doublé en mouton, ouvert sur un 115D, des bottes de moto, une casquette de marin. Les ongles vernis en rose, sexy avec violence, quoi.

– Vous avez un papelard ? demande-t-elle. Les morts s'en foutent mais pas le juge Melcher.

Jolie voix. Chaim lui tend le formulaire signé par le shérif Nick Corey. Elle le parcourt en diagonale, le rend à Chaim qui regardait la Cadillac.

1. *Un linceul n'a pas de poches*, d'Horace McCoy.

– C'était celle de Bob, mon copain. Il est mort. Il a plus ou moins buté sa femme et le frère de sa femme l'a buté lui. Une histoire de famille, quoi. J'ai racheté la Cad à cause des bons souvenirs, on s'est bien marré dedans. Comme on dit : « Le temps passe, les bagnoles restent. »

Elle le dévisage : « Vous avez l'air solide, vous… Vaut mieux. Parce que là-bas, c'est… » Elle se tait, tend la main : « Marnie. »
– Chaim.

Elle le scrute pour comparer son prénom à son apparence. Prénom exotique, gueule un peu cassée, homme vif, voire dangereux. Elle hoche la tête, prenant la décision d'y aller. Allume une cigarette et marche en direction des abattoirs. Avance à grands pas, les mains dans les poches, parle en fumant : « Je travaille pour le comté, je fais un peu de tout. Et comme j'ai eu la grippe l'année dernière et que je suis pas morte, ils m'ont mise sur ce coup-là. Tu parles d'une promotion ! » Elle pivote vers Chaim, s'arrêtant de marcher.

– Quand on est apache, dit-elle, nègresse et un peu blanche, faut pas trop en demander. Vous devez comprendre avec votre… physionomie.

Ils contournent un bâtiment pour en découvrir un autre, le frigo, tout autant crade et délabré. Enluminé de graffitis amoureux à la craie, d'obscénités qui ne font plus rougir grand monde. D'une publicité peinte (défraîchie) pour la soupe Campbell's poulet/nouilles, *and all appetizingly seasoned with savory herbs*… Dans une niche accolée à un mur, les pales des moteurs tournent à toute pompe dans un ronflement constant, comme celui que fait un mec qui va mourir, se dit Chaim, en se souvenant d'hommes qui ne faisaient plus qu'expirer et leurs cœurs trop rapides cédaient. À côté d'une porte métallique des couvercles en bois blanc attendent sous l'avancée du toit, agenouillée à cause d'un pilier qui a cédé.

– Lobo « ville à vendre »… Mes fesses si vous me permettez, déclare Marnie. Qui va acheter ça ?

Marnie dégaine un trousseau de clefs qui doit peser lourd, finit par trouver la bonne, se débarrasse de sa clope : « Je vous préviens, c'est moche. Très moche. » Elle noue un foulard sur son nez, ouvre la porte. Ça caille tout de suite. Méchamment. Genre moins cinquante. C'est juste dingue. Et ça pue la mort. Ça pue à en crier, à s'arracher les organes. À devenir aveugle. Les morts, une quinzaine, sont dans des caisses sans couvercle posées sur des chariots, des civières à roulettes. Tout autour d'eux des carcasses accrochées encore à leurs crochets dégoulinent comme des stalactites de pourriture. Sur le sol, des paquets de chair se mêlent à une boue infecte. De partout, plafond, murs, canalisation, des millions de mouches, comme une tapisserie absurde.

– Oui, une honte, dit Marnie en se signant, une honte. Pauvres morts d'être là dans cette faillite. La compagnie a fermé en août… Le comté a remis les moteurs en marche, mais pas le temps de nettoyer. Je ne vomis plus mais j'en rêve quand même. Seulement je suis payée triple… C'est lequel ?

Dirk a le visage à peine amoché, il est rouge de sang. Un esquimau de mort, à la mort. Une côte qui perce la chemise, le ventre ouvert comme les yeux. Chaim s'aperçoit là que presque tous les cadavres ont les yeux ouverts et contemplent, certains bouches bées, ce cauchemar de première catégorie.

– À cause de la grippe, explique Marnie, ils touchent le moins possible les cadavres pour ne pas l'attraper. Ils sont rien cons… Qu'on ne s'étonne pas si tous ces pauvres gens reviennent hanter le pays.

Chaim demande pardon à Dirk d'aimer sa femme et il lui dit qu'il la protègera. On ne fait pas impunément un serment à un mort, Chaim le sait. Il pousse le chariot sur lequel est posé le cercueil. Ils quittent la chambre froide en passant sous un bouquet de colibris à gorges noires, gelés en plein vol, accrochés par leurs ailes au plafond…

– Ils sont entrés lorsqu'on ouvrait la porte, dit Marnie, et ils ont été saisis d'un coup, les petits anges. À mon avis, c'est Dieu qui les a offerts *aux défunts* pour les sauver de regarder cette horreur.

Chaim se sent soulagé de revoir le ciel, et de respirer sans dégoût. Il s'empare d'un des couvercles. Posés contre le mur. Il a compris à quoi ils servaient, pas besoin de dessin. Des écrous papillons y sont attachés, quatre par couvercle. Pour fermer la mort. Ce que fait Chaim en regardant Dirk dont les yeux se voilent déjà de larmes.

– Ils dégèlent vite, dit Marnie, bien trop. Faut se presser de les enterrer…

Chaim va chercher le pick-up, et puis il faut soulever le cercueil…

– Putain c'est lourd, se plaint Marnie. Ils gèlent aux tréfonds, ça plombe. Je vais me faire un tour de reins. Mais bon comme Bob est parti… Mes reins, ils n'intéressent plus personne.

Ils font glisser la caisse sur le plancher du plateau. Ils allument chacun une cigarette. Se débarrasser de cette odeur…

– Faut me signer une décharge, dit Marnie. En cinq exemplaires, parole. Mais heureusement il y a des carbones.

D'une poche, elle sort un bloc de formulaires. Un Reynold's à bille. Chaim signe. Elle lui donne deux des doubles. Chaim lui rend le stylo, elle garde sa main.

– Vous permettez ?

Elle l'examine : « C'est une cousine qui m'a mis ça dans le sang… Bon, vous êtes mort déjà deux fois. Attention à la troisième, ça sera la bonne. » Elle dévisage Chaim : « La vie ne vous a pas épargné mais vous lui avez bien rendu. » Elle abandonne la main de Chaim. Ils fument…

– Au moment où vous croirez vous en être enfin sorti, susurre Marnie… Gare !

Elle reprend la main de Chaim, la renifle.

– Ça sent…
– Ça sent quoi ?

Marnie hume l'air, réfléchit, trouve : « L'ail. Ça sent l'ail. Un mauvais coup qui sentira l'ail. » Chaim écrase son mégot et le ramasse, observé par Marnie : « Vous êtes un drôle de phénomène, vous. Elle doit être solide pour vous supporter et vous… »
– Vous ?
– Vous mater. Il y a urgence… Allez salut, Chaim.

Ils se serrent la main, Chaim démarre. Dans ses rétroviseurs, il voit Marnie et des vautours, puis plus que des baraques, puis plus que dalle…

Un vieux pick-up Chevrolet pointe le nez hors du garage, *à vendre*, écrit au blanc d'Espagne sur le pare-brise. Qui peut acheter ça ? Chaim s'arrête devant la pompe à essence de la *cantina*. Il demande aux gosses de faire le plein. De lui trouver une roue et un pneu pour le pick-up. Il y en a des caisses dans le garage. De réparer la roue de secours avant l'été. Les deux Intouchables sont vachement intéressés par le cercueil. La fille déclare qu'elle aime les macchabées. Qu'elle se mariera à un mort si elle en trouve un d'assez vivant. Avec des *cojones* et des dollars. Mais lui l'Allemand pue trop. C'est vrai. Le cercueil commence à se gondoler. Le cadavre dégèle, il part en eau et en gaz. Ça va faire un méchant Coca-Cola si ça pète. Un jus de mort sans sucre mais pas *casher* pour autant. Comme la pluie qui s'amasse dans le ciel, Chaim repart. Il prend la 118, se gare devant la baraque du shérif. Il entre en disant : « C'est moi. » Il fait réchauffer la soupe au cheddar. Deux bières dans le frigo. Retrouve le shérif, au lit, blanc comme du gras de jambon. Son Thunder Ranch Model 22 sur la table de nuit quand même. Il tend une canette au shérif, qui se redresse. Chaim lui allume une cigarette. Ils picolent, fument. Sans parler, comme de vieilles connaissances. Je suis devenu dingue, pense Chaim.

– Ça fait du bien par où ça passe, marmonne le shérif. Tout à l'heure je suis allé pisser en rampant. Je pouvais pas tenir debout. Putain de fièvre… Alors c'était tarte Lobo ?
– Tarte.
– Il est avec toi ?

– Je vais aller l'enterrer.
– Mais t'es passé me voir…
– Comme ça, oui.
– Pourquoi ?

Chaim ne répond pas va à la cuisine revient avec un bol de soupe. Le shérif hoche la tête, il avale cinq comprimés d'aspirine.

– Je vais vous laisser, shérif. Besoin de rien ?

Le shérif Nick Corey fait non de la tête, Chaim s'en va. Le ciel est si bas qu'il touche la route.

Sombre, morne, rien ne luit vraiment. La vie est cafardeuse des fois. Un oiseau crie, seul dans son désert. Le vent violent au parfum d'océan balaye nuages et poussière, agite les branches nues du hêtre qui protège du soleil le sommeil des défunts. Chaim introduit un pied-de-biche sous la dalle de la tombe que Dirk s'était fait construire. Il force. Il pleut, la dalle bouge. Il la fait basculer en la retenant pour qu'elle ne se brise pas. La fosse est cimentée, la qualité allemande. Il pleut de plus en plus. C'est le crépuscule d'un coup. Chaim se redresse. Dans la pénombre, deux cavaliers apparaissent sans bruit. L'eau étouffe tout. Chaim sort de l'enclos, déjà trempé. Vêtus de cirés, Dallas et Hardy descendent de cheval. Chaim voudrait enlacer Dallas, baiser ses lèvres. Les cavaliers attachent leurs montures à la barrière de fer forgé. Dallas s'approche de l'arrière du pick-up, observe le cercueil, gonflé, tordu. Ça pue. Dallas se tourne vers Chaim, sans un mot l'invite à l'aider. Ils font glisser la caisse, la soulèvent, la déposent dans la boue. Plus de deux cents livres, Dallas est plus solide que bien des hommes. Hardy s'approche, guindé, l'épaule bandée sous le ciré. Dallas regarde Chaim qui comprend…

– Ça va être affreux, dit-il, il a dégelé trop vite…
– C'était mon mari.

Chaim s'aperçoit que le petit doigt, *son petit doigt*, semble être revenu en place. Bien sûr, ce n'est pas possible. On voit ce que l'on veut voir. Chaim dévisse les écrous papillons. Soulève le couvercle. Se relève. Tous les trois, sous le déluge, ils contemplent le cadavre qui semble pourrir de seconde en seconde. Dallas hoche la tête. Chaim referme le couvercle. Il attache les cordes aux poignées du cercueil. Faut faire vite tous le savent. Le bois ne va pas tenir longtemps. Dallas et Chaim soulèvent le cercueil, le portent jusqu'à la fosse. Dallas fait passer la corde derrière ses épaules pour faire poulie, le cercueil descend, repose dans la fosse, et dans l'eau. Ils remettent la dalle en place. C'était un homme, se dit Chaim. Dallas a cinq doigts à la main gauche, possible ? Son petit doigt est revenu parce que je le lui ai mis dans mon rêve ? Il faudrait demander à Freud, mais il est mort.

Il pleut il pleut. Quatre as jetés sur terre par un Dieu tourmenté au nord du Rio Grande, c'est ici le Texas. Et ce bruit d'explosion, c'est le tonnerre. Le sol vibre, Chaim en a mal aux orteils. Dallas pivote, sort de l'enclos. Hardy retient Chaim : « Les Navajos craignent la mort et surtout les Chiindii [1]. Suis-la de loin. Lui parle pas, laisse faire. » Dallas monte en selle, à nouveau le tonnerre semble fracasser le ciel et la terre. Hardy débouche sa fiasque qu'il tend à Chaim. Chaim boit une longue gorgée de Red-White. Dallas fait tourner sa monture, elle revient vers le ranch à quelques centaines de pas de là.

– Lui parle pas de son doigt, ni de son deuil. Protège-la, c'est tout.

Chaim frissonne, il se met au volant du pick-up. Démarre. Un éclair rose découpe le ciel d'un grand coup de lame. Le tonnerre cogne si fort que le pare-brise déjà fendu se fend complètement. Il fait nuit mais Chaim n'allume pas ses phares par une sorte d'étrange pudeur, comme si le monde moderne était de trop dans cette affaire. Hardy se hisse sur son petit cheval gris. C'est comme ça que Dirk Dinkelbauer est abandonné par les vivants.

---

1. Esprits des morts.

La foudre s'abat sur le grand hêtre qui flambe quelques secondes tout bleu et orange. Dallas sort de l'écurie. S'approche du pick-up que Chaim vient de garer. Sans un mot, elle s'empare d'un des deux jerrycans. Traverse la pluie noire en direction du ranch. Hardy apparaît comme le sacré troll qu'il est. Un arc-en-ciel absurde illumine le ranch, parcouru de flammèches violettes. Les éléments veulent la peau du « Slashed P-J Ranch » ou c'est le sort ? Dirk Dinkelbauer mort il faut passer à la caisse ?

Chaim hésite puis s'élance. Il retrouve Dallas dans le musée de Dirk. Elle allume une cigarette, ouvre le jerrycan, recule en le vidant. Elle continue dans le couloir. Se tourne vers Chaim, ils se dévisagent. Chaim pense que c'est dans cette maison qu'il a ouvert les yeux, qu'il a guéri. Dallas jette son mégot dans l'essence. Il s'éteint. Elle jure, s'empare du .45 dans la ceinture de Chaim. Tire à deux reprises, ça crève les tympans. L'essence s'embrase. Dallas rend le Colt à Chaim. L'incendie se propage en grondant. Derrière Dallas, Chaim quitte le ranch pour toujours. À l'abri dans le garage, Hardy fume impavide. Dallas entre dans l'écurie. Les chevaux hennissent. Chaim ne sait pas quoi faire…

– Les Navajos sont des grands fouteurs de merde mais aussi de feu, lui dit Hardy. Et dès qu'il y a un mort ça les démange…

Il rit : « De toute façon, j'ai jamais bien apprécié cette baraque. » Le ranch brûle sous la pluie, les flammes montent haut et dévorent le ciel. Dans le musée de Dirk, le grand totem vacille puis s'effondre. Fin du rêve d'un Blanc. Dallas apparaît avec Tacheen, qu'elle enfourche.

– T'es comme un Égyptien toi, dit Hardy à Chaim, faut te faire des petits dessins pour que tu comprennes ? Tu montes sur ton canasson et tu la suis. Tu sais tuer mais tu comprends rien aux femmes, amène-toi.

Ils entrent dans l'écurie. -Ieezh est sellé et harnaché comme Tacheen : une bâche roulée sur le troussequin de l'arçon de selle, des sacoches de chaque côté et dans un étui le Browning. Chaim décroche un ciré, il se coiffe de la casquette des *Pericos de Puebla*. Hardy lui tend sa machette à scalper les ex-espions communistes. Chaim l'accepte. Il doit donc un cadeau au vieux pitre. Ils sortent. Chaim pense qu'un cheval en laisse c'est comme un chien, en plus grand. Le ranch crame. Il pleut. Dallas attend là-bas. Chaim essaye d'enfourcher -Ieezh avec le plus d'aisance possible, mais il se plante. Hardy se marre : « Dallas va attendre longtemps d'être femme, tu trouveras jamais le bon trou. » Chaim soupire, il en a sa claque de ce clown. Il parvient à monter en selle mais pour le contact : rien à faire. Hardy siffle, -Ieezh embraye. Les cavaliers s'en vont, Hardy s'envoie une lampée de Red-White. Chaim se retourne pour voir le « Slashed P-J Ranch ». Demain il ne restera de tout ça que des cendres, il faudra rebâtir…

Chaim somnole adossé à un arbre. Le fusil dans les bras. Il s'éveille. À trois mètres, un loup rouge le scrute. Chaim ne cille pas. Le loup finit par s'en aller. Chaim se redresse, Dallas s'en va à cheval. Chaim jure. Lorsqu'on veille sur quelqu'un que l'on aime, on le fait bien. Sans faille. Il se hâte de seller son cheval. L'enfourche en s'aidant d'une souche en guise de marchepied. Plus loin, la selle fait le tour du cadran. Il tombe avec armes et bagages. Il n'a pas assez serré la sangle. -Ieezh lui a fait son coup favori : gonfler le ventre. Il repart. Il a perdu Dallas. Il est furieux contre lui. Il la piste, attentif à tous les détails. Il la retrouve deux heures plus tard. Dans la prairie, elle apparaît et disparaît entre les yeuses.

Il reste derrière elle, à cent cinquante mètres. Il vaut mieux qu'elle ouvre la route. Elle voit tout de son œil unique. Un jour il connaîtra ce pays. Il le veut. Il tue deux lièvres d'une seule cartouche, les suspend à sa selle. Il fume une cigarette, se lève sur sa selle. Il se rend compte qu'il est heureux.

Souvent elle laisse son cheval manger, des fois elle glisse à terre, des fois le cheval boit. Des fois elle fume. De loin Chaim sent la cigarette.

Un cerf qui court tout fou comme un roi cocu à la tête trop lourde.

Elle s'arrête quand le ciel se couvre de rose, au soir. Il attache -Ieezh. Allume un feu, vide les lièvres. Il en embroche un. La viande sera trop *verte*, ça ne sera pas très bon mais c'est mieux que rien. Dans les sacoches il y a du café du sel du poivre des cigarettes et une bouteille de Red-White. Du savon. Une cafetière, une poêle une casserole. Deux assiettes, deux gobelets en fer. Qui c'est qui a fait les valises, elle ou Hardy ? Dans la gourde, cinq litres d'eau.

Elle aussi allume un feu. Le lapin rôti, il le sale, le coupe en deux. Va livrer. Elle ne le regarde pas. Il pose l'assiette. Et puis l'enveloppe avec le fric : « C'est l'argent de la rançon, Dirk l'avait caché dans la jeep. » Elle ne répond pas. Il s'en va. Il entend du bruit, se retourne. Il n'avait pas encore vu brûler vingt mille dollars.

Il mange, ce n'est pas mauvais. Il se fait du café. Il s'étend, contemple le ciel. Il est heureux, c'est sûr. Il est tranquille comme il ne l'a jamais été.

Le 5 janvier 1952, sous le Santiago Peak, comme une selle de cheval dans le ciel. C'est le soir. Il fait froid. Elle construit une sorte de hutte avec des pierres. Elle y entre nue, même à cent mètres elle a un cul qui tue. Bientôt Chaim voit de la fumée sortir par les interstices entre les pierres. Chaim ne sait pas quoi faire. Il attend. Elle sort plus tard. Va se laver, n'a pas encore parlé.

Le lendemain ils passent à côté d'une bétaillère perdue dans un défilé des Dead Horse Mountains. Dedans les squelettes d'une vingtaine de longhorns. Quelle histoire ça raconte, Chaim ne saurait le dire.

Le 8 janvier 1952, elle n'a toujours pas parlé. Il achète du pain à Study Butte, de la bière des œufs de la farine. Du lait et du miel de cactus. De l'autre côté du pont qui enjambe le Great Divide, un arroyo presque à sec, elle l'attend. Ils chevauchent flanc contre flanc. Au crépuscule leurs chevaux boivent l'eau du Rio Bravo del Norte. Chaim fait des crêpes. Il les rate mais les trouve délicieuses. Ils boivent de la bière, dorment près du feu. À l'aube, ils franchissent le Rio Bravo à gué, effaçant toutes traces dans le courant boueux, et vont à travers Llano de los Caballos Mestenos, *la plaine des chevaux échappés*…

Au soir elle dit que ça ne peut plus durer. Ils descendent de cheval, se prennent au corps. Ils annexent l'immensité, la réduisent à leur besoin. Ils sont le poids du monde et le monde. Deux chairs affamées qui roulent sur la terre, se donnent l'une à l'autre.

Ils se lavent le cul dans un filet d'eau. Allument un feu. Ils fument, boivent du Red-White. Elle s'en verse sur le corps, l'allume. Elle est parcourue de flammèches bleues, elle dit que les diables sont cramés, bien fait pour leur gueule. Elle dit qu'ils viennent aux premières étreintes se mêler aux sucs des amoureux pour pouvoir les emporter avec eux dans leurs besaces. Chaim comprend qu'il doit y passer. À son tour il flambe comme une crêpe Suzette. Ils rient. Il a perdu 50 % de ses poils. Dallas est ravie. Pour elle le truc de l'homme c'est mieux rasé. Et puis les Indiens n'ont pas de poils.

– Qu'est-ce que t'en sais, dit Chaim, t'étais pucelle ou pas ?

Elle lui demande de voir si elle sent toujours l'ananas, là. Oui. L'ananas au Red-White. Elle lui dit qu'elle aime sa sueur. Qu'elle peut désormais le suivre à la trace et que si jamais une sueur de femelle se mêle à la sienne, elle le saura et coupera le bout des nichons de l'autre. Chaim pense que ce n'est pas du pipeau. Il aime la violence de Dallas, elle va avec la sienne. Elle chante, ça le captive. Plus tard, elle s'endort contre lui. *Ayor anosh'ni*, c'est comme ça qu'on dit « je t'aime » en navajo.

Au matin leurs chevaux se sont barrés, ils cachent les selles, les bagages. Ils pistent les chevaux. Chaim aime partager ça avec Dallas. Ils les retrouvent au bout de plusieurs heures, en train de boire. Pour la première fois Chaim monte à cru, c'est comme nager nu, pense-t-il, mais ça fait mal aux c…

Des fois il pleut cinq minutes dans la plaine immense, des fois il neige. Il aime la sentir à son côté, elle aime qu'il la suce là entre les cuisses. Il fait froid la nuit, froid au jour naissant.

Ils parlent peu comme s'ils se méfiaient l'un et l'autre des mots. Il a le sentiment de vivre une seule journée, une seule nuit.

Il est captivé par ses yeux, il en frissonne, ses yeux l'électrisent et le rendent caméléon. Il voudrait se mêler à la poussière et se repaître d'eux. Lorsqu'elle le regarde d'une *certaine manière*, il fait naufrage à chaque fois. Cette *certaine manière*, c'est que ses yeux deviennent comme des trous qui l'attirent à eux. Pour Chaim, Dallas a deux yeux et souvent deux petits doigts.

Celle qu'il aime, endormie à côté de lui dans la vaste solitude de la plaine, crie. Elle crie souvent, repoussant le monstre qui a tué son œil. Avec son avant-bras levé, elle tente de se protéger. C'est trop tard. Chaim la caresse et lui chuchote qu'il est là, qu'il l'aime. Chaim voudrait écrire pour elle, il ne sait pas quoi. Tenir un journal comme un aristocrate, une femme, ou un gamin.

Sur une pente, en pleine aube, il a enfin conscience que la nature est une écriture. Elle est structurée comme telle, avec pleins et déliés, verbes, adjectifs, temps, ponctuations, et cetera. La nature peut donc être entendue, comprise. C'est une langue et l'homme peut l'apprendre et apprendre d'elle ce qu'il n'apprendra pas par lui-même ni par son rapport avec ses congénères. Comme l'homme la nature a été créée. Quel traumatisme aberrant a pu s'épancher et fabriquer tout un univers ?

Il comprend de plus en plus le navajo. Il sait qu'il se débrouillera rapidement (les Polacks sont polyglottes, à force d'avoir été envahis).

Une seule journée, une seule nuit. Le café avec elle, les ablutions, les cigarettes évidemment. Une vie simple, ronde, libre. Il sait faire les crêpes désormais, ils les mangent avec du miel, de la confiture de figues, de citron. Du fromage. De la viande séchée. Chevaucher jusqu'à l'horizon, la liberté. Et ses tétons durs sous le tissu. Elle tire aussi bien que lui au fusil, elle sait pêcher mieux que lui, et en plus elle a des seins et… Dans le vent et les cris des chevaux sauvages qui s'égrappent et galopent comme pour échapper à leur extinction prochaine.

Il aime être paf avec elle, il aime manger avec elle dans les *cantinas*, les rares *posadas* qu'ils trouvent, ils s'empiffrent fument et boivent. Guitares cactus bruit de l'eau. Trompettes ! Parfois ils font l'amour dans des chambres plus frustres que du pain sec, tout est bleu et si blanc que c'est bleu, puis noir, puis le corps de Dallas absorbe tout. Après ils fument, boivent. Se regardent. Parlent. Par exemple elle lui dit : « Mon œil disparu voit encore. » Elle pleure sans bruit, il l'étreint, désespéré par la peine de sa femme qui se livre pour la première fois : « Il mêle des images du passé au présent. Il ne peut pas s'empêcher de voir ce qu'il a vu. Ça me rend folle ou amère, c'est comme si je ne pouvais plus vivre au présent… Heureusement des fois… »

– Des fois ?

– Depuis que je te connais, je vois des fois des deux yeux, dans le présent.

Ils entrent un matin dans Espiritu Santo, les sabots de leurs montures résonnent le long des murs, leurs ombres s'allongent sur la place blanche de poussière. Ils descendent de cheval. Chaim aperçoit dans une glace un homme hâlé aux cheveux longs, un Indien. Un Indien né en Pologne. Les cloches de l'église sonnent. Sans se concerter, ils y entrent. Chaim a le cœur qui bat. Il se signe comme Dallas. Le prêtre célèbre la messe pour quelques femmes usées, des colombes et des sauterelles. Dallas et Chaim s'assoient dans la nef, assistent à la cérémonie. Puis Chaim s'approche du prêtre. Il engage un conciliabule avec lui, retrouve Dallas : « On y va ? Il veut bien. »

– Et les alliances ?

D'une poche, il sort un mouchoir qu'il ouvre, dedans : deux anneaux en or.

– Je les ai achetées à Ejido Alamos de San Antonio pendant que tu dormais toute nue dans les draps un matin, je riais tout seul.

– … Tu les as pas achetées à un bossu ?

– Non.

– Il avait pas les yeux jaunes ?

– Non.

– Il n'était pas juif ?

– … Je ne sais pas.

– C'était pas une femme avec ses règles ?

– Il était barbu.
– Bon je les désinfecterai…

Elle s'empare des alliances, leur murmure une litanie en navajo et lorsqu'elle lève les yeux vers Chaim, il tombe amoureux d'elle, une fois de plus.

– Je peux pas te la passer à la queue, murmure Dallas mais c'est tout comme. Tu es à moi pour la vie… Tu as bien choisi. L'or est pur, il ne nous trahira pas, je le sais.

Ils se dirigent vers l'autel, un rai de lumière les frappe. Ils s'agenouillent devant le prêtre qui les unit. Ils échangent les alliances et Chaim est sûr de voir le petit doigt de sa femme. Il a vaincu le diable, sa lignée maudite finira par avoir des fleurs. Il pense à sa mère, à son frère et à Lucky Luciano. En sortant de l'église, les cloches sonnent et un orchestre de mariachis vient les chercher. C'est la fête ! Ils bouffent, dansent et se soûlent, repartent deux jours plus tard en voyage de noces. Ils descendent jusqu'à Pozo Chico et remontent vers le nord par Santa Rosalia de Camargo, Rancho San Sebastian et Rancho San Francisco, ils franchissent à nouveau le Rio Grande, à l'ouest de Redford, le 6 mars 1952, au soir.

Quelques jours plus tard Dallas et Chaim aperçoivent les lumières de Marfa, d'étranges ballons lumineux dans le ciel. Chaim se souvient de la proposition de Dallas, cette nuit où elle décorait les cactus *opuntia*. Ils ont vu les lumières de Marfa et il sait faire du cheval. Comme un Indien, non. Il a le temps. Il la regarde, de très près. Sous la couverture elle est nue, il vient la baiser entre les cuisses, c'est là qu'il naît tout le temps.

Ils quittent Marfa tôt sous le ciel comme un écran de télévision brouillé par de la neige cathodique. Le cheval de Chaim se met à boiter, il perd un fer. Dallas connaît un Indien qui forge, il s'occupera de leurs chevaux. C'est à cinq miles de là, ils vont à pied vers Cathedral Mountain. Le vent chasse nuages et brouillard vers l'ouest. Il fait clair, c'est beau et sauvage à l'infini. J'aime respirer là, se dit Chaim. Ils traversent l'US67. Quelqu'un s'est séparé du *Fort-Worth Star-Telegram*, ses pages jonchent le goudron, ramenant la politique à sa place, face contre terre. Une femme les hèle. Bien embêtée à côté de sa jolie Pontiac Chieftain toute neuve, coffre ouvert. Bicolore, vert d'eau/vert bouleau. Assortie à sa robe. Chaim et Dallas la rejoignent. La dame n'arrive pas à desserrer les écrous de la roue crevée. Chaim se met au travail. Dans l'air froid il reconnaît les prémices du printemps, il va en profiter. Les deux femmes fument côte à côte, une rencontre improbable entre deux mondes parallèles. Chaim change la roue, serre les écrous, descend le cric, resserre les écrous à fond. Soulève la roue au pneu crevé et la met dans le coffre.

Un pick-up Dodge passe le cul tout huileux, crachant de la fumée bleue et soulevant une page du *Fort-Worth Star-Telegram* qui vole. Chaim referme le coffre. La dame lui tend un torchon tout propre pour qu'il s'essuie les mains. La feuille de journal se pose sur le coffre. La guerre de Corée, les Chinois, le bordel. Chaim rend le torchon à la dame et retourne machinalement la page. C'est une publicité :

« NOUVEAU BARBIER DANS VOTRE VILLE

VIA FIRENZE

Trois spécialistes de New York
arrivent dans votre région.

Un porte-cigarettes offert aux premiers clients. »

C'est le journal de la veille. La publicité s'adresse exclusivement à Chaim. Elle lui apprend que Vito Genovese a engagé des tueurs. Les barbiers sont en route. Ils rasent gratis mais pas de lotion pour éteindre le feu du rasoir, pas d'aiguille et de fil pour recoudre les trous fait par les balles de 11,43, ça va chier la mort.

– Vous passez par Alpine ? demande-t-il à la dame.
– Oui.
– Vous pouvez me déposer ?
– … Bien sûr…

Elle n'est pas rassurée mais elle ne peut pas se défiler. Chaim s'approche de Dallas, imperturbable mais sur ses gardes.

– On se retrouve chez Hardy, murmure-t-il, fais-moi confiance. Ne bouge pas de là.

Elle acquiesce, monte sur Tacheen, s'en va en tenant -Ieezh par une bride. Chaim pivote et sourit à la dame qui lui rend le sourire, il s'installe à côté d'elle. Elle démarre en regardant l'alliance de Chaim, ça la rassure. La machette qu'il porte dans un fourreau sur la cuisse gauche, c'est un truc d'Indien. Ils sont comme ça, pas méchants. Tapageurs et alcooliques. Dans le rétroviseur, Chaim voit disparaître celle qu'il aime, et demande à Dieu de la protéger. Puis il regarde son alliance, l'anneau *sacré* qui le lie à elle.

Chaim descend de la Pontiac. Le pick-up Chevrolet est peut-être vendu, la batterie est en charge, le capot levé. Les gosses fument une cigarette à deux, ils tiennent chacun une poule en laisse.

– On te croyait parti, dit la gamine, tu veux venir tirer ton coup, l'Indien ?

Chaim est trop préoccupé pour répondre, il entre dans la *cantina* vide à cette heure matinale. Vautré sur une table, Chuy finit sa nuit la tête dans les bras, près du poêle. Au comptoir, le singe se gratte la tête et s'envoie une cacahuète. Il se fait suer, ça se voit. Le poste de télévision bredouille une publicité pour la bière Corona. El Magnifico somnole en écoutant son poste de radio mais voyant surgir Chaim, il se redresse, prêt au pire. Chaim se penche au-dessus de lui : « Jorge t'a vendu un porte-cigarettes. Ne me mens pas. Avec quelque chose d'écrit dedans. Ne me mens pas, tu sais pourquoi. » El Magnifico acquiesce avec crainte, le baba au rhum c'est moche. Il se souvient de ce *Lucky* écrit dans l'or, il en avait tiré une jolie pincée mais s'il avait su que ça ferait venir ce suppôt de Satan, il l'aurait bouffé.

– À qui ? demande Chaim.
– À un type que je connais pas.
– Tu es sûr de ne pas le connaître ?
– Jamais vu, pas revu.

El Magnifico tente de sourire à Chaim qui reconstitue l'histoire : Jorge vend le porte-cigarettes à El Magnifico qui le revend à un type. Ce type l'ouvre dans une boîte de nuit de New York ou tente de le caser à un fourgue. Depuis que Chaim a levé le pied, tous les fourgues du pays sont prévenus. Ils ont la description du porte-cigarettes et certainement celle de la Breitling Chronomat. Quel que soit le scénario, ce qui est sûr, c'est que Vito sait que le porte-cigarettes est réapparu à Alpine, Texas. Que c'est un patron de *cantina* qui l'a sorti de son chapeau. Les tueurs vont commencer par lui. Chaim soulève El Magnifico et lui parle yeux dans les yeux : « Faut que tu partes, avec les gosses. Ton fils, tous ceux que tu veux garder vivants. Tu entends ? Les hommes qui viennent vont vous tuer, sans aucune pitié. Eux ce n'est pas en noir qu'ils vont repeindre les murs mais avec vos tripes et votre sang. Tu comprends ? Dis oui. »

– … Oui, murmure l'infirme qui a peur de Chaim et peur de ce qu'il dit et en conséquence implore Dieu de l'épargner, lui d'abord, les autres ensuite s'il y a la place.

– Tu pars, là. Tout de suite, sinon vous allez tous y passer. Ne pense pas au fric, pense à la vie.

Il repose El Magnifico et regarde Chuy qui s'est réveillé et s'empare d'une bouteille de mezcal.

– Tu as entendu ? lui dit-il.

Chuy acquiesce, se sert et boit d'un trait.

– Vous ne revenez que si je vous dis de le faire et je vous emprunte votre pick-up.

Il se retourne après avoir ouvert la porte : « Si vous êtes là dans une heure et que les types ne vous ont pas encore massacrés, je fous le feu à la baraque et je vous égorge… *El peso de las palabras, el choque de las fotos*… » Il quitte les francophiles, monte dans le pick-up, donne un tour de clef. Le moteur part. Il sort de la cabine, débranche les câbles qui relient la batterie du vieux Chevrolet à une batterie de camion posée sur un établi branlant. Il se remet au volant, s'en va dans un nuage de fumée noire, la couleur des pyjamas des vilains petits diables.

Chaim stoppe devant les ruines du ranch qu'il contemple en ayant le sentiment d'avoir fait un sacré chemin. Des décombres et des cendres, Dallas surgit avec le Browning. Une volupté rugueuse, pas facile. Une beauté brutale. C'est ma déesse, se dit Chaim. Il est descendu sans s'en rendre compte du pick-up Chevrolet et avance vers elle. Tous les deux l'un vers l'autre, comme contemplés par l'étendue de leur passion confondue au grand pays. Elle l'enlace, l'arme à la main. La guerre n'en finit pas, se dit Chaim, mais celle-là c'est la nôtre. Il entraîne Dallas vers le garage, ouvre la porte arrière du van, soulève une bâche, découvrant le sac de sport en cuir et toile marron qu'il a acheté un matin à Jefferson. Il l'ouvre. Pas de serpent à sonnette, juste le fric : « Je vais le rendre. Il n'y a que ça à faire si on veut vivre en paix. » Dallas lui donne raison d'un hochement de tête.

– Mais avant, reprend-il, il faut régler un problème : trois hommes viennent pour tuer.

Par l'unique fenêtre, on devine que c'est le jour encore mais il faudrait laver les vitres. À la lumière d'un feu dans la cheminée, on distingue un gros serpent à sonnette couché dans un panier comme un chien et les contours bleu nuit d'une Packard d'avant-guerre. Il n'en reste que l'habitacle posé sur le sol en terre battue. Il sert de chambre à coucher à Hardy qui a bâti sa baraque sur les restes de la bagnole appartenant à un banquier de Los Angeles dont le chauffeur s'était endormi au volant entre Marathon et Alpine. Dallas, Hardy et Chaim sont assis autour de la table dont un des pieds est un fusil Springfield qui a dû tirer un coup de trop. Tous les trois comme des écoliers dangereusement attardés examinent une carte que Chaim commente : « L'avion jusqu'à Houston, là on leur a fourni deux V8 gonflés, deux voitures maquillées. Noires. Ils ont pris la route vers San Antonio, Sonora et Fort Stockton.

Dallas et Hardy sont dubitatifs…

– Je les connais, dit Chaim, je sais ce qu'ils pensent, ce qu'ils mangent. Comment ils sont habillés, quelles armes ils ont avec eux… Ils roulent en convoi. Pas roues dans roues. La voiture suiveuse est à cinq/dix minutes. Vers Fort Stockton ils vont abandonner une des voitures. C'est avec celle-là qu'ils comptent repartir après avoir mis le feu à l'autre ou l'avoir fait disparaître dans un puits de mine. Ils vont débouler chez El Magnifico avant l'aube. J'aurais pu les attendre là. Mais c'est mettre le shérif Nick Corey dans la ligne de mire. Il risque de se faire tuer, je ne veux pas.

Hardy gratte le bandage qui lui immobilise le bras et l'épaule et marmonne quelques mots en apache. Dallas l'approuve, traduit : « Débarrasser le pays de quelques Blancs, ça nous va. » Hardy rote, remonte d'une main son bandeau qui tombait sur ses yeux.

– Ils ne feront pas de cadeau, dit Chaim. Il faut être sans pitié. C'est dégueulasse ce genre d'affaires.

– Tu crois qu'on a de la pitié pour nos ennemis, répond Dallas.

Hardy rigole, tousse, bourre sa pipe qu'il fait allumer à Dallas. Chaim a des doutes sérieux quant au bien-fondé de ce calumet de la guerre. Dallas s'en aperçoit et vend l'article : « C'est bon pour voir, pour savoir et pour se battre. »

– Et pour être complètement pété aussi, susurre Chaim.

Dallas lui passe la pipe, il cède au rituel. C'est toujours aussi fort, crasseux et naze. Il tend la pipe à Hardy et aperçoit la cage, il croyait qu'elle avait brûlé. Elle est recouverte d'un tissu noir ou d'un putain de nuage de peyotl. Chaim rigole, il est déjà gravement défoncé.

– Une nouvelle fois on n'est pas morts, chantonne-t-il, on n'est pas morts. Au Silver Spur Motel, pas morts. Les autres sont morts. Morts. Tout à fait morts. Au Silver Spur Motel, ho hoho ho hoho !

L'oiseau s'envole et traverse la fenêtre, Chaim s'envole avec lui…

Une Lincoln Cosmopolitan noire dépasse un Greyhound, rattrape une Buick Super Riviera noire elle aussi. Elle oblique sur une piste. Les voitures roulent sans phares, s'approchent de pumpjacks, la Lincoln va se garer sous un hangar rouillé...

Dallas lave le visage de Chaim avec de l'eau ou de l'argent fondu, le petit doigt perdu est là à sa main, un tout petit bébé ! Chaim ne peut pas se départir du sentiment qu'il est resté dans le Greyhound, qu'il lui est familier… Quelle connerie, les champignons hallucinogènes.

– Des *pumpjacks* abandonnés, marmonne Chaim. Un Greyhound, une Buick, une Lincoln.

– C'est la station Gulf qu'ils ont fermée au début de la guerre, dit Hardy, entre Bakersfield et Fort Stockton… Faut faire vite.

12 mars 1952, minuit quinze.

À quelques kilomètres de Fort Stockton, ils arrivent derrière ce vieux pick-up Chevrolet. Le type conduit n'importe comment, fait des écarts. Le chauffeur de la Buick Super Riviera se déporte pour le dépasser. Plein pot. C'est là qu'il aperçoit un autre pick-up qui roule sans aucune lumière, à quarante mètres disons. Et que le phare se déclenche, l'aveuglant. Couché à l'arrière du pick-up, à côté du phare, Chaim ouvre le feu avec la Winchester. Il envoie les six cartouches en neuf secondes. Le passager de la Buick prend la première 30-30 dans la poitrine. Le chauffeur, lui, en encaisse deux, une dans le front, l'autre dans la gorge. Il est mort de mort. La Buick quitte la route, roule dans les cactus pissant le sang et le verre. Le type à l'arrière déballe son *trench gun* histoire de vendre sa peau au bon prix. Pas de pitié dans ce genre de *snuff movie*, il le sait. Dallas braque, accélère, sort de la route et revient sur la Buick. Debout Chaim tire des deux mains au .45. La Buick s'arrête, Chaim saute à terre le Browning en main. La portière arrière s'entrouvre. Chaim tire à la hanche. Le type au *trench gun* qui avait déjà bien reçu se prend les deux cartouches de 12 à quatre mètres… Minuit dix-neuf.

Chaim pose le sac qui contient le fric sous la planche de bord de la Lincoln, côté passager. Deux heures quinze. Il se redresse, enlace Dallas. Un rapace passe très bas, son ombre luit dans la nappe de pétrole et d'huile qui stagne entre les *pumpjacks* en faillite. Ils s'embrassent, restent collés l'un à l'autre avant de se séparer.

– Le printemps sera précoce, dit Dallas, faut pas le rater.
– Je suis là dans cinq jours.

Elle lui met dans la main les pépites, murmure quelques mots en navajo. Il empoche le talisman, s'installe au volant, démarre. La Lincoln traverse le cloaque laissé en cadeau par la Gulf compagnie. Quelques mètres plus loin, la voiture disparaît, effacée, comme un mot sur un tableau noir.

– Reviens, murmure Dallas, reviens.

Elle s'élève en songe et plane au-dessus de la Lincoln, l'escorte, protège celui qu'elle aime plus que tout, malheur à ceux qui lui cherchent des crosses. Ils perdront leurs boules et leurs dents, leurs cheveux et leur sang.

Chaim n'en revient pas. La ville s'éteint lentement dans le jour, sans soubresaut, comme si trois millions de chefs électros débranchaient chacun à leur tour un projecteur tout en sachant que le plateau ne trouvera pas l'obscurité, jamais, et que personne ne contemplera jamais le moindre film, car il n'aura pas été tourné. Chaim conduit avec une sorte *d'atavisme* retrouvé, qui lui est revenu dès que l'immense cité l'a saisi dans son champ d'attraction.

Il a vécu ici.

Ça pue déjà la combustion du fric, déjà des dizaines de milliers de moteurs tètent l'oxygène et rejettent leurs vents aigres au ras du macadam. Il faudrait ne pas être atteint de nanisme pour vivre ici, mais ici qui n'est pas nain au regard de toutes ces sortes de seringues enfoncées dans la veine malade du ciel ? Chaim se souvient des chevaux, des montagnes et du vent. En quelques minutes passées ici, la liberté semble loin, voire impossible. Mais il n'a pas rêvé. Là-bas, sous le ciel, elle l'attend.

Il n'en peut plus et s'arrête le long de la High Line, les trains le maintiendront en éveil. La chaussée est décorée sur des dizaines de mètres de *chalk games*, comme si Jérôme Bosch avait planté sa folie dans l'ovule de Jean Dubuffet et que leurs bâtards s'étaient égayés sur le goudron repensant à la craie blanche l'art du siècle. C'est cette beauté que je regretterai, songe Chaim, qui voudrait être juché sur des échasses pour voir de haut les dessins des enfants, leurs calculs sans logique apparente et leurs rêves. Les paupières lourdes il regarde sur un mur les restes d'une inscription :

« HYPNOTIC VOODOO RHYTHM… TO ETERNAL DAMNATION [1]… »

Mais Chaim n'a plus peur du diable, il a pénétré Dallas. Elle le protège du mal. Des jeunes qui jouent au ballon le réveillent. Il les contemple, se demande quel sera leur avenir, où ira leur force, quelle guerre les anéantira. Il démarre et se dirige vers Manhattan. À un feu rouge, comme venu le provoquer ou le faire rire de lui-même, un jeune homme stoppe à côté de lui, dans sa Nash-Healey rouge. Avec sa frange et son bras posé négligemment sur la portière. Il a décapoté alors qu'il fait froid mais il veut un rapport non protégé avec son image. Il est ce jeune Américain riche et *réussi*. Sûr de lui recto verso. Il regarde Chaim et ne sait pas qu'il rencontre son reflet déformé. Il démarre sec en type pressé de creuser son sillon dans le vide.

Vers Times Square de partout les publicités jaugent Chaim pour ce qu'il est, lui promettent le plaisir sans limites. Chaim se rend compte qu'il peine désormais à traduire cette langue. En lettres géantes, lumineuses ou pas, elle affiche le credo du Nouveau Monde : « T'as pas de fric on te le prête, achète roule danse, démarre, regarde la blonde, à vendre, la brune, à vendre, la Marlboro, la Chevrolet, le Pepsi, à gogo, tant que tu veux, tout ce que tu veux… »

1. « Le rythme voodoo hypnotique… vers la damnation éternelle… »

Frank Costello entre dans le bureau du docteur Mitelman qu'il salue d'un mouvement de la tête. L'autre lui dit bonjour. Par habitude sûrement, Frank Costello s'assoit sur le bord du canapé. Il jette un regard las et désabusé sur les statuettes nègres et la photographie de ce Freud qui lui coûte bonbon. Il marmonne qu'il ôterait bien ses chaussures mais qu'elles sont si chères qu'il a peur qu'on les lui vole, ça le fait sourire.

– Vous avez pas l'air dans votre assiette, dit-il, des soucis avec la commission Kefauver ?

De l'humour 100 % mafia. Le docteur Mitelman s'assoit dans son fauteuil sans piper. Frank Costello s'allonge, se signe, ferme les yeux et murmure : « *Nel nome del Padre, del Figlio e dello Spirito Santo…* »

– N'ouvre pas les yeux, dit Chaim.

Il apparaît derrière le docteur Mitelman, faussement impavide. On comprend pourquoi. Quelques minutes plus tôt, le docteur a ouvert sa porte et a vu Chaim qu'il a eu du mal à reconnaître… Mais un an auparavant ce type lui avait fait comprendre que s'il enregistrait les séances avec Frank Costello ou que s'il divulguait le moindre de ses propos, il passerait par la fenêtre avec sa femme, ses enfants, son chien…

– C'est toi, Chaim, marmonne Frank Costello qui a violemment tressailli.

– Oui.
– Putain tu m'as fait peur.
– Je ne peux te parler que là. On est à l'abri des regards et protégés par le secret professionnel.

Il sourit au psychiatre moyennement content de cette séance, un patient criminel, passe, mais deux en même temps dont un qui ne paye pas, c'est lourd.

– Pourquoi je ne peux pas ouvrir les yeux ?
– Pour que tu sois étonné quand tu me verras. Je veux un rendez-vous avec Vito. Deux témoins, toi et Lansky. Ce soir. À « Bella Napoli », Vito se sentira chez lui.
– On va mal bouffer, ce Vito n'a que des défauts… Alors tu as vu la publicité, dit Frank Costello en souriant.
– Oui.
– Si t'es là, c'est qu'il est arrivé malheur aux barbiers ?
– Oui.

Frank Costello s'esclaffe.

– Je veux rendre le fric devant témoins, dit Chaim, qu'on fasse la paix définitive.
– Il ne voudra pas.
– Je le convaincrai. Je veux mener une vie pépère…
– Loin de la famille, c'est ça ?
– C'est ça. Les conditions du rendez-vous : les gardes du corps devant « Bella Napoli », dans la rue. La salle vide, à part nous.
– Fais attention, Chaim. Tu sais combien tu comptes pour nous. Lucky se fait du souci pour toi.
– Je sais. À ce soir, Frank. Vingt heures trente. Laisse-moi sortir.

Frank Costello ouvre les yeux et regardant la petite fissure dans le plafond à qui il confie tout (après s'être signé bien sûr), il dit : « Bella Napoli, c'est bien joué. Vous voyez, docteur, Lucky lui a fait faire plusieurs reconnaissances là-bas. Un temps, on pensait le descendre en train de manger ses putains de crevettes à l'ail assorties au carrelage. Mais à cause de ce pédé de Hoover on a décidé d'attendre. Et chez son coiffeur pas la peine d'essayer… Pourtant ça serait bien il a la hantise du cheveu. Vous voulez que je vous dise, si j'étais Vito, je ne serais pas tranquille. Chaim est un type intelligent et violemment criminel. »

Il pense qu'il va changer de psy, si Chaim a pu faire ce coup, d'autres malintentionnés peuvent aussi. Trouver un psy c'est possible mais la fissure, la retrouvera-t-il ? En attendant il va se soulager, on est ici pour pisser, autant en profiter.

– Pourquoi, dit-il, je fais un rapport entre érection et déréliction ? Et entre insomnie et amnésie ? C'est vrai que je ne dors plus vraiment et que je préférerais ne rien savoir de ce que je sais…

Chaim passe devant « Bella Napoli », Baxter Street, à trois pas de Canal Street. C'est dix-huit heures, il a un grand imperméable et un sac. Sa casquette des *Pericos de Puebla*. Un style un peu clodo, clodo indien. Deux gardes du corps sont déjà là, à fumer l'air de rien. Une Buick noire attend, avec un type au volant. Ce soir, il y aura des Cadillac et des gros bras à la pelle. Chaim continue son chemin, remarque ce type qui entre au 26. Chaim reconnaît Albert Anastasia [1], il a un étui en cuir. Dedans un fusil à lunette. Un Mauser K98k, équipé d'une lunette et d'un réducteur de son. Il montera au troisième, joli balcon, vue plongeante sur le « Bella Napoli ». Il tirera trois balles. Deux pour tuer, une pour s'assurer de la mort… Oui passer par là, ce soir, si on s'appelle Chaim Chlebek, ce n'est pas bon, pas bon du tout.

Chaim continue son chemin sur quelques dizaines de pas, entre dans un immeuble. Monte au dernier étage, ouvre la trappe et se hisse sur le toit. Il faut sauter deux mètres pour accéder au toit de l'immeuble au rez-de-chaussée duquel se trouve le restaurant. Chaim n'a pas le vertige. Il lance d'abord le sac. Puis saute. Rejoint les cheminées. S'assoit. Le dos appuyé contre le ciment tiède des cheminées, il allume une cigarette. Le mégot il le mettra dans sa poche. Des mouches sortent du sac, il tire sur la fermeture-éclair. Les mouches sont les mouches et lui est lui. À vingt heures, il va forcer le cadenas de la porte et entrer dans

1. Surnommé « Lord High Executioner » pour les dizaines de meurtres qu'on lui attribue.

l'immeuble, descendre l'escalier. Il dessine dans la poussière son plan d'attaque : au premier il bifurquera dans le couloir de gauche. Dans un coffrage où passe le gaz, il trouvera une clef. C'est lui qui l'a dissimulée derrière le tuyau, il y a de ça seize mois. Il ouvrira sans bruit la porte (chiffre 17 gravé dans le laiton, effigie de la Vierge en bois coloré). L'appartement dans lequel il entrera est situé au-dessus de « Bella Napoli ». Si on soulève une trappe, on voit une partie de la salle de restaurant. Surtout une banquette en moleskine rouge. Celui qui s'assoit là est une cible facile, c'est *la place du mort*. Réservée bien sûr. Il suffit qu'un tueur soulève la trappe et tire avec sa lupara, à deux mètres… Carton garanti !

Dans l'appartement il y aura peut-être un type qui attendra l'heure pour ouvrir la trappe.

Ensuite, Chaim rejoindra le rez-de-chaussée. À droite la cour. La cuisine du restaurant donne là ainsi qu'un couloir qui rejoint la salle de restaurant, la réserve et le vestiaire du personnel. Les toilettes du personnel sont dans la cour et la porte n'est fermée à clef qu'après le service. En face de la cuisine, un saule pleureur et un mur aveugle. Le garde du corps qui protège les arrières du restaurant sera dans le couloir qui fait communiquer la salle de restaurant et la cour, peut-être dans la cour, dans les toilettes, la probabilité est très faible. Les menottes sont pour lui.

À vingt heures trente, Frank Costello et Meyer Lansky descendront de leurs Cadillac. Vito Genovese sortira pour les accueillir, comme convenu tous les gardes du corps seront dehors. Puis *les trois amis* pénètreront dans la salle.

Albert Anastasia, en costume noir, apparaîtra sur le balcon du troisième. Il ouvrira son étui et épaulera son Mauser. Dans la lunette il verra la devanture du restaurant et il attendra tranquillement Chaim.

Vito Genovese accompagne Frank Costello et Meyer Lansky à leur table, il a fait mettre des roses de partout, rouges, parce qu'il a entendu que Martine Carol les aimait et qu'il est jaloux. Il aurait aimé la recevoir, l'éblouir. Comme d'habitude Meyer Lansky lui dit que ce qu'il y a de meilleur dans Lansky…

– C'est Meyer.

Cela horripile Vito Genovese qui tamponne discrètement son crâne d'un mouchoir imbibé d'une lotion capillaire censée doper la croissance des cheveux. Meyer Lansky s'excuse d'être en pantoufles mais il a horriblement mal aux pieds, alors entre amis… Il félicite perfidement son hôte pour certains nouveaux apports à la décoration, des bustes en plâtre de Rita Hayworth, Ida Lupino, Gina Lollobrigida et Frank Sinatra (*Viva Italia !*). Ils s'intègrent parfaitement au reste du décor, semblent même dialoguer avec un Ben Hur sur son char et se reflètent sur le carrelage saumon et orange, sur le plafond en fixé sous verre où se déroulent des bacchanales à la joie libidineuse.

Deux serveurs les accueillent avec une déférence absurde, songe Meyer Lansky, qui se demande quel tour de pute va leur jouer Vito Genovese. Il le considère très mal, le range entre l'amibe et le piranha. Quant à Chaim, Meyer Lansky le sait doué d'un sens tragique hyper développé. En venant ici, Chaim vient

« *nella bocca del lupo* [1] ». Mais ce n'est pas pour se faire dévorer, ce n'est pas son genre. Il a dû prévoir une mise en scène grandiose. Les Cadillac noires aux corsets pleins de fleurs risquent de sortir des garages pour rouler au pas derrière des cercueils cirés. Meyer Lansky méprise la vie, la sienne en premier et donc tout ça le fait rire, mais il est du clan Luciano, du clan des mathématiques quantiques et de la linguistique, c'est lui qui a permis que *The World of Null-A* soit édité, il pense qu'Aristote c'est dépassé. Il estime que le livre de Van Vogt est écrit avec les pieds mais il peut permettre à un imbécile de connaître Ferdinand de Saussure, alors tout est permis. Le crime est l'allié de la raison et de l'art, la connerie et la vulgarité peuvent s'exprimer dans les urnes ça n'y changera rien. Le génie est forcément terroriste, les braves gens doivent en pâtir, en crever s'il le faut.

Mais ce putain de plafond c'est l'indigestion assurée ! Bacchus peint par un bâtard schizophrène de Mussolini.

Frank Costello, lui, est allé prier pour se préparer à la rencontre. Il regarde tout avec une attentive distraction. Chaim va débouler comme le mort vivant qu'il est. Par les racines du ciel, non pas par sa corolle. La laitue aux débiles, le Saint-Esprit aux autres. Avec le vin de messe et le cul des catéchumènes. Ils s'assoient (ils ont tous les trois le même costume gris, ça trouble Frank Costello qui décide de jeter dès le lendemain tous ses costumes gris, il en a neuf ; il s'habillera en vert épinard). Vito Genovese réserve sa place à Chaim, *place d'honneur, il va de soi.* Pour meubler l'attente, ils boivent du mousseux blanc de Lombardie où Vito Genovese a de mauvaises vignes et parlent de politique intérieure…

– William [2] a des soucis d'argent, dit Frank Costello. On pourrait lui envoyer des mandats…

1. « Dans la gueule du loup ».
2. William O'Dwyer, maire de New York (1946-1950).

– Non, répond Vito Genovese. Il est tombé tant pis pour lui. On a Impellitteri [1] à notre disposition.

– William était quand même plus dégourdi, susurre Meyer Lansky, et pourtant je n'aime pas trop les Irlandais… Ce Impellitteri est proche de la connerie fatale.

– Il y a des élections dans un an, dit Frank Costello, il les perdra.

– Et ton psychiatre, dit Vito Genovese, tu lui parles toujours, tu lui parles de nos affaires ?

Il voit sur les visages de ses deux hôtes une expression d'incrédulité. Dans les glaces, un type apparaît, sortant du couloir réservé au personnel et laissant la porte ouverte.

– Tout va bien Vito, dit Chaim, je viens en ami.

Dans ce barbu à la sale gueule et aux cheveux longs, Vito Genovese reconnaît son ennemi, « *sua bestia nera* [2] », Chaim Chlebek…

– Qu'est-ce que tu as fait de Facimo, demande-t-il en contrôlant sa voix.

– Je l'ai menotté à un radiateur. Facimo, réponds.

– Je suis là, dit le garde du corps en dialecte napolitain.

Vito Genovese s'empêche de jurer. Il serre les dents.

– Je viens pour faire la paix, reprend Chaim. Mais je prends mes précautions…

– Pas d'énervement, messieurs, dit Meyer Lansky. Restons calmes. Chaim, tu viens en homme d'honneur ? Pour respecter ta parole ?

1. Vincent R. Impellitteri, maire de New York (1950-1953).
2. « Sa bête noire ».

Chaim acquiesce. Il s'approche, portant le sac. Frank Costello et Meyer Lansky se lèvent. Tour à tour, ils embrassent Chaim. Meyer lui chuchote de faire attention à ce *shmock*[1] et à voix haute : « Ne me donne pas l'adresse de ton chirurgien esthétique. » Vito Genovese salue Chaim d'un mouvement de la tête. Il est décontenancé, ne sait pas que faire exactement. Cette ordure lui a buté trois types payés cher, très cher. Il a su éviter Albert Anastasia et son fusil. Et il est là, à le provoquer. Vito Genovese lève les yeux vers le plafond, décide d'attendre. Chaim ne le tuera pas. Meyer Lansky et Frank Costello n'ont pas envie de se retrouver dans un stand de tir. Et puis leur parole est engagée, ils se sont portés garants de Chaim. Vito Genovese sourit, ça lui fait plaisir que Chaim se soit fait défoncer le portrait, il crèvera laid et pauvre. Il montre à Chaim sa place. Sa place du mort en fait. Comme on dit : « *Vedi Napoli e poi muori*[2] »…

– Je vais ouvrir le sac, dit Chaim, pour sortir le fric. Pas une arme.

Vito Genovese essuie ses épaules, les pellicules, l'anxiété. Ne pas perdre ses cheveux, demeurer calme. Dans quelques minutes, ça sera fini. D'abord le fric. Chaim dépose sur la nappe les liasses, une à une. Les pousse devant Vito Genovese. Les hommes regardent le fric, c'est la scène du drame, toute leur vie. Ils sont là pour ça, ils vivent de ça, rêvent de ça, de cette chose apparemment inerte. Mais tout le monde sait que le fric bouge boit baise. Une maladie sans vaccin. Exactement comme l'héroïne, tu y goûtes, t'es accro…

– Tu peux recompter, dit Chaim, je n'ai touché à rien. Tout est là.
– Et les intérêts ? lui objecte Vito Genovese.
– N'exagère pas Vito, dit Meyer Lansky, on tente de faire la paix, pas de rallumer l'incendie.

1. Yiddish : salaud, con.
2. « Voir Naples puis mourir ».

Chaim interroge Vito Genovese du regard. Vito Genovese hoche la tête : « Tu as raison. Je vais vous faire goûter mes crevettes à l'ail. En apéritif, il n'y a rien de meilleur. Marzia ! »

Une serveuse, belle, apparaît. Croise le regard de Chaim sans ciller, lui adresse un sourire poli.

– Des crevettes à l'ail, ma fille, et ne traîne pas, on a faim.

Chaim est songeur. Cette fille ne ressemble pas vraiment à une serveuse. Et puis par ici et à cette heure, les femmes sont plutôt à la maison. Chaim la regarde disparaître, pousser *de la main gauche* la porte battante qui donne dans la cuisine. Vito Genovese emplit le verre de Chaim, vide la bouteille dans ceux de Meyer Lansky et de Frank Costello, lève le sien : « Buvons à la paix et à l'amitié. »

Une goutte rouge tombe dans le verre de Meyer Lansky, se dilue. Ils lèvent tous les yeux au plafond où une autre goutte se forme dans la bouche de Bacchus aux yeux exorbités…

– On dirait du sang, remarque calmement Meyer Lansky.

La goutte s'écrase sur la nappe.

– Une fuite, dit Frank Costello, ça arrive.

Une fuite de sang…

– On va pas se gâcher la soirée pour ça, continue-t-il, n'est-ce pas Vito ?

Vito Genovese acquiesce. Il a blêmi certes, mais il encaisse. Il a peut-être une autre carte, songe Chaim. Une autre goutte de sang, une autre. Le visage de Bacchus est désormais congestionné, comme s'il se faisait un petit infarctus, songe Meyer Lansky. Une goutte de sang, une autre sur la manche du costume de Frank Costello. Le sang, le silence. Le sang, le sang de plus en plus. Une vraie hémorragie. Le silence, et quatre hommes brutaux qui s'attendent au pire. La porte qui s'ouvre, Marzia apparaît un plateau *dans la main droite.* Alors Chaim se souvient de Marnie : *Au moment où vous croirez vous en être enfin sorti, gare… Ça sent. Ça sent quoi ? L'ail, ça sent l'ail…*

La belle Marzia avance. Le bras gauche raide, plaqué contre la hanche. Elle est ambidextre sûrement, se dit Chaim, attention. Personne ne parle. Ça sent les ennuis. Il y a quand même trop de sang, sur la nappe, les costumes. Marzia pose le plateau sur la table et lève le bras gauche. Chaim le happe et le pète. Le Derringer chromé monté sur rail sort comme le petit oiseau de la manche de la jolie femme qui gémit. Chaim la retourne sur la table, son chignon se défait. Avec sa machette qu'il a dégainée, il tranche ses cheveux, les jette dans l'assiette de Vito Genovese qui recule, essayant de dissimuler son dégoût et sa peur. Chaim soulève Marzia et l'assoit sur une banquette, à une autre table, lui donne un conseil : « Change de métier, tuer les gens ce n'est pas un avenir. »

Et toujours le sang, pauvre Bacchus.

– Quand même Vito, dit Meyer Lansky, je viens en pantoufles chez toi et tu nous reçois en ennemis.

– Ça se fait pas, poursuit Frank Costello. On tue pas ses amis à table. Je sais pas moi, on met de la forme, des sentiments, pas… On n'est pas des communistes.

Il se signe, poursuit : « Lucky sera pas content. Tu veux que je lui dise quoi ? Que tu nous as accueillis les bras ouverts ? On mange sous une pluie de sang et cette fille qui vient refroidir Chaim dans tes putains de crevettes à l'ail. Comment tu veux que j'aille pas chez le psy ? Il y a de quoi. Je suis un homme comme les autres… Tu t'es excusé, Chaim ? »

– Je te présente mes excuses, Vito…

Vito Genovese se sent mal, les cheveux, le sang, Marzia déglinguée, le foirage général quoi. Et maintenant les autres empaffés qui sont à la manœuvre et lui en pleine panade phobique.

– Tu entends, Vito, reprend Frank Costello. Il te banque deux cent quinze mille dollars et s'excuse. Alors c'est la paix ou si c'est pas la paix, c'est la guerre. Mais là Vito tu vas avoir toutes les familles contre toi.

Chaim pose une chemise d'homme sur la nappe, sortie du sac, une chemise en soie parme, tachée oui. Ça pue. Une mouche en sort et s'envole lourdement. Vito Genovese tressaille et la chasse d'un revers de sa main qui tremble.

– Tu m'as envoyé trois hommes, dit Chaim, je te rends ce que je peux d'eux pour que tu fasses le nécessaire.

Il ouvre la chemise, découvrant une masse sanglante, d'autres mouches, des vers. Des cheveux, du sang. Trois scalps tout frais quoi. Vito Genovese vomit et retient ses larmes. Il a peur de ne pas s'en remettre. Frank Costello se met à suer, se dit qu'il va partir en quenouille, que Chaim est encore plus barge qu'il ne le pensait. Quant à Meyer Lansky, il pense que Chaim Chlebek est unique, peut-être même non-aristotélicien, et que c'est de la chance de l'avoir pour ami, parce que…

– Voilà, dit Chaim, je veux la paix, Vito. Je te donne ma parole, devant témoins, que je pars de New York ce soir. Tu ne me reverras pas. Jamais. Une nouvelle fois je te présente mes excuses mais si tu ne veux pas la paix, je reviens. Je te scalpe, je scalpe ta femme, tes deux filles, je vous scalpe tous. Vivants. Je le jure.

Silence, sang, mouches, crevettes à l'ail. Vito Genovese passe sa main sur son crâne et la ramène pleine de cheveux. Ça finit de le désespérer, de l'anéantir. Il a vieilli en quelques minutes. Dans la glace, entre les rigoles de sang, il voit un vieux, fatigué (il a le visage qu'il a sur la photographie anthropométrique faite à son incarcération à la prison de Springfield dix ans plus tard). Il essaye de s'éclaircir la gorge, hoche la tête et murmure : « La paix, d'accord. Je le jure. »

– C'est bien, dit Frank Costello, c'est bien ! Embrassez-vous comme des amis que vous êtes désormais.

Ce qu'ils font. Chaim est grave comme Meyer Lansky et Frank Costello. Ils ne se reverront pas. Ils se donnent l'accolade et Chaim s'en va par le couloir de service, la cour, l'escalier, vers le ciel.

Chaim marche dans Canal Street. Sortant d'une Cadillac blanche, Loretta au bras d'un homme un peu trop âgé entre dans un restaurant pour y fêter ou promouvoir son ouverture, célébrée par des calicots et un orchestre de jazz West Coast. Elle croise le regard de Chaim et reconnaît dans ce clochard l'ombre d'un souvenir dont elle ne peut rien faire. Elle rit un peu trop fort et disparaît. Chaim s'installe dans la Lincoln et démarre. Dans les rétroviseurs il voit son passé de lumières qui marche à reculons et s'efface sur une autre corde du temps. Chaim se sent libre, débarrassé du grand serpent de violence qui l'étouffait.

Il a abandonné la Lincoln à Waco, les clefs au contact. Il a pris un Greyhound à San Antonio. Il est fatigué et s'endort sans cesse avec le sentiment d'être de plus en plus en plein ciel. Il se réveille, c'est le soir. Le car ralentit à l'entrée de Fort Stockton. Elle est là. Montée sur Tacheen, droite. Belle, hiératique. Elle tient -Ieezh par une bride. Le car s'arrête. Chaim descend et s'approche. Dallas se penche et lui donne ses lèvres. Lui chuchote quelques mots que lui seul entend. Il monte à cheval. Peu de temps après ils sont déjà en pleine solitude, s'enfoncent dans le grand mystère. Tout autour d'eux les cactus sont en fleur, rouges comme les coquelicots de Monte Cassino.

Je tiens à remercier mon ami Ralph Schoolcraft III, professeur de français à l'Université Texas A&M. Sans lui, sans son aide, ses conseils, son amitié si généreuse, je n'aurais pas pu écrire ce livre. Je tiens aussi à remercier Josué V. Harari, pour son soutien sans condition, et pour ses bordeaux aussi. À mon ami de toujours, François Gladel, je dis merci pour tout et bonne chance. Sans Florence Robert, qui m'a suivi mot à mot pendant des mois et des mois, cette histoire n'aurait jamais trouvé sa voix pour la raconter et je la remercie comme je remercie Renaud Delourme qui a eu envie de voir ce livre s'écrire, a su faire le choix du mystère.

Enfin je remercie Florabelle Rouyer pour son aide et le Centre national du livre qui m'a octroyé une bourse pour écrire ce livre.

Composition et mise en pages : Facompo, Lisieux

Cet ouvrage a été achevé d'imprimer sur Roto-Page
par l'Imprimerie Floch à Mayenne
en mai 2012

N° d'imprimeur : 82553
Dépôt légal : janvier 2012
Imprimé en France